高质量的教师学习

汤丰林 ◎ 总主编

高级教师的学习叙事

李军 等 ◎ 著

北京师范大学出版集团
北京师范大学出版社

图书在版编目(CIP)数据

特级教师的学习叙事/李军等著.—北京：北京师范大学出版社，2024.8(2025.5重印)

(新时代的教师学习/汤丰林总主编)

ISBN 978-7-303-29732-0

Ⅰ.①特… Ⅱ.①李… Ⅲ.①师资培养–研究 Ⅳ.①G451.2

中国国家版本馆CIP数据核字(2024)第019295号

出版发行：北京师范大学出版社 https://www.bnupg.com
北京市西城区新街口外大街12-3号
邮政编码：100088

印	刷：北京虎彩文化传播有限公司
经	销：全国新华书店
开	本：787 mm × 1092 mm 1/16
印	张：18.5
字	数：296千字
版	次：2024年8月第1版
印	次：2025年5月第3次印刷
定	价：79.00元

策划编辑：张筱彤 郭 翔　　责任编辑：梁民华
美术编辑：焦 丽　　　　　　装帧设计：焦 丽
责任校对：段立超　　　　　　责任印制：马 洁

版权所有　侵权必究
读者服务电话：010-58806806
如发现印装质量问题，影响阅读，请联系印制管理部：010-58806364

"新时代的教师学习"系列丛书
编委会名单

总 主 编：汤丰林
副总主编：钟亚妮　李　军　胡春梅　梁文鑫
编　　委：（按姓氏笔画）
　　　　　　王志明　汤丰林　孙美红　李　军
　　　　　　李怀源　杨建伟　沈彩霞　郑蔚青
　　　　　　胡春梅　胡淑均　钟亚妮　曹　杰
　　　　　　梁文鑫
本卷作者：
　　　　　　李　军　王志明　崔艳丽　白永潇
　　　　　　王振先　孙晓红　王淑娟　徐　扬
　　　　　　张锋周　李怀源　郑蔚青

总 序

让教师因学习而绽放生命之绚烂

当我在洒满人性光辉的教育之路上孜孜以求那份由理想和浪漫编织的教育人生的时候，蓦然回首，看到这条路上留下了三个清晰的印记：做教师、想教师、为教师。做教师，即自己作为教师的行动之路，那儿有迷茫、有苦恼、有喜悦、有绽放，终因教师而品味了人生的酸甜苦辣。想教师，即身为教师的元思考，古往今来，师者为尊，可是那个师者本该什么样？换言之，什么样的师者方可为尊？什么样的师者方可为师之大者？为教师，即师者之师的理想与追求，我们该为师者做些什么？充当师者之师？与师者为伴？做师者之舟？

畅想至此，我想起了法国哲学家吕克·费希(Luc Ferry)的观点。他认为，哲学有三个面向，即对事物的理解力、对正义的渴望和对救赎的寻找，分别对应着理论、道德与智慧。循着这样的思路，如果我们对教师做一个形而上的思考，那么一个以灵魂塑造为追求的真正的教师，首要的不是简单地教书教人，也不是简单地把握教育教学的艺术，而是在持续的自我修炼中，建构并完善以信念、道德、智慧为支柱的灵魂系统。这样一个以自我完善为根基、以人际互动为桥梁、以灵魂塑造为目标的教师灵魂系统的形成，根本手段绝非培训，而是要靠教师自身持续的学习反思。正是基于这样的思考，我们建构了教师学习的研究体系。在这个研究体系中，我们力图建构教师成为师者的信念、道德与智慧三大支柱，此为"本"；探寻促进教师学习的方法与途径，此为"相"，"本"与"相"的有机结合是我们希望实现的目标。

教师学习作为一个概念，我们要做研究，就必须给它下一个精确的定义，否则按惯例看就是不严谨的学术研究。但通过查阅各种文献，我们发现研究者们几乎都是按照自己的研究取向对其做出解释的，甚至在一定意义上看，各种解释之间并没有实质性的不同，总体上只是表述不同或视角不同而已。正因此，我们避开了寻求概念界定的精准，而切换了一个视角——从教师培训出发，站在教师学习的现实立场，寻找影响教师有效学习的现实因素和促进教师学习的现实途径，并以此确定我们实践取向的教师学习研究体系。本丛书的四册作品便是这样一个思考的大体模样，也是这项课题研究的阶段性成果。

《教师学习论》。这是研究的总纲，立足于新时代教师学习的现实问题，我们要做如下三个方面的研究。

一是探寻新时代教师学习的内涵及变革。其一是明确教师学习研究的背景及概念内涵，从教师学习内容、方式和情境等方面探讨教师学习的核心议题，分析新技术赋能教师学习变革的发展趋势；其二是明确教师学习研究的理论基础，从教师个体、学校情境与制度情境等方面探讨教师学习的影响因素。

二是探寻现实中的教师学习要关注的核心问题。我们试图对三个方面的关键问题进行讨论：其一是教师学习共同体，我们的实践观察和问卷调查得出的结果显示，教师大多认为由同伴和专家构成的学习共同体是最受欢迎的学习途径，这样的共同体无论是在虚拟环境还是真实环境，都广受欢迎；其二是教师学习动机问题，这也是我们多年来始终想在培训中破解的核心问题；其三是教师学习转化，我们试图从核心概念、教师核心素养及学习迁移等方面做一些讨论，其目的是让教师的学习真正发生。

三是教师学习的现状与建议。针对教师的学习现状，我们从教师学习动力、学习投入、学习阻碍及影响因素等方面，既做了理论上的梳理，也进行了问卷调查。我们的调研取样覆盖了北京市各区及不同学段的教师，最后获得有效问卷1066份。教师学习的现状与分析就是在这个调查数据的基础上得出的，目的是想形成基于现状的改进建议，为教育高质量发展提供优质师资保障。

《特级教师的学习叙事》。特级教师是"师德的表率、育人的模范、教学的专家"。从这个荣誉称号诞生之日起，特级教师就始终是基础教育系统的领军人物，在教育教学中发挥着示范引领作用，在广大教师的成长中发挥着表率作用，同时也是社会关注的焦点。如何有效发挥他们的作用，多年来，学术界做过大量的研究，既有对其教育教学经验的总结，也有对其教育思想与教学特色的研究，形成了大量有益的成果。但如何从学习的角度深入挖掘他们的经验，并使之上升为理性的结论，甚至形成理论，我们并没有看到太多有影响力的研究。正是在这样的背景下，我们基于教师学习研究的基本设计，想针对特级教师这个群体，从其成长史出发，运用叙事研究的方法，通过访谈和相关文献的分析，希望能够找到每位特级教师的学习经验，并能够使其上升为具有理论价值的学习策略。为此，我们从北京市特级教师中选取了12位不同学科、不同学段的优秀特级教师，由课题组研究专家对他们进行深入的访谈与研究，运用叙事的写作方式，形成了具有个性化的学习案例。同时，我们还选取了2位特级教师进行了自我叙事分析，就其自己的学习历程和学习特色进行反思式总结。总体来讲，我们12+2的特级教师学习叙事研究基本围绕学习动力、学习投入、学习阻碍、学习需求及影响因素进行分析，但在不同个案的研究中，又充分尊重研究者的学科基础、生活背景和价值取向，希望每个分析都能既有共同遵循的原则，又有个性化的特点。我们希望这项研究能为更多教师的成长提供有价值的学习借鉴。

《大阅读学习路径与策略》。教师作为成人，其学习更有效的方式无疑是持续性的阅读。长期以来，人们在教师的读书学习方面做了大量的尝试与探索，形成了许多有益的成果。但随着信息化社会的到来，人们的阅读方式已经发生了很大变化，传统的文本阅读已经不是教师获取知识、提升技能的唯一途径，并且正如我们前面已经谈到的基于信念、道德与智慧的灵魂系统的建构，单靠传统的阅读方式也远远不能满足教师成长的要求。正是在这个意义上，我们借鉴文学评论的泛文本概念，立足于中国传统的"读万卷书，行万里路"的观念，运用具身学习的思路，提出了教师学习的广义阅读或大阅读观。

首先，我们认为从教师综合素养提升的角度来看，阅读应该是一个眼、耳、鼻、舌、身多官能综合运用的过程，且在这个过程中，需要有感知、有理解、有体验、有思考，更需要有行动。正因此，如果从阅读的主客体来看，教师作为阅读者是阅读的主体，文本则是阅读的客体，并且这个客体应该有多种存在形态，它既可能是传统的文本，包括纸质文本与电子文本；也可能是人、社会事件、艺术作品等。由此，我们从教师职业的角度出发，确定了与其教育教学工作息息相关的"文本"作为阅读的客体或对象，具体包括七大"文本"，分别是学生、课例、名师、名著、时事、艺术和教育数字化。

其次，从大阅读的实践操作来看，我们确定了两个层面的分析路径。其一，内部结构路径，重点从符号、结构、意义三个层面进行分析；其二，外部结构路径，重点从作者、背景、读者三个方面进行分析。这是一个总体的分析路径，但我们并不要求研究者套公式般地分析，而应该充分体现不同"文本"的特点、研究者的专业取向和相应的话语体系要求。我们希望能够给一线教师提供"大阅读"所必需的基本认识和必要的操作策略。

《构建教师智慧学习新生态》。近年来，混合式学习、人工智能赋能学习已经成为一种新潮流，因此，研究教师学习，就必须研究混合式学习。这既是一种新时代有效的学习途径，更是一种全面的学习生态转变。由此，我们将教师的混合式学习定义为教师学习的新生态，试图从学习生态建构的角度来解读混合式学习。这个部分的研究，我们从四个方面进行：第一是政策分析，重点针对"十三五"以来国家在混合式学习方面的政策推动进行探讨；第二是学习理论分析，重点针对现有学习理论和成人学习理论，分析学习理论研究的生态取向；第三是混合式学习的基本形态研究，从历史演进的视角，看混合式学习发展的过程及未来走向，特别就当前流行的虚拟现实与增强现实场景下的学习变革做必要的梳理探讨；第四是教师开展混合式学习的现状研究，主要针对当前基础教育教师开展混合式学习的情况进行问卷调研和访谈，以了解教师开展混合式学习的需求、存在的困难以及典型特征。我们希望通过这样一些探讨来研究混合式学习所带来的教师学习生态的变革。近两年来，人工智能，特别是生成式人工智能蓬勃发展，教师在人工智能背景下的学习已经发生了许多变化。我们的这项研究形成于两年前，虽稍有滞后，但对教师学习仍有重要的现实意义。

本课题是北京教育学院针对干部教师培训主业，从提升培训效果入手，抓住教师学习这个根本性问题而确立的重大攻关性课题。我们在课题研究过程中想努力达成如下几个目标。

一是理想与现实的结合。我们做这项研究并未按照一项任务去完成，而是作为一个理想去追求。这个理想不是什么宏大的愿景，只是立足于现实的两个简单的追求：其一是希望能够为我们心中所描绘的那个教师形象铺就一条成长之路，本丛书就是在探寻这条路；其二是希望能够让所有参加课题研究的教师都能在这项研究中找到自己的专业结合点，这也是我们长期以来的价值追求，我们的目标不是集中一批教师完成一项组织或领导安排的任务，而是要让每个成员都能找到最佳的专业切入点，进而促进其自身的专业成长。

二是理论与实践的结合。我们在研究中梳理了相关的主要理论，也在努力构建我们自己的一个理论框架，但我们并没有为理论而理论，而是为实践而理论。正因此，我们在理论选取与理性思考中，始终考量实践的要求，把握实践的路径。比如，在教师学习的理论问题上，我们对国内外研究做了必要的梳理，但在核心内容上，我们没有做系统构建，而是着重考虑了教师培训中需要关注的一些关键问题，诸如教师学习动力、教师的学习转化、教师学习共同体等。还有，在特级教师的学习叙事研究中，我们也没有完全按照叙事研究的格式去套用每个步骤，而是充分发挥了叙事研究的独特性和生成性特点，追求理论为实践服务，并通过实践来优化理论。

三是研究与培训的结合。研训一体是我们的工作范式，也是我们的研究范式。因此，我们在课题研究中注重学术的规范性，更注重培训的有效性。这样的价值追求也与我们对教师培训的理解直接相关，近年来，我们始终在推动培训目标的转变，提出要把培训的核心目标从知识的更新与技能的提升转向促进教师自主学习的动力与行动。这样的认识，既是时代发展的要求，也是我们多年来对教师培训不断反思的结果。正是在这个意义上，我们希望这项研究能为进一步推动培训变革、提高培训效能提供一些支持。

四是继承与创新的结合。学习问题是一个古老的研究选题，从经典学习理论到现代学习科学的研究，已经取得了许多极具影响力的研究成果。近几十年来，从成人学习到教师学习的研究也取得了引人注目的成果。因此，我们的研究首先是学习与继承，需要对已有研究成果做个必要的综述，为我们继续前行奠定基础。但我们的最终目标是通过理论创新更好地解决现实问题。正因此，我们在四个子课题的研究中都建立了自己的基本立场，并围绕这样的基本立场做了必要的理性建构，期待能为广大中小学教师的高效学习提供理论借鉴与实践支持。在此，我们有必要对四个子课题的基本立场再做一次明确的表述：教师学习子课题，我们重点解决教师学习最关心的三大核心问题，即学习动力、学习投入和学习共同体；特级教师学习叙事子课题，我们试图为广大教师提供优秀教师终身成长的学习秘诀；教师大阅读子课题，我们拓宽了教师阅读的意义，提出了大阅读概念，期待能用一种学术的视角解读"读万卷书，行万里路"的学习价值；混合式学习子课题，我们立足于技术变革带来的社会生活方式的变化，提出了建构教师学习新生态的思路，希望能够超越方法去看这个重大的时代命题。

课题研究历时四年，课题组全体成员付出了艰辛的努力，其中既有创新的喜悦、思想交流交锋的畅快，也有一些核心问题难以破解的苦恼，以及研究与繁忙的工作相冲突带来的困窘，但无论遇到什么样的困难，大家都没有退缩，始终保持着积极的研究状态，贡献着自己的努力与智慧。无疑，每一位成员都值得我们深深地尊敬！课题研究得到了学院领导、科研处同志和广大教职工的大力支持与帮助，得到了院内外专家的关心与指导，在此，一并致谢！本丛书的出版得到了北京师范大学出版集团领导的关注与支持。值此出版之际，还要特别感谢策划编辑郭翔老师，他极具慧眼，在课题研究过程中就提出了成果出版的建议，并提供了持续性的支持。

汤丰林

2023 年 10 月

前 言

经验、叙事与诠释

在后现代思潮与教师专业化的推动下,教育研究方法日益受到人们的关注,教育叙事(educational narrative)就是其中一种。自20世纪90年代末起,以描述和分析丰富教育经验及独特生活故事为基本取向的教育叙事探究(educational narrative inquiry)经历了从萌发到蓬勃发展的过程,有学者称之为"极具学科属性的研究方法",并逐渐将其广泛用于教师教育和课题研究。[①] 那么,什么是教育叙事探究?在教师学习研究领域里为什么要选择特级教师群体进行教育叙事探究?如何在教育叙事探究方法论视阈下对特级教师的学习经验进行叙事分析并做意义诠释?

一、作为研究方法的教育叙事探究

(一)教育叙事探究兴起的方法论基础

在教育叙事探究的发展历程中,阿尔伯塔大学的D.简·克兰迪宁(D. Jean Clandinin)教授和曾同时在阿尔伯塔大学、伊利诺伊大学和芝加哥大学担任教职的F.迈克尔·康纳利(F. Michael Connelly)教授的系列研究成果的发表,标志着教育叙事探究作为一种科学的教育研究方法的诞

---

① 刘训华:《方法何以可能:新教育叙事研究的逻辑与路径》,载《湖南师范大学教育科学学报》,2021(4)。

生。1990年,两位学者的经典性论文《经验的故事和叙事探究》在《教育研究者》发表,论文引用了大量的在社会科学领域运用叙事探究的实例,详细地阐述了在教育研究领域应如何进行田野文本数据的收集、如何建构叙事探究的框架以及如何撰写叙事探究报告等,对广大教育工作者具有重要的启示作用。1999年,两位学者出版著作《叙事探究:质的研究中的经验与故事》。在这本书的第一章,克兰迪宁和康纳利对为何要转向教育叙事探究的回答为:因为个体经历背后蕴藏着之于该个体而言有重要参考价值的经验。[①]

作为一种重要的质性研究方法,叙事探究抓住人类经验的故事特征,正所谓"人类经验基本上是故事经验","人类不仅依赖故事而生,而且是故事的组织者"。[②] 叙事可以具体呈现人类的知识组织方式和思想模式,探究人的生活经历对于该个体的教育意义,可以"把活生生的有关人类生活本质的理论思想引入活生生的教育经验中"[③],彰显了教育研究的人本关怀,推动了教育研究深入发展,在增强教育理论对教育实践的指导作用方面发挥了积极作用。叙事探究因此受到了教育研究者的广泛青睐,以至于出现了教育研究"叙事转向"的端倪。[④]

从研究方法演进的视角,我们可以看到,教育叙事探究将研究立足点置于直面个体的具体经验之中,不再是致力于探究普遍性的教育规律,而是通过寻求经验建构的情境化意义来理解独特个体的精神世界。我们也可以看到,教育叙事探究方法的出现并不是偶然的,它是在审视与反思两种传统研究方法,即理性思辨和科学实证的不足与局限的基础上产生的。20世纪80年代,受实用主义、后现代主义、现象学和解释学等哲学思潮以及人类学、社会学等领域的研究方法的多重影响,教育研究者逐渐认识

[①] [加]D.简·克兰迪宁、F.迈克尔·康纳利:《叙事探究:质的研究中的经验和故事》,张园译,3页,北京,北京大学出版社,2008。
[②] [加]康纳利、克莱丁宁,丁钢译:《叙事探究》,载《全球教育展望》,2003(4)。
[③] [加]康纳利、克莱丁宁,丁钢译:《叙事探究》,载《全球教育展望》,2003(4)。
[④] 龙迪勇:《空间叙事学》,54页,北京,生活·读书·新知三联书店,2015。

到，无论是理性思辨研究法还是科学实证研究法，在对待具体教育情境和身处其中的人及其特殊经验的问题上，都疏漏了不该疏漏的人的鲜活经验和丰富体验，而这些被疏漏的经验恰恰是关系教育研究本真价值以及教育实践真实有效的关键所在。具体而言，理性思辨的研究方法将概念阐释与逻辑推演诉诸教育研究，陷入了概念演绎与抽象论证的困境，研究成果空泛无用，背离了教育研究关怀人本的初衷；实证主义的研究方法致力于使用数字工具和实验测量来呈现复杂的教育现象，陷入了经验数字化和机械化的危险，导致模式化地对待教育中的鲜活生命。

基于对传统研究方法的不足与局限的认识，教育叙事探究者将注意力聚焦到了作为个体的人及其教育经验上，把如何"准确表达和诠释教育经验、教育意义"作为自身的任务。[①] 在教育叙事探究者眼里，具有故事性的个人经验是研究的起点，是不容被忽视的研究对象。教育研究就是要从教育经验中获取有用的材料，并对这些材料进行理论的反思、建构和理解，使研究者和成果的阅读者不是满足于从概念到概念的抽象逻辑论证和数字符号，而是能直面鲜活的生命和丰富的生活，揭示并把握研究对象及他们所经历的教育事件背后的秘密。

从叙事方法的一般方法程序和诠释策略出发，西方学术界对教育叙事探究方法论的探讨主要存在三种模式：拉波夫模式、里斯曼的五阶段模型及三维叙事探究空间模式。

第一，拉波夫(Labov)教授和瓦尔茨基(Waletzky)提出的社会语言学叙事分析模式。拉博夫对叙事下了定义，即叙事是对过去经验进行摘要重述的一种方法，它将由一系列子句构成的词语序列与实际发生的时间序列相匹配。该模式认为，一种具有完整形式的叙事模式将故事结构分为摘要(the abstract)、定向(the orientation)、纠纷(the complication)、评价(the evaluation)、解决(the resolution)与尾声(the code)六部分。[②] 拉博夫模式

[①] 丁钢：《教育叙事的理论探究》，载《高等教育研究》，2008(1)。
[②] Labov W, Waletzky J, *Narrative Analysis: Oral Versions of Personal Experience*, Seattle, University of Washington Press, 1967, pp. 12–44.

认为，叙述并不仅仅是说明过去发生了什么，更重要的是说明个体如何理解这些行动，叙述者在基本经验的基础上建构了故事，解释了事件的重要性并且做出了评价，这就是意义。

第二，里斯曼的五阶段模型。波士顿大学的里斯曼(Riessman)认为，研究者不可能直接进入叙述者的经验，他们要通过处理经验的各种呈现形式——谈话、文本、相互作用和解释来完成这一任务。① 研究过程就是分析各种各样的叙述文本的过程，而且这个过程至少有五个经验呈现的阶段，这五个阶段为进入叙述者的经验、讲述经验、誊写经验、分析经验与读取经验。

上述两种模式有各自的局限性：拉博夫模式忽略了叙述者和倾听者的互动关系，没能回答谁提出了问题和叙述的目的是什么，认为叙述是仅仅讲述一个事件的发生顺序，一个当时不在场的倾听者难以理解所发生的事情；里斯曼的五阶段模型强调了叙事文本，但是忽视了叙事分析中叙事者与研究者的关系以及分析的有效性。

第三，康纳利和克兰迪宁的三维叙事探究空间模式。此种模式建立在杜威的经验说基础上，认为"人们作为个体需要被理解，但是他们不能仅仅作为个体去理解。他们总是处于关系之中，总是处于社会情境之中。……我们需要学会在个人和社会之间前后移动，综合地思考过去、现在和将来"②。基于对个人与社会互动的关注以及过去、现在和将来的连续性，康纳利和克兰迪宁把时间定为第一维度，把个人和社会定为第二维度，把情境定为第三维度。时间涉及事件及其前后关系，个人和社会涉及内在条件和外部环境的关系，情境在于具体探究教育图景的边界。三维叙事探究空间模式强调了经验的交互性、连续性和情境性，即强调个体的内心体验和社会化经验(经验的交互性)，过去的、现在的和将来的(经验的连续性)以及结合特定的场合(经验的情境性)，研究问题是思考个体生命经验

---

① Riessman C K, *Narrative Analysis*, London, Sage, 1993, pp. 12-44.
② 转引自丁钢：《声音与经验：教育叙事探究》，61页，北京，教育科学出版社，2008。

的连续性和完整性。

(二) 教育叙事探究的本土化发展

在本真地显现教育经验和教育事实方面，教育叙事探究方法显然具有独特优势，也正是这一优势令它在教育领域迅速发展。我国学者从20世纪90年代就在理论与实践上开始了教育叙事探究的本土化尝试。2001年，华东师范大学丁钢教授作为主编，首次在《中国教育：研究与评论》上发表了许美德介绍教育叙事探究的论文，继之又出版了《声音与经验：教育叙事探究》。此后在二十多年的发展中，我国的教育叙事探究呈现出蓬勃发展之势并取得了一系列成果，逐渐被广泛用于教师教育和课程研究。国内教育叙事探究主要表现为叙事探究目的的明确性、叙事方法体系的具体化、与教师叙事探究的交织性以及研究行动的自觉性四种阐释取向。

第一，叙事探究目的的明确性。作为一种质的研究方法，教育叙事探究以实用主义、现象学、解释学、后现代主义思潮等理论为基础。实用主义认为教育研究要着重从教育生活和经验中析取素材，现象学强调对事实现象进行深描，解释学认为对"人"的研究要通过"理解"和"阐释"来进行，后现代主义思潮倡导多样性、主体性和他者性。在此基础上，我国学者对叙事探究的基本学理做了进一步梳理，强调叙事探究者首先要确定有价值的教育问题，只有这样才能"将能够为研究问题提供丰富信息的个体作为研究对象"[1]。因此，教育叙事探究实现本土化发展的首要使命就在于找准研究问题，寻找合适的叙事者，如实地向研究者呈现他们的教育经验，"使其隐藏的教育意义显现出来"[2]。

第二，叙事方法体系的具体化。厘清符合教育研究逻辑的程序和步骤对教育叙事探究本土化来讲也是一个关键任务。不少学者认为教育叙事探

---

[1] 傅敏、田慧生：《教育叙事研究：本质、特征与方法》，载《教育研究》，2008(5)。
[2] 徐冰鸥：《叙事研究方法述要》，载《教育理论与实践》，2005(16)。

究是"只有方法论但缺少具体方法的概念范畴"①，也有学者指出国内传统的教育叙事探究需要转向新教育叙事探究。从传统的教育叙事探究过程来看，国内学界把教育叙事探究总结为以下六个基本环节：一是发现一个值得探究的内隐教育问题；二是有目的地选取一个或几个研究参与者；三是进入现场并从所选取的研究参与者身上收集故事；四是综合运用口述史、日记、日志、书信、访谈等方法，将现场收集的内容整理为叙事文本，重新叙说研究参与者的故事；五是通过叙事分析实现叙事文本向研究文本的转化；六是撰写教育叙事探究报告。新的叙事探究方法在第五个环节有转向具体操作步骤的趋势。例如，傅敏与田慧生提出了更为详尽的叙事探究之路，认为叙事探究大体可以按照确定问题、选择个体、收集故事、建构现场文本、编码重述、确定故事类属、撰写研究文本、评估研究结论的顺序进行。② 张希希与傅敏、田慧生稍有不同，主要在于张希希增加了检验教育叙事探究报告的效度环节，以确认教育叙事探究报告的正确性和可信性。③ 王青和庞海芍主张运用扎根理论的方法对叙事探究中伪装故事、暴露隐秘故事和捍卫神圣故事的概念进行本土化转译。④ 刘训华基于"呈现—分析—揭示"三模式，主张在形成述事报告前需要具体进行维度、指向和观测点的三级分析指标建构。⑤

第三，与教师叙事探究的交织性。刘万海指出了教育叙事探究与教师叙事探究的关系：从广义上来看，教育叙事探究是通过对有意义的教学事件、教师生活和教育教学实践经验的描述分析，发掘或揭示内隐于日常事件、生活和行为背后的意义、思想或理念；狭义上的教育叙事探究专指教

---

① 刘训华：《方法何以可能：新教育叙事研究的逻辑与路径》，载《湖南师范大学教育科学学报》，2021(4)。
② 傅敏、田慧生：《教育叙事研究：本质、特征与方法》，载《教育研究》，2008(5)。
③ 张希希：《教育叙事研究是什么》，载《教育研究》，2006(2)。
④ 王青、庞海芍：《教师跨界学习机制下的叙事转译——基于扎根理论的研究》，载《教师教育研究》，2022(4)。
⑤ 刘训华：《方法何以可能：新教育叙事研究的逻辑与路径》，载《湖南师范大学教育科学学报》，2021(4)。

师叙事探究。① 对于两者方法论的相似性，万丹认为，教师叙事探究属于教育叙事探究范畴，教育叙事探究属于叙事探究范畴，叙事探究属于质的研究范畴，因此，教师叙事探究需要立足于教师的生活世界和生活体验，关注经验的呈现方式、获取方式和解释方式，即教师叙事探究始终围绕教师经验铺陈和展开。② 张俊主要探讨了教师叙事探究的两大实践意义：一是有利于教师个体的自主专业发展，增强教师对教育生活的自我理解；二是促进教师队伍专业化。③

第四，研究行动的自觉性。叙事探究包括两部分内容：一是叙事，二是探究。所谓探究，主要强调"接近经验的方式是到生活中去追问"④，突出了叙事探究旨趣的行动取向，因此叙事探究强调到实际生活中去积累经验并且对经验的过去、现在及未来进行探究，其最大魅力在于通过叙述经验实现对人的深度理解。⑤ 叙事探究由于关注个人生活经历，而且强调研究者与参与者的互动沟通，因此受到了教育研究者的广泛青睐。

2018年9月，我国召开了第四次全国教育工作会议。习近平在会上强调指出，育才由育师开始，育人者先受教育。《中国教育现代化2035》提出要"推动教师终身学习和专业自主发展"。随着教育改革的推进，教师学习已成为教育领域的研究热点之一。2021年7月，中共中央办公厅、国务院办公厅印发《关于进一步减轻义务教育阶段学生作业负担和校外培训负担的意见》，提出进一步提升"学校教育教学质量和服务水平"，实现义务教育学校"减负提质"的目标，并通过学习不断提升教育教学质量。教师专业成长密切联系着教育的神圣性，这要求广大一线教师承担更多职责，清醒地与自我意识和他人经验进行深层对话，唤醒自己的内在潜能。教师叙事探究就是要营造促进这种自然唤醒的氛围。鉴于教师学习在建设

---

① 刘万海：《近二十年来国内外教育叙事研究回溯》，载《中国教育学刊》，2005(3)。
② 万丹：《国内外教师叙事研究综述》，载《中国人民大学教育学刊》，2019(1)。
③ 张俊：《教师叙事研究的问题反思》，硕士学位论文，西南大学，2010。
④ [加]D. 简·克兰迪宁、F. 迈克尔·康纳利：《叙事探究：质的研究中的经验和故事》，张园译，3页，北京，北京大学出版社，2008。
⑤ 沈壮海：《宏观思想政治教育学初论》，载《思想理论教育导刊》，2011(12)。

一支高素质、专业化和创新型教师队伍教育战略部署中有着重要的地位，把教育叙事探究拓展应用到教师学习研究中去，无疑是我们推动教育叙事探究本土化的一项重要使命。

二、设计与实践一项教师叙事探究

(一)"教师学习"研究项目的开展

"叙事"这一术语的英文是"narrative"，它是由动词"narrate"变化而来的，含义为"以故事的形式详细地叙说"。作为研究人们生活的一种途径，叙事探究尊重人们的生活经验，将其看作重要知识的来源。"它是研究者和参与者在某一段时间之中，在一个或一系列的地点，与周围环境进行社会性互动的合作。探究者在中途进入这个探究空间，开展探究，到结束探究，自始至终都和参与者一起生活、讲述、重新生活和重新讲述那些经验故事。那些经验故事铸就了人们的生活，无论是个人的还是社会的生活。"①这一点对于理解本书的写作意图具有重要的指导意义。

近年来，在新时代社会经济发展与深化教育领域综合改革的背景下，教师培训的改革与发展面临新的挑战与机遇，焦点日益转向优质教学和教师学习。终身学习是教师适应教育改革发展与自身专业发展的必由之路。教育改革的成功最终取决于教师终身学习。这就要求教师重新思考自身实践并且重新建构新的课堂角色，教师怎样学习成为教师专业发展的一个重要问题。"教师学习"(teacher learning)成为当前国内外教师专业发展领域中的研究焦点之一，它的提出强调了教师的主体性和能动性。如何理解教师学习并为教师学习提供有效的支持成为当前教师教育研究的重要课题。2019年11月，为适应新时代教师队伍建设的新要求，北京教育学院启动了"新时代中小学教师学习状况与策略研究"重大课题。该课题以教师学习为切入点，通过实证研究对新时代背景下北京市中小学教师的学习现状进行系统而全面的调查，对中小学教师学习的内容、过程、影响因素和促

---

① 转引自[加]D. 瑾·克兰迪宁：《进行叙事探究》，徐泉、[加]李易译，11页，重庆，重庆大学出版社，2015。

进策略等重要议题进行系统研究,强调以量化研究和质性研究的综合运用来获取研究结论,从而探索促进中小学教师学习与专业成长的有效策略,为教师培训机构、中小学校等建设高素质、专业化、创新型的教师队伍提供实证参考和决策依据。

"新时代中小学教师学习状况与策略研究"课题研究的主要问题与内容包含以下三个方面:一是聚焦新时代教育改革背景,探讨新时代背景下国家及北京市相关教师队伍建设、教师培训等方面的政策对教师提出的新要求以及教师学习与自身专业成长面临哪些新的挑战;二是以北京市中小学教师为研究对象,主要从学习内容、学习方式、学习影响因素等方面对中小学教师学习的现状进行调查;三是在深入分析中小学教师学习的现状和影响因素的基础上,结合国内外促进教师学习与成长的有效经验,探讨促进中小学教师学习的策略和举措。在研究方法上,采用质性研究与量化研究相结合的研究方法,广泛收集数据,分析教师学习的现状,通过个案动态地追踪教师学习的成效及存在的问题,并且选取教师学习领域的专家、相关政策的制定者、知名中小学校长进行访谈。对于访谈结果等质性数据,按照质性数据的编码分析过程依次进行分析,即首先进行描述性编码,其次进行解释性编码,最后进行分类性编码,得出关于教师学习的重要结论,从而提升研究的科学性,使教师学习的政策有方可依、有序可循。其中,第三个方面就是本书试图研究的内容与揭示的问题。

(二)收集特级教师的学习经验

教育叙事探究的考察对象是教育经验和现象。正如康纳利所言:"为什么叙事?因为经验。"[1]教育叙事探究是经验研究的一种观念和方法论。克兰迪宁认为叙事探究既是一种方法论,又是一种叙事性理解经验的方式。"经验是随着时间的推移人们对过往的生活进行叙事性谱写,经验是作为一种叙事现象被人们所研究和理解,并且以叙事作为表达形式来进行

---

[1] Clandinin D J, Connelly F M, *Narrative Inquiry: Experience and Story in Qualitative Research*, San Francisco, Jossyt-Bass, p. 50.

表述。"①经验是延续不断的,北京大学陈向明教授在《进行叙事探究》的代序中提到,作为接近人类经验的一种研究方式,叙事探究的理论来源主要是秉承经验主义传统的杜威的实用主义思想,"它不仅包括人们做些什么和遭遇些什么,他们追求些什么,爱些什么,相信和坚持些什么,而且也包括人们是怎样活动和怎样受到反响的,他们怎样操作和遭遇,他们怎样渴望和享受,以及他们观看、信仰和想象的方式——简言之,能经验的过程"②。从杜威的经验观可见经验的延续性特征,也就是,"经验生发于其他先前经验的基础之上,同时又会引发出更进一步的经验"③。对于叙事探究者来说,这种延续性的经验观对于思考所进行的探究工作方式有着重要的启示。

  本书的叙事主角是参与项目研究的十四名北京市特级教师。特级教师是我国广大中小学教师队伍中的优秀群体,是优秀教师的杰出代表。一提到特级教师,普通教师和社会大众都会十分羡慕和敬佩。但是,特级教师究竟"特"在哪里?有人说,特级教师有高尚的师德表现;有人说,特级教师有扎实的专业学识;也有人说,特级教师有精湛的教学艺术。这些都是合理的,特级教师在职业精神、教育情怀、专业个性、工作习惯、身心特质等方面具有一些突出的人格特质,并在其专业活动中发挥着特别的作用,学术界对此也形成了诸多研究成果,但如何从学习的角度深入挖掘他们的经验,并使之上升为理论,还缺乏有影响力的研究。此外,相比于纯粹的教师学习理论研究者而言,他们与众多普通一线教师有更多的共同语言,普通一线教师更容易理解并接受他们学习过程中的点滴经验。研究特级教师的学习经验有助于为教师群体提供可借鉴的实例,指明前进的方向。基于教师学习研究的基本问题,课题组运用叙事探究方法来寻求特级

---

  ① [加]D. 瑾·克兰迪宁:《进行叙事探究》,徐泉、[加]李易译,8页,重庆,重庆大学出版社,2015。
  ② [美]约翰·杜威:《经验与自然》,傅统先译,22页,北京,商务印书馆,2017。
  ③ Clandinin D J, Connelly F M, *Narrative Inquiry: Experience and Story in Qualitative Research*, San Francisco, Jossyt-Bass, p. 2.

教师的学习经验。

　　经验的收集依赖于叙事的主角。课题组在学习内容(学什么)、学习方式(如何学)、学习影响因素(怎样学)研究的基础上,从语文、数学、英语、政治、历史、物理、化学、生物、体育、美术学科选取了十二位北京市不同学段的特级教师,对他们进行了深入访谈与研究,还选取了两位特级教师进行了自我叙事分析。从2021年以来,课题组研究专家走进特级教师生活的"现场",以访谈和对话的形式了解每一位特级教师的学习经历,也收集了每位特级教师的著作、论文、日志、反思,并将这些作为补充,以更深刻地理解和再叙述。访谈和对话的目的不是有意寻找那些本身带有价值的信息和证据,而是使特级教师回顾他们的经历,努力追寻那些细致入微的记忆和学习经验。这些有价值的访谈信息是探究者后期撰写研究文本时需要详细整理的,因为探究就是"在经验的溪流之中生成新的关系,而后者又会成为未来经验的一部分"[1],"以经验为基础的教育,中心问题便是从各种现存经验中选择那些可对未来的改善起到生成性与创造性作用的经验"[2],"以使教师的声音能被人们清楚大声地听到"[3]。

三、在对话中诠释教师学习经验

(一)关于研究者的身份定位

　　教育叙事探究在研究方式上基本可分为两种。一种是"教师—研究者"合作研究。教师是叙事者,研究者倾听并重建其叙事,双方组建成"叙事团队"(narrative community)。另一种是教师叙事行动研究。教师既是叙事者,也是叙事的反思者和倾听者。两种研究的目的都是帮助教师改进教学,提升总结经验的理论化水平,促进教师专业发展。本研究项目的叙事探究两种情况都有。在第一种叙事合作研究过程中,课题组组成了包

---

[1] [加]D. 瑾·克兰迪宁:《进行叙事探究》,徐泉、[加]李易译,10页,重庆,重庆大学出版社,2005。

[2] Dewey J, *Experience and Education*, New York, Collier Books, 1938, pp. 25-28.

[3] Goodson I F, Walker R, *Biography, Identity and Schooling*:*Episodes in Educational Research*, London, The Falmer Press, 1991, p. 139.

括十一名研究者的团队，他们作为访谈者与研究者，同时扮演倾听者、提问者等多种角色与特级教师共同建构故事。在整个研究过程中，十一名研究者与相对应的研究对象建立了一种良好、亲密、平等、合作的关系，双方彼此倾诉和倾听，互相磋商。关于第二种研究方式，课题组邀请了两名特级教师对自己的学习经历进行反思与总结。值得提及和注意的是，在研究过程中，十一名叙事探究者如同克兰迪宁与康纳利所讲的，(研究者)"必须全身心地投入，与他们的参与者'坠入爱河'，但他们必须保持距离，注意研究中自己的故事"①。研究者一直不断反思自己的研究责任和自己对研究带来的影响，保持对自己定位的反思，不但对特级教师的学习故事进行整体性、形象性和动态化的呈现，而且对故事蕴含的知识、价值观以及自己的独有体验进行多角度反思，在分析写作中表达出诠释的理论视角和立场，探寻事实背后隐含的意义，使特级教师内隐的知识逐渐清晰和深刻化。

(二)关于经验的叙事分析

在叙事探究过程中，叙事分析是研究者重新叙说研究参与者的故事并实现叙事文本向研究文本转化的重要环节。《叙事探究：多视角、方法与声音》一书提出三种可以将叙事探究者的"声音"代入研究的方式，即权威声音、支持声音和互动声音。权威声音是研究者以自己的理论视角对叙事进行完全解读和阐释，因此在研究文本中只呈现研究者自己的观点；支持声音则相反地只将参与者的观点写于文本之中，研究者主要承担"讲故事"的角色；互动声音介于两者之间，强调研究者与参与者怎样相互影响并进行具体解读，这就是教育叙事探究中常提到的叙事分析。D. E. 鲍金霍恩(D. E. Polkinghorne)提出了教育叙事探究中数据分析的具体方式，即分析叙事(analysis of narratives)和叙事分析(narrative analysis)。② T. 巴罗

---

① Clandinin D J, Connelly F M, *Narrative Inquiry*：*Experience and Story in Qualitative Research*，San Francisco, Jossey-Bass, 2000, p. 53

② Polkinghorne D E, "Narrative Configuration in Qualitative analysis," *International Journal of Qualitative Studies in Education*，1995, 8(1)，pp. 5-23.

内(T. Barone)在鲍金霍恩的基础上，将叙事分析命名为叙事构建(narrative construction)①，将分析融于叙事之中，并将历时的事件组成故事，其研究发现是一个加以分析解读过的故事，这种分析方式可以更准确地表达为一种文本数据的重新组合，即构建。对个人故事和生活经历进行解释和阐述，客观上可以为其他具有类似经历的或对研究主题感兴趣的人群提供经验上的借鉴和帮助，具有指导性意义。在这个过程中，研究者需要为构建的故事确立一个边界，如故事发生在一个具体的地点、一段具体的时间内或者关于某一群人。在本书的叙事探究中，这个边界有两点：一个是特级教师群体，另一个是课题研究关于教师学习的影响因素框架。

（三）关于经验诠释的意义建构

叙事探究既是一种研究方法，也是经验意义的表达方式。在本书中，研究者一方面通过特级教师的叙事来尽可能地展现他们真实的学习经验，以便使教育研究与真实的教育经验形成内在的关联；另一方面在对特级教师学习的深度描述和诠释中把叙事提升为对教育经验意义的探索。丁钢在《声音与经验：教育叙事探究》一书中对叙事探究过程中形成研究文本的深度描述做了这样的表述："经历和实践经验的意义是由一系列交往过程构成的，或者说，意义是隐含在所有的叙事事件和故事之中的。只有对这些叙事事件和故事进行诠释，经历和实践经验的内在意义才会逐渐被人领会和把握。"②那么，除研究者的身份与工作、关于经验的叙事分析之外，如何对特级教师学习经验进行深度诠释，也就是研究者如何将对特级教师学习经验的诠释与理解呈现给读者呢？

影响教师学习的因素通常包括教师个体、学习过程和外在情境三个方面，即教师个体层面的影响因素、教师学习过程的影响因素与外在情境的影响因素。从个体层面看，影响教师学习的因素主要包括教龄、专业发展阶段、学习观念、学习动机、自我效能感等。其中，学习动机是在个体层

---

① Barone T, "A Return to the Gold Standard Questioning the Future of Narrative Construction as Educational Research", *Qualitative Inquiry*, 2007, 13(4), pp.454-470.

② 丁钢：《声音与经验：教育叙事探究》第2版，133页，北京，教育科学出版社，2020。

面作为非智力因素的核心部分，是在一定学习需求的基础上直接推动教师学习的内部动力，对他们的学习起着关键性的作用，直接影响和牵制着其他非智力因素作用的发挥。教师学习动机的激发有内在和外在两个条件：内在条件可被认为是学习需求，外在条件可被认为是来自外部环境并可满足教师学习需要的外在刺激。已有诸多调查结果表明，学习需求对于教师开展学习活动和提高学习效果具有显著作用。从教师学习过程的影响因素来看，内在条件主要包括学习任务的挑战、学习投入、学习共同体中的人际关系支持等。学习投入是教师在学习中的行动与思考历程，重要的指标是完成学习任务所花费的时间与投入的精力，通常包括三个维度：行为投入、情感投入与认知投入。外在情境主要包括支持或者阻碍教师学习的因素和条件，分析阻碍条件以及克服阻碍的方法有益于教师在学习中吸取经验教训。基于特级教师的学习特质，课题组选择学习动机、学习投入、学习阻碍和学习需求四个因素作为分析框架，对特级教师的学习经验进行叙事探究和意义诠释。

从叙事探究的过程来讲，课题组成员历经解构、把握、化约、建构和深化的过程对叙事进行了诠释。第一，解构在于梳理相关研究成果。课题组以研讨、沙龙、讲座等方式，不断地研讨与理解学习动机、学习投入、学习阻碍和学习需求的研究取向与进展。第二，把握是研究者对于现象所要展开的探索，包括收集特级教师的学习经历，确定他们所经历的学习危机、解决策略，总结从他们那里获得的启示。第三，化约是将访谈材料处理成小单元，每个小单元都有特级教师的一次重要学习经历，然后从每个小单元分析出特级教师典型的学习特征，并整理出一份暂时性的有关现象的陈述。第四，建构以化约为基础，对种种现象进行分类、整理，并将其重组为一个协调的整体。第五，深化是分析每个故事的主题，并把这些互不相同的主题重组为一个完整的学习过程，最后，将这些小单元形成的意义群加以关联、提炼和诠释，寻找出研究本身的主线，从而使特级教师的学习叙事形成一个整体。

从成章框架来讲，本书共包括十五章。从第一章到第十四章是十一位研究者向大家呈现的十四位特级教师的学习经验叙事。每一个叙事既包括特级教师的自述性学习小传，也包括研究者根据访谈和其他辅助性材料，以叙事分析的方法呈现的学习动机、学习投入、学习阻碍和学习需求等学习经验。同时，考虑到十四位特级教师的学习经验的独特性，每一个叙事对所研究的特级教师的学习经验与特征进行了个性化的概括，凸显了特级教师"个"的存在的现实性。第十五章聚焦"教师学习"的内涵与"特级教师群"的共性，揭示了学习动机、学习投入、学习阻碍和学习需求界限内特级教师的共性学习经验。

从叙事探究的伦理来讲，叙事探究是研究者与受访者通过合作的方式建构出来的一段生命故事及其解释，而不只是研究者对受访者经历的单纯记录与报道，因此其伦理规范一直备受关注。在整个项目的开展过程中，我们遵守以下两个原则：一是确保十四位特级教师自愿接受研究，并且理解这项研究的性质及风险。研究小组向他们发出邀请后，每位研究者都会就研究目的及内容与他们进行沟通，并请他们经过审慎思考后再选择加入。令我们非常感动的是，十四位特级教师表现出了足够的坦诚与信任。二是书稿正式出版之前，研究者随时将完成的部分交予他们浏览，请他们阅读并调整不适当的内容或说法。在研究者看来，让每一位受访者都能在从容、自在的状态下说出自己的内在声音，都能对过去的选择与态度有所反思，并借此巩固乃至进一步实现自我成长，是本研究对他们最大的责任与承诺。

至此可以说，活生生的经验本身是叙事探究始终关注的问题。从这一意义来看，所谓叙事探究，其实就是回归各种各样的教育经验，并使研究者、事件当事人以及读者在日常生活的叙事探究中理解教育经验的丰富意义。我们希望本书在讲述特级教师学习经历的过程中，不仅能揭示有意义的学习经验，而且能唤起广大教师对于学习的真切关注与"心灵颤动"，这是我们在切实推进教育理论研究创新和促进教师学习行动自觉自主方面所做的一种尝试。

目 录
Contents

一、成就目标引领：做教师就要做到最好
　　——语文特级教师柴荣的专业学习之路　　001

二、阅读与反思：细水长流式的学习与成长
　　——语文特级教师王文丽的专业学习之路　　019

三、主动与珍惜
　　——数学特级教师王彦伟的专业学习之路　　037

四、学习，就是不断"悟得"
　　——数学特级教师张鹤的专业学习之路　　055

五、为爱而教，学无止境
　　——英语特级教师谢卫军的专业学习之路　　069

六、一线教学研究者
　　——历史特级教师李晓风的专业学习之路　　083

七、行中思　思中学　学中行
　　——政治特级教师王苹的专业学习之路　　097

八、独立思考与实践研究并行的物理教学行走者
　　——物理特级教师王运淼的专业学习之路　　111

九、学生一直推着我往前走
　　——化学特级教师吴卫东的专业学习之路　　135

十、一辈子只做一件事：教书
　　——生物特级教师林祖荣的专业学习之路　　153

十一、"无限游戏"思维下的进阶学习
　　——体育特级教师黄虹的专业学习之路　　169

十二、校外教育的情境学习与共创性学习
　　——美术特级教师吴蔚的专业学习之路　　183

十三、学做教育实践家
　　——语文特级教师李怀源的专业学习之路　　197

十四、在学习与实践中成长
　　——物理特级教师郑蔚青的专业学习之路　　223

十五、十四个叙事文本的质性分析
　　——关于特级教师学习的理论对话、研究路径和结论
　　　　　　　　　　　　　　　　　　　　　　243

参考文献　　260

后　记　　264

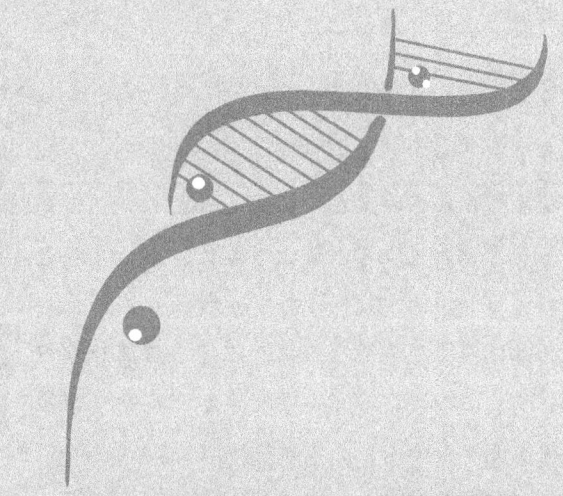

一、成就目标引领：做教师就要做到最好

——语文特级教师柴荣的专业学习之路

个人简介

柴荣，1972年8月出生，北京市第二十二中学教师，教科研主任，正高级教师，北京市特级教师。毕业于首都师范大学中文系，2005年取得北京师范大学教育硕士学位。2007年被评为北京市骨干教师，2010年、2013年被评为北京市学科带头人，2012年被评为北京市师德先进个人，2017年被评为北京市"紫金杯"优秀班主任。2014年《合欢树》教学设计获北京市基础教育优秀课堂教学设计一等奖。出版专著《凝语思教辙迹深》《语文如玉道如虹》《我的语文教学改革之路》。

（一）个人学习小传

1994年我从首都师范大学毕业，到北京市第二十二中学做语文教师。1994—1997年教初中，1997年至今教高中。我热爱教师职业，喜欢做语文教师。

1. 适应期——亦步亦趋

1994—2000年，我亦步亦趋地跟着师父学习，在每学期开学之前把所有课文课备完。师父的课，我一节不落地听。我记录下师父所有的提问和学生的回答，再修正我第二次的备课。三轮备课使我第一次教高三就取得了优异成绩。

2. 成熟期——系统提升

教完一轮初高中后，我对语文教学还有许多困惑。2002年，我考取了北京师范大学教育硕士。兼顾工作与学习的三年，非常辛苦，但因为我职业目标清晰，所以一切困难都不在话下。2004年我评高级教师，在答辩时，评委赵大鹏老师语重心长地说："柴荣，你年轻，要好好学习，往高处发展。"这让我意识到，我要有职业规划。我定下十年评上特级教师的职业目标，并为自己制定了阶段目标：三年评市骨干教师，六年评市学科带头人，九年评特级教师。我苦练教师基本功，严格自律，保证完成目标。我不断弥补自己教学上的弱点，主动申请做课题研究。当我能熟练驾驭课堂时，我意识到让学生学会学习对学生未来发展至关重要。当时正值北京市启动教学改革之时，从此，教学改革成为我教学生涯的常态。

3. 攀爬期——一步一脚印，一步一层楼

2007—2014年是我职业成长的第三个时期。2007年我评上了市骨干教师，2010年、2013年我评上了北京市学科带头人，2014年我评上了特级教师。这期间，我参加了两次北京教育学院组织的市骨干教师培训班。

参加北京教育学院"基于表现性评价的中学阅读教学研究"市骨干教师培训时，我申请上研究课。进入实际操作阶段后，我高度焦虑，直到一次评课，一句话点醒了我：能否把教师解读文本的思维作为表现性评价的评价标准？我恍然大悟，想到将文章内在逻辑顺序与表现性评价相结合，整体推进学习任务的完成，这符合学生的认知规律和语文学科的特点。

2013年，我入选北京市名师发展工程，成为首批培养对象，师从北京师范大学郑国民教授。在郑老师的点拨引导下，我的教学观念逐渐清晰：外化学生读写思路，丰富学生言语经验，塑造学生健全人格。此时我意识到做班主任的价值——从教学走向育人。不仅如此，我还要继续做课题研究。我做的仍然是表现性评价。郑老师的严格要求让我知道了课题研究的规范，也让我懂得了事情做不好是没有理由的。

4. 创造期——课题研究推动我的语文教学改革

用做课题的方式推动教学研究，用做课检验课题研究的成效。我的课题研究对我的教学一直有正向的推动作用。

（1）表现性评价介入语文教学研究

2012年，我开始研究网络教学、表现性评价介入阅读与写作教学，设计出"基于表现性评价的高中语文读写评一体化阅读教学模式"。能否从学习层面设计高中语文教学是我当时研究的困惑。

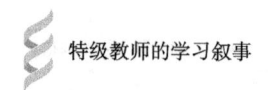

(2)翻转课堂语文教学模式研究

2015年9月,学校成立翻转课堂实验班。我主动承担班主任工作,借助翻转课堂研究如何帮助学生学会学习,建构翻转课语文整体教学模式,真正成了学生学习的引导者。学生讲解问题总有缺憾成为我第九轮教学的困惑。

(3)基于信息技术的高中语文思维发展与提升研究

2018年9月,我接新高一,做班主任。同时,我还接了七年级的一个班,这样做既为了熟悉部编版初中教材,也为了解决第九轮教学的困惑。我以学生思维发展为重点,重构教材内容,以专题教学、群文阅读、整本书阅读为载体,引导学生学习语文。2019年统编版教材开始使用,2020年北京新高考落地。面对新时代对语文教学的要求,我丝毫不敢懈怠。

(4)基于大概念的高中语文大单元教学研究

2021年9月,我开始做基于大概念的高中语文大单元教学研究,设计大情境、大任务,解决生活中的真实问题,落实语文核心素养。我主动申请做《乡土中国》整本书阅读指导的区公开课。

反思二十多年的教师生涯,我有清晰的职业目标,保持无知的心态努力学习,从未懈怠。我做了几十节各级各类的公开课,阅读了大量教育教学类的书籍,不断地在日常教学中解决教育教学困惑,用论文、专著的形式总结教育教学思考。正是有了这些积淀,我才能以饱满的热情投入语文教学,投入班主任工作,自信地站上讲台。我享受着其中的乐趣,对教育教学,我发自内心地喜欢,沉潜越久,越是热爱,因而我动力十足。我的目标很明确,要做有特色的优秀教师,因而我的职业规划清晰。为实现目标,我有极强的自我约束力,因而我的执行能力强。在实现目标的路途中,面对困难,我从未退缩,因而我永远选择挑战自我。

改革之路在继续,我永远在路上。

(二)学习叙事分析

从个人学习小传中可以看出,学习与成长伴随着柴荣教师职业发展的每个阶段。在专业学习与成长过程中,强烈的成就动机、明确的发展目标构成了柴荣专业学习的基本底色。具体到每一发展阶段,专业学习的内容、方式又具有不同的鲜明特征。在每个发展阶段，柴荣如何确定自己的学习目标，遇到了哪些学习障碍，是如何坚持学习的，专注于对哪些内容的学习，采取什么样的方式来学习？带着这些疑问，系统地分析柴荣的专业学习特点或许能够带给我们更多启示。

1. 强烈的成就动机：做教师就要做到最好

终身学习是教师这一职业群体的一个重要特征。《学记》有言："学然后知不足，教然后知困。知不足，然后能自反也；知困，然后能自强也。故曰：教学相长也。"教师的教和学是相互促进的，时至今日，教师学习一直是教师研究的热点。每次看到优秀教师的成长经历，我们首先关注的便是：教师到底为何而学？教师学习、发展的动力来自何方？优秀教师的学习动机是如何被激发的，又是如何维持的？每位优秀教师对这些问题的回答和理解不尽相同，但从不同优秀教师身上我们可以挖掘到支撑他们学习、发展的动力源泉，他们能带给我们诸多思考和启发。

简单来说，学习动机可以分为内部动机和外部动机。二者没有好坏之分，都很重要。学习通常受到内部动机和外部动机的双重驱动，但要长期进行有意义学习，内部动机至关重要。成人学习也是如此。美国成人教育家霍尔认为教师的内在动力是其专业成长与发展的重要内驱力。[1] 根据成人学习的愿望、需要的迫切程度的不同，霍尔将成人学习者分为目标定向型、活动定向型、知识定向型三种，并认为成人的学习动机主要产生于成人的内部需要。

柴荣身上表现出对学习和个人发展的强烈的成就需要，以及对教学发自内心的喜爱，这成为激发她孜孜不倦地进行专业学习的重要的内部力量。

(1) 成就动机引领下的持续自我超越

是什么激发了柴荣的学习动机？她多次谈到"做教师就要做到最好"，"不仅仅是做教师，任何一个职业，要做就要做到最好"。这是刚刚走上工作岗位的柴荣给自己定下的目标，也是她内心深处强烈的成就需要。成就动机是在成就需要的基础上产生，激励个体乐于从事自己认为重要的或有价值的工作，并力求获得成功的一

---

[1] 柴江：《特级教师发展内在动力研究——基于特级教师与普通教师比较的视角》，载《教育研究与实验》，2019(3)。

种内在驱动力。在学习活动中，成就动机是一种主要的学习动机。柴荣的专业发展正是由这种强烈的成就动机所驱动的。

成就动机由两种稳定的倾向组成，即追求成功与避免失败。追求成功与避免失败的动机同时存在于个体的动机结构中，成就动机水平高的个体更注重追求成功，倾向于为自己设立有挑战性且现实的目标，并选择难度适中的任务，在没有外力控制的环境中仍能保持良好的表现。在经历挫折或失败时，成就动机水平高的个体在任务的坚持性上比成就动机水平低的个体表现更好。成功跟我们最初给自己设定的目标有关。柴荣具有强烈的追求成功的动机。她在职业生涯之初便为自己设定了非常明确且具有挑战性的职业发展目标——做教师就要做到最好。

初入教职，柴荣并没有入职适应期常见的迷茫，她的目标非常明确。

我觉得我成长为特级教师，一个最重要的原因就是我的目标很明确。比如说入职五年我就要评上一级教师，入职十年就要评上特级教师。我觉得这是教师成长很重要的一个因素。你必须给自己设定更高的目标，哪怕你实现不了，你起码是朝着目标往前走的。[①]

对于"做到最好"这个目标，柴荣的理解包含两个层面。一个层面是从外在的评价标准看，柴荣从做教师起，给自己设定的目标就是要评上特级教师。

我评上高级教师那年三十二岁，刚工作十年。那时候我的目标就很清晰，我就要评特级教师。

另一个层面是教师要对学生一生的成长、发展负责。

还有对自己职业的认知问题。既然教书，面对的又是孩子，说大点，孩子是祖国的未来，说小点，是他人生一辈子，你对他的影响，可能当时看不出来，但是十年、二十年后一定看得出来。

在语文教学中，柴荣不满足于学生取得"好成绩"这一目标，还追求达到让学生"感受到语文学习的快乐"这一更高层次的目标。

2012年我教完了第五轮高中。无论是让学生写初读感受、提出问题，还是背书、写作业，学生几乎都是百分百落实。回想我的课堂，一问一答，一师一生对话，其他学生都是旁观者，我和学生都备感辛苦，感受不到语文学习的快乐。如何

[①] 楷体字为采访对象的口述，入选时有改动，下同，若为引用部分，则另有标注。

让学生如我一样独立地阅读、思考，获得语文学习的快乐呢？

正是在"做到最好"这一明确的成就目标的引领下，柴荣为自己树立了一个个更高的目标，并且一直朝着目标不断挑战自我、克服困难，持续追求专业学习与成长，攀登职业生涯中的一座又一座高峰，取得了一次又一次成功。

（2）对教学发自内心地喜欢

兴趣是最好的老师。当教学成为一位教师最喜欢做的事情的时候，没有什么是比做好这件事更让他感到幸福与快乐的。柴荣对教学有着浓厚的兴趣。只有解决教学中的一个又一个问题才能给她带来真正的、持久的快乐。

我对教学以外的事情没有太大兴趣，如逛街、买东西、看电影什么的。我不觉得我事业心特别强，我就是喜欢。你把一个问题解决了，会由衷地高兴。这种高兴不像买衣裳，那是短暂的快乐，不是长久的快乐。

她在职业生涯的各个阶段总是主动要求做课，在语文课程改革中勇于承担重任，啃一个个"硬骨头"，不觉得苦和累，对工作付出了常人所不能及的精力和时间。教学是她最感兴趣的事情，是她快乐的源泉。

成就目标和兴趣是激发柴荣持续学习与发展的重要的内部动力。

（3）动机的维持：自主性与成功体验带来的高自我效能感

动机的认知评价理论认为高水平的胜任感和自我决定能增强内在动机，反之则会降低内在动机。认知评价理论将诸如奖励、报酬等外部事件划分为三种不同类型：信息性的事件、控制性的事件、去动机的事件。信息性的事件可以广泛地给予个体选择和理解的权利，提供宽广的信息平台让个体做出选择，提高个体的自主性和自我效能感，增强个体的内在动机；控制性的事件强迫个体用固化的方式或思维去处理问题，不能逾越给定的信息范围，只能按模式照搬照旧地行事，这种外部事件在一定程度上会降低个体的自主性；去动机的事件让个体既没有自主感又没有自我效能感，其结果是降低了个体的内在动机。不同的外部事件通过个体的认知评价产生不同的影响，从而影响内在动机。凡是能满足个体自我效能感和自主性的外部事件，一般都能增强个体的内在动机。柴荣在专业学习中学习动机的维持充分表现出了这些特点。

①高度自主性。

学习过程中自我决定的程度越高，学习动机越强。这一点在柴荣身上表现得非常充分。研究学生、研究表现性评价、研究翻转课堂都是柴荣在不断自我反思的基础上主动进行的自我选择和自我挑战，她并没有将这些视作来自外界的要求和命令。

2012年参加北京教育学院举办的北京市骨干教师培训时，面对表现性评价这一研究主题，柴荣主动申请做公开课。

我想，如何让表现性评价真正用于阅读教学？也许做课是唯一可行之路。于是我主动向吴老师申请做表现性评价的公开课。

②高自我效能感。

史密斯提出了"自我胜任感人格"这一概念。当自我胜任感高涨时，人们会设定较有难度和挑战性的目标。当遭遇挫折时，他们会坚持不懈。面对负面反馈，他们的反应是更加努力，而不是退缩防御。低自我效能感的人更倾向于从事简单和程式化的学习活动，更容易表现出对学习的倦怠感。

教学初始阶段的成功体验给柴荣带来了高自我效能感，她相信自己通过努力一定能够胜任高中语文教学。

1994年我到这所学校，教了一轮初中，然后就教高中了。学校一般不允许只教过一轮初中的老师教高中。但是我很幸运，直接就教高中了，还跟了一位名师（师带徒学习）六年。我教的第一轮高中学生成绩很棒，因此，我就留在了高中。

之后，柴荣不断给自己寻找更有难度的任务，如读研究生、研究学生、研究表现性评价、研究翻转课堂。

我教完一轮初中和一轮高中后，觉得初高中教学没什么，我都教完了，教学成绩也不错，没什么可教的了。读个研究生再看看吧，当时真是挺幼稚的。

分析柴荣的学习动机，可以看出，"成就目标"是一种牵引力，"对教学发自内心地喜欢"是一种推动力。在完成一个个具体目标的过程中，获得的成功体验提升了柴荣的自我效能感，增强了柴荣学习的自主性。所以柴荣的学习动机一直维持在很高的水平。

增强教师的内部学习动机需要外部环境和教师个体两个层面的努力。从外部环境来看，学校领导如何看待教师的角色，是将其看作"被动的执行者"还是"积极的参与者"和"主动的学习者"，为其提供了哪些时间、空间、规则、资源，所有这些都会影响教师在教育教学活动中的能动性，即影响教师个人专业学习的内在动机。

如果学校能够给教师个体提供比较充分的选择空间和适合教师展现个人能力的空间，引领教师选择适合自己的岗位和专业发展方向，尊重教师的自主权，那么教师更有可能体验到成就感，提高自我效能感，增强学习、发展的意愿。

作为主动的行动者，人类个体并不是对刺激做出被动的反应；相反，人类有能力去选择、去行动，因此来决定客体的意义。[①] 从教师个体角度来说，教师如何看待自己的角色，如何理解来自外部的要求和规定，也影响着自己内在的学习和发展动力。例如，面对做公开课，是将它看作外界的要求和命令，不得不做，还是看作个人成长的机会，这决定着教师面对这一事件的心态。将它看作个人成长机会的教师会主动要求承担公开课任务，借此提升自己的教学能力；而将它看作外界要求和命令的教师会认为这是额外的工作，是外部施加于自身的压力。

2. 计划性与执行力：我的所有时间点都是安排好的

卓越教师能够规划自己工作中每个时期的基本雏形，有着长远的眼光。柴荣具有超强的计划性与执行力，这表现在三个方面：一是能够制定明确的职业发展目标与发展规划，二是有坚强的执行意志力，三是有自觉的行为习惯。

（1）明确的职业发展目标与发展规划

柴荣评价自己是一个"规划性、计划性非常强的人"。入职之初，她便给自己制定了明确的职业发展目标，明确提出"做教师就要做到最好"。只有目标是不够的，还要有达到目标的具体计划。柴荣根据目标制定了自己的职称参评计划，按照职称评定的标准要求，做好每一项准备。

我这个人规划性很强，如果要评高级教师，我可能提前三年就做准备。评高级教师所需要的所有栏目（标准）摆在这儿，我就一项一项去满足。你得有荣誉，得做公开课，发表论文，有专著，还得辅导青年教师，得有影响力。我个人觉得，针对每一项评价标准，你都要做到最好。

柴荣为自己制定的目标既有挑战性又有现实依据，此外，她还制定了完整的计划，这就保证了她能按照明确的目标和具体的计划一步一步向前走。一个个目标的完成给她带来了更多的成功体验和胜任感。

[①] 方文：《社会行动者》，138~139页，北京，中国社会科学出版社，2002。

我评上高级教师那年三十二岁，刚工作十年。那时候我的目标就很清晰，我就要评特级教师。从那天开始，我就定了一个十年规划。我也没敢定太早，因为我很清楚，我的机会不多，所以当时是按照从市骨(市骨干教师)到市学带(市学科带头人)再到特级教师这样的梯度做规划的。

（2）坚强的执行意志力

强大的成就动机带来强烈的执行意愿。有研究表明，特级教师的意志力显著高于普通教师。[①] 特级教师有高意志力水平，能顶得住压力，耐得住寂寞，守得住信念。柴荣说："每一个时间点都是计划好的。""不会浪费自己的时间。"既然是自己的选择和内心喜欢做的事情，柴荣付出再多都不觉得累。

我每天要干什么都安排好了。我有一个习惯：早上起来拿张纸，把今天要干的活儿一条一条写出来，做完一条划一条。我不会浪费时间，这个很重要，因为如果你对时间没有规划的话，那么时间很容易被浪费掉。

（3）自觉的行为习惯

要想在某件事情上取得成功，除了要有强烈的成就动机外，还必须投入大量精力和时间。自觉是卓越教师的生活态度与行为习惯的总和。无论是入职初期跟师父学习阶段的三轮备课，还是研究学生主体的大量前期投入，柴荣投入的时间和精力都简直令人难以置信。

①备教材：职业发展初期的三轮备课。

在新任教师阶段，柴荣会进行三轮备课：拿到教材自己备出所有课；听师父所有的课，对比不同，然后修改；有冲突、有矛盾的点继续查找资料，再次修改完善自己备的课。很多学校都会开展师徒结对活动，这是对新任教师专业发展的一种重要支持方式。新教师听师父的课，跟师父学习，但听师父的每一节课，并比较自己备的课和师父备的课，思考后积极调整，做到这些并不容易，需要有较强的执行力，投入大量时间和精力。柴荣做到了。她反复强调这个过程很重要，这是她第一轮教高三就能教好的很重要的原因。

拿到教材后，我一定要把全年教材所有的课都备完。然后我跟着师父听课，师

---

① 柴江：《特级教师发展内在动力研究——基于特级教师与普通教师比较的视角》，载《教育研究与实验》，2019(3)。

父所有的课我都听，无论是阅读课、练习课，还是作业指导课。跟着师父学习，如果不学全了，你学的肯定是皮毛，所以一定要听全，所有的课都听。听完师父的课后，我就把我之前备的课重新备一遍。如果师父的课跟我的课有冲突的地方，我会去查一些资料，再做补充。每节课我只有备完三遍才可能到课堂上讲。我觉得这很重要。跟师父学的那六年，虽说模仿了不少，但我还是有自己的思考的。这也是我第一轮教高三就能教好的很重要的原因。

②备学生：前期大量研究学生，真正落实以学生为主体。

奥苏伯尔说："假如让我把全部教育心理学仅仅归结为一条原理的话，那么，我将一言以蔽之：影响学习的唯一最重要的因素，就是学习者已经知道了什么，要探明这一点，并应据此进行教学。"[①]只有探明学生已经知道了什么，才能真正从学生出发开展教学，真正落实以学生为主体。但探明学生已经知道了什么是非常不容易的，需要教师付出大量的时间和精力。柴荣在这方面做了大量工作。

以学生为主体，你就必须知道学生的情况。要了解学生的情况，你的投入就要特别多。针对学生阅读的东西，你必须都看一遍，然后再去提炼一些能跟课堂教学中的重难点相匹配的东西，这需要花费很长的备课时间。

3. 强大的心理韧性：挑战自我，突破学习难点

教师在职业生涯中难免会遇到一些困难和挫折，一些人会将这归因为自己不适合做教师，甚至萌生退出教师队伍的念头。柴荣在专业成长过程中也曾面对这样的困难和阻碍。她选择挑战自我，突破自我，表现出了强大的心理韧性。

(1) "您这不像语文课，您这是数学课"

在入职适应期，校长对柴荣的课的评价是"您这不像语文课，您这是数学课。您应该当数学老师，不要当语文老师。"校长的评价让柴荣意识到自己的性格和语文学科似乎有些不匹配。她评价自己的性格特点是"有点冷，缺乏激情"，上课时她会把一篇散文分析得"条理清晰"，但"美感就没有了"。

面对这个困境，柴荣选择刻意练习，挑战自我，突破自我。她请来专业播音员辅导自己练习朗读。

---

① 转引自皮连生：《教学设计——心理学的理论与技术》，32页，北京，高等教育出版社，2000。

我想既然要在教师这个行业立足，对于性格中跟这个行业不大匹配的东西，我就要去调整。1997年我主动申请做公开课。我当时就想，既然自己的朗读不是特别好，那就朗读吧，挑战自己，突破自己。我当时讲的是朱自清的《绿》，我背了很多遍，在公开课上做了范读。我觉得自己有巨大进步。评课时一位教师说了一句："这读得是什么呀？还不如让学生读呢。"我头一次做公开课，这位教师这么说，后来我哭了。我确实觉得，既然是教师，又是语文教师，不会朗读不合适。所以1998年我又做了一节公开课，这次我请了一位播音员辅导我朗读。这节课是我觉得自己读得最好的一次，读完以后，整个会场愣了三四秒，然后学生自发地鼓掌，整堂课上得特别流畅。

(2) 面对学习中的困难

只要是自己觉得要学习的，无论多难，柴荣都会花时间去掌握，去攻克难关。

2002年，我开始读北京师范大学的教育硕士。在学习过程中，我觉得不顺畅，写论文，我发现自己不会写；英语学得也挺吃力；心理学，我看不懂这个领域的文章。当时我还想再考个博士，后来我觉得太难了。那一年很辛苦，学校这边要上高三的课，教育硕士也是从早到晚都有课，因为第一年要把研究生的课都学完，学得比较辛苦，但是反正自己觉得要学，所以就会花很多时间。

(3) 生活与工作：将大部分精力投入工作

人的精力是有限的，家庭生活有时也会成为学习中的"拦路虎"。如何处理好家庭事务和工作学习之间的关系，也考验着每一位教师。柴荣认为自己在这方面很幸运，不需要为家庭中的事情分心，能够将绝大部分精力投入工作。

我们家基本上所有事情都是我爱人做的，我这个人也不喜欢做那些事情。我除了累的时候擦擦地，有的时候刷刷马桶，别的活我很少干，辅导孩子学习和陪伴孩子也都是我爱人做的。

4. 实践导向的行动学习之路：学习跟着实践中的问题走

学什么？怎么学？是教师专业学习中非常重要的问题。在不同职业发展阶段，教师专业学习重心不同。纵观柴荣的学习与发展历程，她学习的自主性很强，具有敏锐的问题意识，一直紧紧围绕语文学科教学中的重点、难点问题，在发现问题、学习研究、解决问题的循环往复中不断攻克语文教学的一个个难题，将实践、学习与研究、再实践紧密结合在一起，走出了一条属于自己的行动学习和行动研究之路。

(1) 三轮备课：跟着师父学与自主思考

在职业适应期，像大多数新手教师一样，柴荣是跟着师父学的，但与许多人不同的是，柴荣在这个阶段并不是单纯地模仿，而是将自己的思考贯穿始终。

这个阶段柴荣按照"自学（思考）—跟着师父学—完善（再思考）"的模式学习，跟着师父学的过程中贯穿始终的是自己的思考，三轮备课是学习与思考过程的外在表现。很显然，这样的学习是非常高效的。这一阶段的学习为柴荣透彻理解中学语文教材打下了非常牢固的基础。

(2) 系统学习：敏锐的问题意识

柴荣完成一轮初中和一轮高中教学后，考取了北京师范大学的教育硕士，进行系统学习。在这个阶段的学习中，她敏锐地发现，自己一直关注的问题也是研究者们关注的问题，那就是"以学生为主体""研究学生"。

柴荣之所以有这样敏锐的问题意识，是因为在前期教学中有大量的积累，也是因为在高校的系统学习开阔了眼界。"以学生为主体"的教育理念是柴荣在北京师范大学学习期间获得的，这也恰好契合了她当时的教学实践。

教师的学习往往是和自己在教育教学中遇到的问题紧密相连的。发现问题、明确问题、解决问题的过程是教师提升专业性的过程。当学校还没谈"以学生为主体"的时候，柴荣便开始调查学情，关注学生的感受，并以此为基点设计自己的教学。当大家都开始谈"以学生为主体"时，她已经开始深入思考如何才能真正做到"以学生为主体"，并投入大量精力来进行真正"以学生为主体"的教学。

(3) 当班主任：从关注教学到关注育人

班主任工作琐碎、繁杂。但柴荣提出"一定要当班主任"。"做班主任与自己的学科教学是正相关的"，"当班主任对教师个人的专业成长是非常重要的"，这些都是她评上特级教师之后的重要感悟。

(休完产假)回来教高三，当时我还想当班主任。那时候刚休完产假，学校觉得我当班主任太辛苦了，就让我别当了，当时我挺不愿意的。

我觉得当班主任与自己的语文教学可能是正相关的。我从2012年开始当班主任，一直当到现在。带了三轮高中之后，我觉得确确实实是正相关的。我觉得做班主任对语文老师的成长很重要。

柴荣意识到做班主任能够促进自己的语文教学。做语文教师只能通过阅读学生的读书感受了解学生在语文学科方面的掌握情况和面临的问题，做班主任还能够全方位地研究学生，了解学生的日常生活、学习习惯，这些与学生的课堂学习紧密相关。

我个人觉得，在评上特级教师以后，尤其是长时间当班主任以后，我才真正明白教育到底是什么。

柴荣做班主任经历了从"管住"到"管理"的过程。这也是一个学习、探索的过程。柴荣说自己刚当班主任时就是"厉害"，背后的理念就是"管住学生"。

我最开始做班主任的时候非常厉害。我这人不爱笑。学生非常怕我，表现就是你在这儿的时候很安静，你一走，就乱了。

柴荣表示自己真正意识到做班主任不能只是"管住"学生，还要学会"管理"是在评上特级教师以后。柴荣提到的"班级管理"接近于"班级领导力"这一概念。在接管班级之初，柴荣便和学生一起分享班级建设及学生培养的愿景和目标，制定班级管理规则和班级团体规范。

教高中的时候，我知道对学生厉害可能不大管用，要跟学生搞好关系。那个时候还谈不上管理。我真正意识到班级管理的重要性，是在评上特级教师以后。

开学第一次见学生的时候，我要把我对教育的理解、我的教育理想、我希望学生达到的目标、我要求的学生行为规范、所有班级管理的要求、具体的班级管理操作都给学生说清楚，所以班会时间很长。我觉得规矩立完了以后，每天什么时间到、什么时候该干什么、应该有什么样的状态，我都很清晰。

(4) 行动循环：在行动研究的循环往复中持续探索与提升

进入卓越阶段的教师往往会承担开拓性的研究任务，同时也会在研究中进一步提升自己。这一阶段的学习是与研究过程同步展开的。这期间，柴荣开展了对翻转课堂、表现性评价和学科任务群的研究等。她的研究是典型的行动研究，是实践—问题—研究—实践循环往复的过程。

当时关于翻转课堂的研究还比较少，实践中遇到的问题都是新问题。柴荣采取了在实践中研究、在研究中实践的行动研究范式。她不怕失败，坚信失败的教学经验一定是有价值的。就这样，柴荣在解决一个又一个真实问题的同时取得了丰富的实践研究成果，提升了自己。

（当时研究）翻转课堂，校长跟我说得很清楚，你必须做出来。因为在翻转课堂中所有问题都是新问题。有问题怎么办？就琢磨吧，就想办法吧。

我觉得我第一轮翻转课堂实验最大的不成功点就是总说学生达不到自己期望的教学高度。因为原来老师讲课，老师是主体，备课到什么程度，你是能控制的。但是如果以学生为主体，你希望的教学目标，学生可能是达不到的。当时我认为问题在学生，现在反过来再做翻转课堂实验的时候，我觉得问题在老师。

如何采用翻转课堂加深学生学习内容的深度？在高三教学过程中做这项研究是很有价值的。因为高三阶段的复习一定是按照一条主线去梳理的。如何选取文本和篇目，如何与考点相匹配，如何安排学生课前的学习任务，课上要做什么？这些是需要进行深入研究的。

我再去做翻转课堂实验的时候，发现老师要帮助学生达到自己所期望的学习深度，关键在于转化教学内容，这并不仅仅是知识到能力的转化。对于多篇文本勾连这些具体的内容，老师在备课的时候就要把它弄明白，并通过翻转课堂的形式帮助学生完成这个转化过程。

柴荣围绕翻转课堂提出了一系列问题。例如，如何把翻转课堂在内容上以深度学习的形式继续深入？如何引导学生达到教师所期望的学习深度？带着一个个问题，柴荣一次又一次地进行实践，与同事讨论，然后再到课堂上实践，在行动研究的循环往复中取得了大量的实践成果，与她一起讨论的同伴也成为翻转课堂的"大家"。

做研究做到一定程度，找到能跟你在一个平台上对话的人很重要。我们教学主任（同伴）就是一个非常好的对话者。上完课后我把我的问题说出来，让他给支招。招不一定都合适，但一定会在某一点上给我启示。

针对翻转课堂当中出现的所有问题，我跟他一步步对话。我说的都是一线中的实际问题。他提出方法帮我解决，我们俩不断交流，最后我把他培养出来了，他也是翻转课堂的"大家"。他去外边做培训，关于翻转课堂的问题基本上都能回答。他特别感谢我。为什么？因为都是我实践出来的。他跟大学教授对话，大学教授都很信服他，说"你这招我都没想到"。他说："都是柴荣老师给我们做的实验，我才能想出来。"

行动理论源起于这样一个概念：人们是自己的行动设计者。当从行动的层面来看待人类行为时，这些行为乃是由行动者的意义及意图所建构形成的。[①] 金斯伯格（Ginsburg）非常强调教师在行动循环中形成新的认知和行为，行动循环过程是"关注问题—收集数据—识别问题—回应或行动"的过程，注重行动研究的尝试。此外，行动循环的学习过程是一个持续的以变革教学的方式，使其再概念化的过程。[②] 也就是说，教师在行动循环中一边提升自身解决教学实践问题的能力，一边不断改变自己的个人理念，经过再概念化的过程形成新的理念。每一个行动循环都会形成对初始问题的再认识，形成新思想、新问题，从而展开新一轮行动循环。因此，行动循环是教师批判性地审视个人理论，提升专业意识的有效途径。金斯伯格认为教师的学习动机寓于行动循环中。柴荣这个阶段的学习恰好体现出行动循环的这些特点，这也是她不断深入探索、学习的动力。

(三) 学习特征概括

每一位特级教师都是从普通教师成长起来的，都有不同于常人之处。学习是贯穿于每一位特级教师晋级之路的必备要素。不同特级教师的学习特点不同。柴荣的专业学习表现出几个突出特点。

1. 具有强大的内部学习动力，高水平的成就动机

柴荣专业学习的内部动力强，对教学的浓厚兴趣和高成就需求构成了她较强的自主发展动力，驱动着她持续学习、追求专业成长。访谈中给人印象非常深刻的是柴荣谈的"我就是喜欢，我对教学以外的事情没有太大兴趣"，"做教师就要做到最好"。

想成为卓越教师，重要的是有强烈的内在需求。如果教师没有专业成长的内在需求，那么无论外部环境和保障条件多么优越，可能都很难发挥作用。如果教师缺

[①] [美]克里斯·阿吉里斯、[美]罗伯特·帕特南、[美]戴安娜·史密斯：《行动科学：探究与介入的概念、方法与技能》，夏林清译，58页，北京，教育科学出版社，2012。

[②] Ginsberg M B, *Transformative Professional Learning: A System to enhance teacher and student motivation*, Corwin, 2011, p. 12.

乏自主发展的意识，那么教师的专业学习就很难真正发生。所谓自主，就是自觉、主动地去追求个人要到达的目标。对于教师来说，自主发展是一个自主学习、自我完善、自我超越的过程。教师在专业发展中的自主性具体表现为他们具有强烈的学习与发展意识、积极进取的精神、明确的发展目标、顽强的意志和自觉的行为等。

2. 具有高度的自主性与自我效能感，形成正向循环

柴荣的学习都是源自对自我的要求，自主学习意识与能力很强。在学习中，她确定目标，自主监控学习过程，对学习效果进行自我评价。"做教师就要做到最好"是柴荣为自己设立的职业目标，也是她对自己从事教师这一职业的认知和期待。在这样的观念的指引下，主动学习与提升伴随她的整个职业生涯。

3. 思考、研究、实践三位一体，行动研究贯穿始终

"学而不思则罔，思而不学则殆。"无论是职业适应期的三轮备课，还是落实"以学生主体"所做的大量前期研究工作，以及职业成熟期攻克多个学科研究的焦点问题，实践、自主思考、研究、再实践，循环往复的行动研究一直伴随着柴荣的专业学习历程。

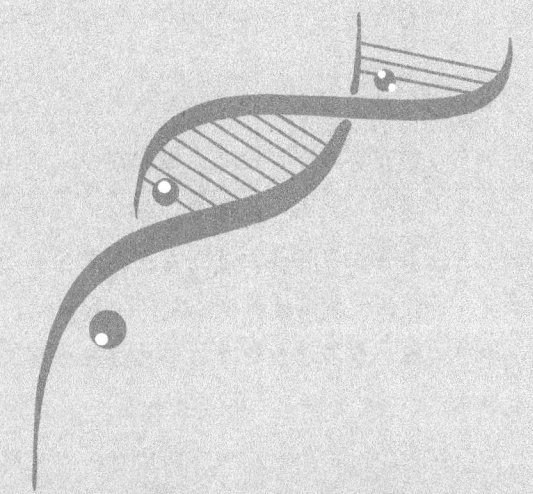

二、阅读与反思：细水长流式的学习与成长

——语文特级教师王文丽的专业学习之路

个人简介

王文丽，北京市东城区教育研修学院语文教研员，北京市特级教师，北京市语文学科带头人，北京市小学语文教学研究会理事，北京市首届名师工程培养对象。在全国教学大赛中多次荣获一等奖，曾获北京市阅读教学大赛唯一特等奖，为中国教育学会小学语文教学专业委员会第三届阅读教学大赛做样板课。出版专著《走近王文丽——语文让我如此美丽》《课堂飘香是茉莉》。先后荣获"全国优秀教师""北京市优秀教师""北京市三八红旗手""北京市劳动模范"等荣誉称号。被聘为教育部北京师范大学基础教育课程研究中心教学与教师成长研究室培训专家组成员，中国教育学会名师讲学团讲师，北京市小学语文骨干教师培训班讲师。

（一）个人学习小传

大概与那个年龄段的其他人一样，我最初阅读的书也是有趣的图画书。那个时候并没有如今这般色彩斑斓的绘本。小镇上的小书店中横着几根木板，上面整齐地竖着数百本书；或者在房间里拉几根绳子，串起一排排书。我们读书，只盯住图画，一边观赏，一边与小伙伴窃窃私语。对于图画下面的文字，因为不认识而熟视无睹。三年级时，我终于得到一本完全是字的书——《霞岛》。这是当年在书店值夜班的爷爷送给我的。这是我第一本不借助图画而阅读完的书，显得特别有意义。

在小镇里读书是异常艰苦的。母亲为了能使我的日子充实起来，设法为我订阅了《中国少年报》《儿童文学》《少年文艺》等报纸和杂志。现在看来，她的眼光真是长远。到小学毕业，我虽没有读多少书，但跟身边的其他人比起来还是多少有了点文人的腔调，竟写了一篇毕业"论文"——《一屋不扫，何以扫天下》。

种种机缘，后来我做了小学教师。工作一段时间后，我发现了一种奇怪的现象：我和我身边的教书人都很少看书了，既是无暇也是无心。在工作后的三五年里，我的阅读量几乎为零。除了偶尔在报摊拎回一本《读者文摘》外，剩下的就是在要上公开课的时候到图书室里看些相关的杂志，目的是借鉴他人的教学设计，把课上得好一些。这种情形持续了七八年，直到我的女儿出生。可能是因为做了母亲才更懂得为人父母的期冀，也可能是因为做了母亲才对教师有了更高的要求，但我觉得更主要的是对语文教育本质有了新的认识，我开始重拾阅读。这一次与我一起阅读的还有我的学生。

我们读安徒生的童话、鲁迅的小说、朱自清的散文，我们也读泰戈尔、李白、贾尼·罗大里的作品。1999年，我成立了班级图书馆，学校提供的书远远满足不了学生阅读的愿望，于是我动员学生每学期带来一本书，五十八个学生就有五十八本。我也不定期往里面充实一些读物，丰富学生的阅读。每天中午，我们班的学生人手一本图书，静静地阅读。《窗边的小豆豆》《宝葫芦的秘密》《洋葱头历险记》《朝花夕拾》……陪伴着他们度过一个又一个正午。我一直认为，作为教师，读书的姿态最动人，读书的声音最动听。于是，我和学生一起阅读，还把我认为好的作品读给学生听，遇到一个中篇，有时候要连续读上几个中午才能够读完。我不得不承认，阅读童书，我的心变得更纯净了，更踏实了，更细腻了，更能感觉到人性之美了。

2003年7月，我被调离了教师岗位，做了教研员。后来由于教研中心与教育分院合并，更名为研修员。其实，教研也好，研修也罢，我觉得自己归根结底应该还算是个读书人。我读季羡林的《牛棚杂忆》，还有汪曾祺、蔡澜的散文，这些貌似都和教育无关，也许只是为了多一点文人的味道，不至于缺失做教师的气息吧。

后来我接触了"教育在线"，接触了"新教育实验"，接触了朱永新、李镇西、李玉龙等人，蓦然发现原来教育还可以这样开展。朱永新的《我的教育理想》、李镇西的《风中芦苇在思索》、刘铁芳的《给教育一点形上的关怀》重新燃起了我的阅读热情。这份热情维持着我对于教育教学原有的温度。

不知道是不是受了他们的影响，我也写了几本书，如《走近王文丽——语文让我如此美丽》《课堂飘香是茉莉》《给孩子上阅读课》。我是不得写书的章法的，但是让我颇为欣慰的是我的文字是自然而然地表达出来的。我对当下学生的阅读也抱有这样的期待：他们是小读者，他们不必今天都读懂，他们阅读时应该有自己的选择,他们会悄悄地长大。

"晨诵、午读、暮省"是我非常渴望的生活和工作方式,遗憾的是或许是生活和工作的重压让我感到焦虑吧,读书这种事情,静不下来是读不进去的。唉,写到这里才发现,我的阅读一直在陪伴着我悄悄成长,但似乎又远没有开始……

(二)学习叙事分析

王文丽喜欢读书,热爱生活,她的学习渗透在日常生活中。在她心目中,阅读、生活与学习并非截然分开,而是浑然一体的。她认为生活中处处有学问,生活中也应该处处有学习。教师的学习不应该是狭窄的专业知识、技能的学习,而应该是广阔天地中无处不在的生活智慧的学习。王文丽的学习到底是怎样一种样态呢?这值得我们深入探究。

1. 从外部驱动到内在自觉:从"不情愿"到"爱上做教师,终身无悔"

教师的职业认知影响着专业学习的动力和投入。王文丽对教师这一职业的认知经历了从"不情愿"到"爱上做教师,终身无悔"的变化过程,专业学习的动力由外到内,从遵循外界的要求到内生自觉。

(1)上师范、做教师并非初心

接触过王文丽的人都认为她天生就特别适合做教师。三十年前王文丽还在师范学校读书时,学生科王志科长指着她对校长说:"您看那个女孩子,她特别适合做教师。"访谈开始不久,我便有同样的感觉。王文丽娓娓道来,让人感到亲切而舒服。我心想王文丽真适合做教师,做她的学生肯定很幸福,做教师也一定是她发自内心的选择吧。

然而事实并非如此,做教师并不是她的初心。少年时期的她对教师的印象并不美好。一位初中老师的批评让王文丽对教师心生抵触,不想听这位老师讲话,对这位老师布置的任务出于本能地排斥。她曾经怀疑,教师真的是人类灵魂的工程师吗?

进入师范学校读书是父母为她做的选择。她的父母都是小学教师,父亲教音乐,母亲教数学。他们联手决定了王文丽的命运,在她十六岁那年,"逼"她考进了师范学校。她的内心是不情愿的,那时候她的梦想是成为作家、播音员,哪怕站柜台卖东西也好。

初中毕业时,母亲说:"你上师范学校吧,学校有补助,要是还能拿到奖学金,自己就可以供自己上学了。你是老大,要懂事儿,要学会为家里分担。"①

(2)初入教职:在校长的要求和推动下学习、成长

初登讲台的王文丽完全感受不到做教师的乐趣。她觉得小学教师的工作是琐碎的,自己被驱使着不停地忙碌,疲于应付。

每天像个被抽打的陀螺,不停地旋转着。我疲于应付一件又一件琐碎的事情,一想到一辈子就这样过去了,心里便充满了遗憾。

在一些报告会上,听那些有着十几年教育生涯的老师说,如果有来生,他们还会选择做教师,我惊得下巴都快掉了,我想他们不是疯了就是在说假话。

虽然刚登上讲台的王文丽并不爱这个职业,但是她自己的成长经历让她特别清楚一件事:自己的一言一行都关乎学生的感受,甚至关乎他们的命运,自己是他们生命中的重要他人。她深知学生的学习生涯是阳光灿烂还是遍布阴霾,受教师影响很大,自己必须对他们负责。善良之心和责任之心驱动着她努力做好这份工作,指引着她重视学生的感受。她决心和学生一起过儿童应有的生活。下雪了她会停止上课,带学生冲向操场打雪仗、堆雪人;新年来临,她会带着学生开假面舞会;赶上春节庙会,她会早早地和学生约好,带他们品尝老北京小吃。

在刚登上讲台的这一阶段,王文丽是在外界的要求和推动下学习、成长的。她是为适应教师这一角色、成为一名真正的小学教师而学的。

时任光明小学校长的刘永胜是推动王文丽的学习、成长的关键人物,对她影响深远。

刘永胜校长是一个学习力特别强的人,他有前瞻的理念,对青年教师要求很高,影响也很深远。刘校长培养青年教师特别有一套。我刚上班的时候刘校长要求"四个一":每周写一篇大字,写一篇教育教学随笔,大字交给副校长批阅,随笔就交给刘校长批阅,然后要进一次图书馆,写一篇读书笔记,摘抄也可以,还有一个就是听老教师的一堂课。我觉得自己有时候是主动的,有时候是被动的,在完成

---

① 王文丽:《王文丽的儿童哲学》,载《教师月刊》,2017(2)。

"四个一"的过程当中慢慢成长了起来。

刘永胜校长不但要求严格,而且非常注重开阔青年教师的视野,让青年教师接触先进的教育理念。他还具有独特的识人眼光,能够发现优秀教师的苗子。

刘校长当时的理念是"我能行"。我记得他讲了一个无错原则,就是你不应该去指责学生,要求学生一定要说对,说错了你就批评。他说孩子怎么想是有自己的逻辑、自己的想法的,他有出错的权利,你要尊重并且捍卫他这种权利。在当时我觉得这个真的是挺前瞻的,对我影响很深。

我记得刘校长那时候就把北京师范大学的董奇、芦咏莉他们请到了光明小学,目的就是打开我们的视野,让我们对教育有思考,有不一样的认识。刘校长为我们打开了这扇窗,我就跟着刘校长不断地学习。

当时虽然我没有得到教研员的认可,但是刘校长是特别看重我的,他知道我怎么回事,所以不管外界对我有什么样的看法,他一直在培养我。

从入职时的普通教师成长为卓越教师,教师的内部条件固然重要,但外部环境的支持作用也不可被低估。《义务教育学校校长专业标准》中指出:"校长是教师专业发展的第一责任人。"校长的一项重要职责便是通过专业学习建设一支高素质的教师队伍。可以说校长是推动教师专业学习的重要他人。教师初入职时进入什么样的专业发展环境、遇到什么样的校长影响着他们要不要学、能不能学,影响着他们专业学习、成长的动力与方向。

(3)唤醒内在自觉:误打误撞进入小学教育论坛,开始写教育随笔

外部驱动只是教师学习的外因,这一外因能否对教师起作用及能够起多大作用,最终决定因素还在教师的内在自觉。[1] 如果教师没有专业成长的需求,那么再好的外部环境和保障条件都不可能发挥作用。没有教师的主动参与和自主发展,就没有教师专业成长。内在自觉的学习离不开教师的体验与感悟。只有通过体悟,教师学习才能走向自觉。指向生命体验的内在自觉是教师学习的至高境界。在专业发展过程中,教师对其专业发展的认识和理解主要依赖于通过自主学习实现自我建构。因而,教师信念、知识和技能的形成具有不可传递性和不可替代性,需要教师

---

[1] 孙德芳:《从外源到内生:教师学习方式的变革》,载《人民教育》,2010(19)。

自身不断反思和理解。①

王文丽无意间在网络上发现了小学教育论坛，遇到了有着同样追求和志向的优秀同行，找到了适合自己学习、成长的路径——写教育随笔。她开始发自内心地对自己的教育教学过程进行深入反思，并将这些反思形成文字，乐此不疲地与来自五湖四海的优秀同行交流思想。在这个过程中，学习逐渐成为她的内在自觉行为。

教育在线有一个小学教育论坛，我误打误撞进入了那个论坛，发现论坛里面全是小学老师。他们用记录教育教学随笔的方式进行交流，每个人都有自己的专题帖，大家看完以后会留言。那是在2002年，网络还没有现在这么发达，那就是一条很重要的跟外界交流的路径。所以我就开始像他们一样，写教育随笔。

误打误撞进入小学教育论坛，写教育随笔、在网络空间分享自己的教育心得与教育故事成为王文丽专业学习和成长中的关键事件。生活中的关键事件、关键人物为教师提供了选择不同发展路径的机会，是教师专业成长的重要契机，具有重要影响。正如古德森所言："教师的专业成长受到过去的经历和经验的影响，但是，并不是过去所有的经历或经验都对教师的专业发展起着重要影响。只有一些重要的事件或称'关键事件'才会对教师专业发展起重要影响，促使教师对个人的教育信念、行为进行反思、重组和改变。"②

王文丽能够坚持写教育随笔，在这个过程中学习动机由外部要求转变为内生自觉，三个方面的因素是非常重要的。

第一，自主感。教师擅长在学习上进行自我指导，并做出适合自己的选择。王文丽擅长文字表达，在初中时便初露端倪。她用自己擅长的方式来表达自己的教育观念，反思并改进自身的教育行为，迈向了更加自觉自主的专业成长之路。

第二，成功体验。写教育随笔让王文丽体验到了前所未有的成就感。一方面是来自网络虚拟空间中素未谋面的同行给予的正面反馈，另一方面是自己所写的东西得到了认可。福建教育出版社主动联系王文丽，要为她出书。

2006年，福建教育出版社看到了我在网上发的专题贴，就联系我，要给我出

---

① 吴立宝：《自主学习——教师继续教育的有效途径》，载《继续教育研究》，2010（5）。
② 何宇：《一位中学语文特级教师专业成长的叙事研究》，硕士学位论文，广西师范大学，2011。

一本书，叫作《走近王文丽——语文让我如此美丽》。当时他们是做了一套丛书，都叫"走近×××"，有薛法根、徐斌、钱守旺，还有我。那三个人当时都已经是特级教师了，只有我是小学高级教师。我的专题贴里一部分是我的课堂实录，还有一部分是我跟学生之间的教育故事。这件事情让我挺震惊的，包括我身边的人，他们都没想到。因为我们印象里都是什么人出书呢，都是那些专家、学者、校长才会出书。

最初选择教师职业不管是主观原因还是客观原因，选择后是否具有职业幸福感是很关键的。① 幸福感往往伴随着成就感而来，王文丽在写教育随笔的过程中有了越来越多的成功体验和职业幸福感，也越来越喜欢教师这个职业。

第三，归属感。王文丽通过在小学教育论坛写教育随笔的方式，与志同道合的同行成了朋友。大家因为共同的目标走到一起，从网络到现实，建立起联系，相互学习，相互促进，相互影响。在这个群体中，王文丽找到了自己的归属感。

当年在这个平台上活跃的老师，现在都是中小学的中坚力量。像李镇西、夏青峰、袁卫星、徐斌、薛法根、张学清、周益民、窦桂梅等人。我们最初都是在网上结识的，大家好像是为了一个共同目标走到一起的，然后彼此之间建立了这种联结，相互影响，相互学习。

(4)爱上做教师，终生无悔

王文丽发自内心地爱上了教师这个职业。她的教育随笔中一部分是她自己的课堂实录，另一部分是她和学生的教育故事。她感到自己已经离不开课堂，离不开学生了。

在课堂上，我很享受这个过程，我觉得跟孩子们在一起能实现自己的生命价值，这不是唱高调。只要在课堂里面，我就不觉得累，不觉得烦恼，就是很享受。

王文丽虽然早在2002年就走上教研员岗位，离开了教学一线，但每年都要上很多节公开课。

我一年差不多要上一百节公开课，基本每周都要上。2020年10月到12月，我数了数，我上了78节公开课。我给自己定了一个标准，所有培训活动一定是我的课和讲座并存。比如，我讲整本书阅读"快乐读书吧"，那我一定要先上一节整本

---

① 何宇：《一位中学语文特级教师专业成长的叙事研究》，硕士学位论文，广西师范大学，2011。

书的阅读课，然后再来讲"快乐读书吧"。

王文丽认为自己对学生的了解首先来自课堂，课堂成就学生，也成就教师自己。自己离开课堂便不能叫作教师。

我觉得我对学生的了解首先是来自课堂。命题的时候我会想，一道题，假如我想达到一个80%的得分率，八九不离十，我知道学生肯定会这么答。全区数据出来以后，大家就说你怎么估得那么准，其实我就是凭自己在课堂上的感觉。

我认为做老师是不能离开课堂的，课堂成就学生，课堂也成就自己，所以我一直很喜欢在课堂上"摸爬滚打"。我今年评正高级教师，我的底气在哪儿？我是老师，从来没有离开过课堂。我们单位的领导提出一个主张，就是教研员要给老师上示范课，所以我想我就保持我的本色，别人上不了课那我就上。

王文丽说自己爱上了做教师，终生无悔。做小学语文教师真的是一件特别美妙、特别让人享受的事情。

2. 学习就是细水长流式的投入与坚守

专业学习与成长需要持续投入与坚持。

(1) 在刘永胜校长的要求下坚持完成"四个一"

当个人学习的自主性还未被激发时，外界的要求与督促对于坚持做一件事至关重要。正是在刘永胜校长的严格要求下，王文丽坚持了下来。现在回顾这段经历，王文丽觉得"都是好"，虽然当时确实忙、累，确实辛苦。

刘校长要求的"四个一"要坚持两年，然后进行一次汇报，汇报合格了你才是光明小学约定俗成意义上的正式教师。对于"四个一"，当时我是硬着头皮完成的。我写字不行，逼着自己去写，还有写随笔，你再忙再累，这是校长要批阅的，不交是不行的，校长判完了返回来，你要看校长的意见，下周还要写。在这个过程当中，我慢慢成长了起来。现在想起来，就觉得都是好，但是在当时真的觉得太累了，忙不过来。

(2) 坚持写教学随笔

如果一直将学习看作工具性的，那么教师很容易出现职业倦怠。王文丽通过在网络论坛中写教学随笔，实现了学习动力由外向内转变。写教学随笔已成为她的自觉行为。没有任何来自外界的要求和压力，她坚持写教学随笔，每天必须写完一篇。出差在外，宾馆没有上网的地方，找网吧也要写完当天的随笔。王文丽说："这也是一种瘾。"

当时我每天写，那个时候对论坛投入的热情比现在要多，因为当时没有别的方式，每天回家第一件事一定是上网，写完一篇文章才能睡觉，就跟走火入魔了一样。2003年我和窦桂梅一起到承德上课，那里不能上网，我们就找了一个网吧。网吧里大多是小孩在打游戏，我们两个大人要在那儿完成一篇文章。我觉得当时人家可能觉得我们挺怪的，但那个时候完全不能控制自己，这也是一种瘾，但这种瘾真的挺让人获益的，而且做这件事时我是特别快乐的，不觉得苦，不觉得累。

其实写着写着就感觉枯竭了，因为没有那么多东西可写，但是因为前面的坚持让我养成了习惯，所以即便我做不到一天写一篇，但是我可以一周写一篇，实在不行我还可以两周写一篇，一个月写一篇，就这么坚持下来了。

是什么造成了这种瘾呢？首先是心中的信念，即她在一次讲座中听到的朱永新教授提出的一个观点："一个普通的老师，如果坚持写反思，坚持十年，每天写一千字，我包你成为教育家。"她相信写教育随笔能够帮助自己思考、提升。

我相信朱永新老师所说的：写带动的是思考，写能把你思考的东西转化成你的才气和你的财富。所以我就继续写。

其次是做这件事给自己带来了正向反馈。正是因为坚持写教育随笔，出版社主动找上门来要为她出书。十多年间，王文丽出版了三本专著，分别是《走近王文丽——语文让我如此美丽》《课堂飘香是茉莉》《给孩子上阅读课》。正是这种细水长流式的坚持和投入让她获得了丰硕的成果。

我爱人说，没看见你为了写书挺熬的、挺累的，你怎么就出书了呢？其实我就是习惯每天记一点，自己最初的目的并不是出书，只是忠于自己的初心，记录下自己在学习、教学中的点滴思考，遇到了一个契机，把它分门别类地一整理就出书了。

王文丽坚持每天写教育随笔，十多年来写随笔成了一种习惯。波斯纳提出一个教师成长公式，即"经验+反思=成长"[1]，来描述反思对于教师专业成长的重要性。他认为一个人或许工作了二十年，但如果没有反思，也只是一年经验的二十次重

---

[1] 皮连生：《学与教的心理学》第2版，20页，上海，华东师范大学出版社，1997。

复。当进行教学反思成为一种自觉和习惯后，这样的教师距离优秀教师就不远了。

（3）对课堂的坚守

王文丽坚持用课堂说话，即使走上教研员岗位后，仍不改初心。作为一名教研员，她一年要上一百节左右的公开课，用课堂实践来检验自己学到的那些关于教育的观点、理念是否可行，以便能够深入浅出地讲给教师们听。

教研员要去学习一些比较前瞻的东西，然后再把这些东西讲给老师听。在这个过程中，我还要保持清醒的头脑，因为发出声音的人太多，哪个是对的，哪个是不对的，有时候很难辨别。那我辨别的方式是什么？就是去实践。我一边学一边实践，我用我的实践来反观这种观点、理念可不可行，所以这么多年我没有离开课堂，这是最主要的一个原因。

对教研员来说，我始终觉得理论层面你可以学得深，但一定要讲得浅，不要拿一些比较深奥的、晦涩的、所谓高端的语言去给老师讲。我觉得大道至简，要深入浅出。你讲的人家听不懂，那你讲还有什么意义呢？我觉得现身说法最有说服力，现场上课，让老师们看，是最有说服力的。

王文丽不但坚持用课堂说话，而且会抓住一切机会听别人的课。

我觉得我是把别人打麻将、逛商场的时间都用来上课或者是听课了，这个过程对我来说就是一种享受，我始终觉得我没有亏待自己。有人觉得太苦了，都没有业余生活，星期五晚上就走了，星期六上完课还坐那儿听课，星期天再回来，有时候星期天都要听完了课再回来，但是我觉得"财富"就是这么一点一点积累的。

3. 困难与阻碍也是成长的良机

王文丽说自己的学习是那种浸润式的、细水长流式的，没有为了某个目的特意要学些什么，所以好像没有遇到特别大的阻碍和困难。在谈到成长过程中遇到的困难的时候，她都是以一种积极态度来看待的。她始终保持"己所不欲，勿施于人"的态度，从不将自己专业学习过程中遇到的矛盾与痛苦施加于他人。

（1）义务给学生补课，家长不理解

教师都希望获得家长的理解和支持。当自己的真心付出换来家长的指责、不理解时，很多教师会心灰意冷。王文丽也遇到过这种情况，她从中学会了与家长换位思考，学会了推己及人地为家长和学生着想，学会了如何与家长更好地沟通和交往。

记得有一次我留了一个孩子给他补课，下午五点多，补到一半的时候，教室的门"砰"的一下就开了，他爸进来了。那天下着大雪，他爸很不高兴地说："老师，我得带我们家孩子走。"我当时就觉得这家长特别不懂人情，我给你们家孩子补课，我也没吃饭呀，我牺牲的也是自己的休息时间，我也没要你一分钱，你有什么不高兴的？说实话，我心里真的很委屈。

然后他就领着孩子走了，我就找校长去了，说这班我没法教了，然后就把这件事原原本本地和校长说了。校长说："你先回去吧，今天你也不冷静，明天咱俩再谈。"我当时一边说一边哭，特别委屈。我这是为什么？又不是为了我的孩子。校长当天晚上找那个家长了解情况，第二天就跟我谈。校长说："昨天那个爸爸来接孩子，在风雪中站了一小时还没有接到孩子，他家里边有八十岁的老母亲需要人照顾，另外，一下雪就会堵车，所以平时可能二十分钟就到家了，昨天可能两小时都到不了家。"

后来校长又说："你有没有想过家长的感受，他今天特意早点下班，想接孩子早点回家，但是他站在校门外，不知道孩子为什么没出来，左等也不来，右等也不来，他心疼孩子没吃饭，又想着路上会堵车，家里还有老母亲需要人照顾，他很愤怒，你有没有想过这些问题？"

我确实没想，我只是站在我自己的角度想我怎么样。这件事之后，我学会了怎么跟家长交流。再给这个孩子补课的时候，我会提前写一个条给家长，告诉他哪天几点到几点我给孩子补课。

我发现当我改变以后，家长也变了，他主动送饭，有我的，也有孩子的。他对他那天的行为很懊悔。我学会了推己及人地看问题。你站在别人的角度去理解别人，体谅别人，反过来别人才会尊重你。

(2) 得不到教研员的欣赏和认可

最初做教师时，王文丽由于受家庭变故的影响，在教研活动中表现不够积极，没有得到教研员的欣赏和认可。这也影响了她对教研员的看法。当自己走上教研员岗位的时候，她根据自己的经历、体验对教研员的角色有了自己的定位和思考。

我刚工作的时候，大概两周开展一次教研活动。我爸当时在内蒙古自治区，我妈腰椎间盘突出住院做了手术,那时我才十九岁,我弟弟十岁。我每天要到医院照顾我妈,还要接送我弟弟上下学。我还做班主任,带着五十八个孩子。所以当时的教研活动,有时候开展到一半我就走了,因为我要去接弟弟,要去医院,教研员就对我就有一种成见,觉得这个老师不好学、不谦虚。但她也不说,我也不说。当时我们区里选青年教师作为第一批培养对象,我落选了,就是因为教研员说这老师学习不主动,惰性比较强。

中学时期那位教师的批评带给王文丽的痛苦她不愿意让她的学生体验。做教研员后,得不到教研员的肯定带来的痛苦她也尽力避免加在年轻教师身上。这些体验和经历让王文丽学会了己所不欲,勿施于人。

我首先想到的就是我绝不要做那样的教研员,我要理解老师,尊重老师,和老师一起去研究,首先追求人格上的平等,然后在学习上相互扶持。

王文丽总是与教师们平等相处,她会用写随笔的方式和教师们交流听课后的感受和想法,听取教师们的意见和建议。

我做教研员的时候三十二岁,很多老师比我岁数要大得多,我不可能把自己当作学术上的权威人士,所以我做教研员之后,就把我听完课以后的感受、评课的意见用书信的形式写下来寄给老师们,通过这种方式跟老师们交流和沟通。另外就是虚心听取老师们的意见,发挥骨干教师的作用,与老师们形成一个学习的共同体。

"每个教师都有自己的成长经历。从孩提时代接受教育起,知识不断积累、能力逐步提高以及品德的主动发展,构成教师个人的成长过程,教师对自己当学生时的角色认识和对过去学习生活获得的体验,可以转化为今天的教育智慧,并能激发教师对教育真谛的深刻理解。教师如果能有意识地将对教育的反思应用于自己的教学过程,能更充分地实现教师的生命价值,而且对学生的成长会起到极大的促进作用。"[①]

4. 不带功利之心:学习需求五部曲

至于学什么和怎么学,王文丽有自己的独到见解。她认为教师的学习不只是教

[①] 张启哲:《教师个人成长过程对学生的教育价值——教师不要忘记自己曾经是个孩子》,载《陕西教育学院学报》,2005(3)。

学专业知识、技能的学习。在她心目中，学习无处不在，不是某个发展阶段独有的，而是持续终生的一件事。学习是一个人的人生态度，是一种信念、一种日常习惯。秉持这样一种认知，凭借这样一种习惯，她向专家学、向书本学、向同行学、向学生学、向生活学……世间万物都成为她学习的对象。

我对学习秉持"读万卷书，行万里路""活到老，学到老"的态度，就是慢慢来，与时俱进。因为形成了这样一种习惯，所以就会自然而然地去学习。这就是我说的不带功利之心的学习。

(1) 向专家学

专业领域的专家是一线教师学习的对象，王文丽认为要向真正的专家学习。对于什么是真正的专家，她有自己的判断标准。她认为不要光看名气、头衔，不要被这些东西遮蔽了眼睛。真正的专家理性、客观，懂学科本质，懂孩子，懂教育。

要向真正的专家去学。现在很多老师听课，不听评课。听完课后，至于人家怎么评、怎么说课，不去听，就着急忙慌地干别的事了。我是觉得很遗憾。因为我相信专业领域的人的认知、思考、阅历，一定能够带给你启发，所以当你静下心来去聆听、去质疑、去交流、去对话的时候，你一定会有收获。

我心目当中的专家很理性、很客观、很和蔼，没有学术上的霸权，能理性思考，在学术上负责。我觉得真正的专家既有一种研讨的心态，又能把自己的所思所想全盘托出，懂一线老师，懂一线教学。他不是为了博人眼球而去说什么，不哗众取宠，而是出自对教育的负责。

(2) 向书本学

用王文丽自己的话来说叫作"以阅读为生"——上课、做讲座、写文章。阅读习惯是从小培养起来的。这一切和她做小学教师的母亲分不开。十八岁之前，王文丽生活在东北的一个小镇上，文化生活很贫瘠。母亲节衣缩食为她订阅了报纸和杂志，并常常带着她到镇上唯一的一家新华书店挑选自己喜欢的书籍。

做教师后，王文丽和学生一起读安徒生的童话、列夫·托尔斯泰的小说、朱自清的散文，读泰戈尔、李白、普希金等人的诗词。王文丽说："我一直认为，作为教师，读书的姿态最动人，读书的声音最动听。"于是她和学生一起阅读，把自己认为好的作品读给学生听。

(3) 向同行学

王文丽说:"身边值得学习的人太多了。""教师同他们日常工作环境互动而生成的理解与问题解决,同其专业群体互动过程中所养成的习性与规范,也都是教师的学习和专业发展的重要层面。"①

网站(教育在线)上有一个网友叫小曼,班主任工作做得特别出色。她坚持每天给孩子们讲一个故事,一年下来,她就想出一本书,就是《小曼老师讲故事365夜》。小曼老师才二十六岁,她做这件事这么执着。我当时就觉得身边值得自己学的人太多了,真的是那样一种感觉,一下子就受到了震撼。

从2002年开始,我到全国各地讲课,讲课剩下的时间我就坐下来听课。我从来自全国各地的语文名师身上学到了很多教育教学技巧,如对教材的解读,对课堂的把控,这种学习我觉得也是特别必要的。在这个过程中,我摆脱了地域框架的束缚,因为北京的课基本差不多,我出去向这些优秀的同行学,可以做到博采众长,所以我在北京上课的时候,就会让听课的师生觉得耳目一新。这是我的收获、我的财富。这些人都给了我很积极的影响。

慢慢地"尺码"相同的人就成了朋友,大家相互鼓励,相互扶持,相互提醒。我觉得这对于一个人的成长来说也挺重要,因为谁都不是孤立地存在于这个社会的,你需要友情,需要支撑,这一点我觉得让我挺受益的。

(4) 向学生学

好的教学是师生双方在课堂上互动交流,相互启发,相互成就。王文丽提出,教师要向学生学。课堂中学生的所思所想、言语表达、行为举止、对事对物的态度和观念,都成为王文丽思考学科教学、思考育人的源泉。

我和培新小学的学生在课外阅读导读课上一起读《一百条裙子》。

下课不久,我就收到了张校长转来的一条短信:"王老师,您好。我是五一班的学生郑同学。我非常喜欢您的语文课,也很期待拥有这本《一百条裙子》。我有个问题想请教您:课上同学们讨论女孩子们知道了事情的真相后会怎样做的时候,有人说要捐几条裙子给旺达,我觉得'捐'字用得不好,因为这个字会更加伤害她

---

① 张晓蕾、黄丽锷:《纵横交错:教师学习与专业发展的三种理论视野》,载《全球教育展望》,2014(4)。

的自尊心，如果换成'送'就会感觉更平等。您说呢？"这条短信让我心头一震，该是怎样一个灵秀、聪慧的孩子，才能对语言有着这样超乎寻常的敏感呢？

我记得当我听到孩子们如是说的时候，我只是肯定了他们的爱心，却忽略了言语的表达。"捐"和"送"，一字之差，带给人的心理感受是完全不同的。一个对生活有着细腻体验和感受的人才会对语言表达有着如此准确的判断。这孩子，了不起。

那天，我想了很久，教师的职责是"教"。可是，教师也必须放下身段来学，向学生学。

在几十分钟的课堂上，你虽然知道可能会发生什么，但是无法预知那些妙不可言的细节或是突然出现的波澜。永远不要轻视任何学生，每个人的内心都可能藏着花鸟虫鱼、日月山河，藏着你没有看到的风景。郑同学，堪称我的老师。

(5) 向生活学

王文丽认为学习是浸润式的，正是生活这本"大书"让教师的生活和心灵丰满起来，让教师的课堂生动起来。

我觉得其实生活就是一本大书，万事万物都可能成为你的老师。我觉得我们有时候就是被烦琐的事物困住了，缺少发现美的眼睛，也缺少对生活的感悟。其实你要是只拘泥于教学这点事的话，你的课堂永远也立体不起来、丰富不起来，所以老师得发展自己，可以看看电影，养养花，哪怕是逛逛街，聊聊天，一定要学会融入生活。

当你连自己的生活都不爱的时候，你还能爱教学吗？生活都不爱，你教出来的课，能灵动吗？你教出来的孩子，能有对自然界的那种敏锐吗？我觉得就没有了。

(三) 学习特征概括

1. 善于反思

教学反思是教师专业成长的重要途径。反思是一种高级认知活动，是以自己的思维过程或思维结果为思考对象的思维过程，反思也是解决问题的过程。[①] 杜威指出，反思是思维的一种形式，是个体在头脑中对问题进行反复、严肃、执着的沉思，是一种主动的、持久的和周密的思考，是问题解决的一种特殊形式，是一个能动的、审慎的认知加工过程，包含大量涉及个体内在信念和知识的相互关联的观念。个体在进行反思时有三种态度是非常重要的：一是开放的头脑，二是责任感，三是专心致志。专心致志与个体对事物的兴趣紧密相关，个体只有沉溺于感兴趣的事物时，才会全心投入，一心一意。

王文丽专业学习的突出特点便是坚持教学反思，她数年如一日地在小学教育在线论坛撰写教育随笔，以教育随笔为载体对自己的教学课例、自己与学生的互动等进行持续、积极的思考和重构。杜威提到的反思所需要的三种态度在王文丽身上体现得也非常充分。她具有开放的头脑，善于从全国各地优秀同行身上汲取力量，所以她的课跳出了区域特点框架，时常给人耳目一新的感觉；她具有责任感，责任感让她在入职之初并不喜欢教师这一职业的时候仍按照要求坚持学习，并不断探索，找到了适合自己的学习成长之路——写教育故事；她醉心于语文课堂，即使在成为专职教研员后仍坚守课堂阵地，可谓专心致志。

2. 不带功利之心

王文丽对学习持一种开放、不带功利之心的态度。她没有为了获得什么荣誉而专门去学习。她心目中的学习是浸润式的。她认为学习无处不在，生活中处处皆学问。无论是参加专业培训、教研活动，还是在职业生涯中遇到困难和阻碍，这些都会成为她学习的契机。她向真正的专家学，向经典著作学，向优秀的同行学，向充满童真和智慧的学生学，向生活中的点点滴滴学……这样的学习能够让人更丰盈、更充实、更快乐。

---

① 申继亮：《教学反思与行动研究——教师发展之路》，62、68 页，北京，北京师范大学出版社，2006。

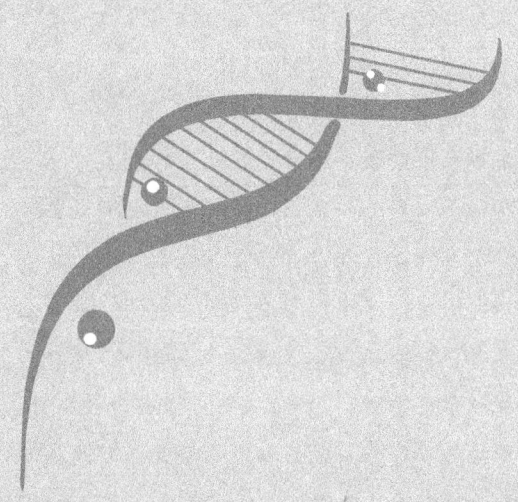

三、主动与珍惜

——数学特级教师王彦伟的专业学习之路

个人简介

王彦伟，北京市东城区教育科学研究院教学研究中心小学研修部主任，2014年被评为特级教师，2018年被评为正高级教师。1990年7月从师范院校毕业后走上教师岗位，时年十九岁。在府学胡同小学做了十八年小学数学教师，其中担任学校教学主任十年。2008年调入东城区教师研修中心（现北京市东城区教育科学研究院），成为一名小学数学教研员。第十一届国家教育特约督导员，教育部小学数学学科教研基地专家，中国教育学会小学数学专业委员会理事，北京市特级教师协会理事，首都师范大学专业教育硕士特邀实践导师，东城区学术委员会小学数学委员会主任。

（一）个人学习小传

1. 从这里启航

1990年盛夏，十九岁的我被分配到了府学胡同小学，开始了我的教育生涯。现在回想起来，那时候的我充满年轻人的激情。当我在教育教学的道路上蹒跚摸索、不知所措时，我的第一任师父王岚老师走近了我。于是，我把自己的教学进度错后师父一天，克服一切困难，每天准时走进王老师的课堂，一边听课，一边认真记笔记，如饥似渴地汲取着王老师课堂中鲜活而富有个性的教学经验。白天紧张工作之余，我还坚持完成师父要求的"课堂思维火花"的记录工作。晚上静下心时就钻研教材，认真设计教案，把自己的课堂与师父的课堂进行对比，同时记下自己的听课体会。就这样，一坚持就是三年，我感觉自己进步飞快。在这期间，我没有停止专业进修的脚步，工作第一年我就参加了自学考试，之后又进行了大学本科的再进修。在工作生涯的起跑阶段，我幸运地来到了滋养我成长的府学胡同小学，遇到了一位有专业精神的师父。这三年是汲取营养的三年，是播撒种子的三年，是奠基人生的三年。

2. 好奇赋能专业成长

我的第二任师父戈海宁老师曾经对我说："彦伟，你是一个不停奔跑的人。"让我不停追求、奔跑的力量是什么？我想，应该是好奇心，在我的专业成长道路上一直与我为伴的是对教育之真、善、美的好奇与追求。爱因斯坦曾言："我没有特殊的天赋，我只是极度好奇。"回看我的成长之路，从对学生生命及其特性的好奇到对育人过程及其方式的好奇，再到对教育本身及其追求的好奇，这些好奇引领我不断地学习，使我成为更好的自己。

教师做研究首先是源于自己工作的需要。教学现象的复杂性和学生个体的丰富性等原因，使得教师本身从事的就是创造性工作，需要教师不断地发现问题和解决问题，这与科学研究的过程是一致的。在教学实践中我不断发现和提出问题："如何把握小学数学基础与创新的关系？""如何在小学数学教学中培养学生的数学思想方法？""如何在小学数学教学中开发和利用社会教育资源？""如何在早期渗透代数思维？""如何在小学数学教学中进行学科育人？"……面对一个个教学实践中的问题，我由理论导师张梅玲教授要求我学习到自觉地进行文献学习。在向"纸上的师父"学习的过程中，我不断尝到理论学习的甜头。我一直谨记特级教师工作室的导师张景斌教授的话："希望大家对理论学习抱着虚心学习、合理接纳的态度，要坐得住、听（读）得进、想得通，通过学习形成我们的再认识。"边学习、边实践、边思考、边总结，在教学与科学研究的融合中，一个个真实问题得到解决。从理论到实践，我深深地体会到了苏霍姆林斯基在书中所写的："如果你想让教师的劳动能够给教师一些乐趣，使天天上课不致变成一种单调乏味的义务，那你就应当引导每一位教师走上从事一些研究的这条幸福的道路上来。"①

3. 规划驱动自我发展

教师发展分不同的阶段，每个阶段有各种各样的困惑。青云直上的发展极为少

---

① [苏]B. A. 苏霍姆林斯基：《给教师的建议》修订版，杜殿坤译，494页，北京，教育科学出版社，1984。

见，大部分教师的发展都是螺旋式上升的。我们需要关注的是，让"原地打转"式的迷茫期尽可能缩短，让成长更顺利。人为什么会成功？因为有目标，目标是怎么来的？需要有规划，规划一个点，这个点就是你要达到的目标，实现目标的过程叫作奋斗，规划人生就是为了更好地奋斗。成功的人生离不开成功的规划及在正确规划指导下的持续奋斗。我一直是幸运的，一些关键事件的发生和关键人物的助力，都让处在摸索阶段的我迅速找准了自我定位，找准了努力和发展的方向，并有目的、有计划、有方向地实现了自我发展。从如何缩短新手教师期，到如何成为学生喜欢的优秀教师，到如何突破成长瓶颈期，再到如何走上名教师之路，在每一个关键期，我都始终以"目标—任务驱动"来完成学习与实践。从跟师父学习，到主动订阅专业报刊和书籍，到积极参加各类业务培训，再到跟名师名家学做教师……这一个个目标不是他人为我制定的，而是我为自己制定的。在不断实现目标的过程中，我越发清晰地找到了自己的下一个目标。

人的一生需要有梦想，更需要追逐梦想。从走出校门对教育"一见钟情"，到与良师结缘引领专业发展，再到投身教研与一群人并行，我一直在"跑"，不断地提升自己的学历，提高自己的专业素养，拓宽自己的视野。我的教育梦想逐步变成现实——从合格教师到优秀教师，从二级教师到正高级教师，从新手教师到特级教师。逐梦教育时刻激励着我，鞭策着我，并将伴随我一生。

(二) 学习叙事分析

1. 学习动机：从需求驱动、任务驱动到价值追寻

(1) 需求驱动与自主学习

① 学历提升的需求：自学考试和成人高考。

经过中等师范学校三年的学习之后，王彦伟被分配到了府学胡同小学担任小学数学教学工作。紧接着王彦伟报名了自学考试，在北京师范大学开启了自学考试的学习之路。最终王彦伟拿到了自学考试专科毕业证。

当时还是五天半工作制，自学考试可以说是上了这条船就下不来了，因为它是一门一门地过。我当时学的是汉语言基础。印象中我那几年的周六下午、晚上和周

日都是在北京师范大学度过的。拿到大学专科毕业证书花了三年多时间。

接着，王彦伟又用了两年时间完成了成人高考本科的学习。边工作边读书并不是一件容易的事情，对于追求优秀的王老师来说，希望学历得以提升是其内在需求和主要学习动机。

②学科专业能力提升的需求：研究生课程学习。

王彦伟在中等师范学校的学习并不分科，后续的本科专业为汉语言文学，因此她在任教六年级数学时经常会面临一些中小学数学衔接的难题，而且当时的小学生毕业时是要参加升学选拔考试的。在这样的背景下，王彦伟深感数学学科底蕴不足，迫切希望提升自身的学科专业能力，于是，又报名参加了首都师范大学数学硕士研究生考试。

特别遗憾的是，当时师范学校很不重视英语，我们只学了半个学期英语，所以英语基础也就是初中水平。这个研究生课程班是我们区和首都师范大学合作的，有一些中学老师和教研员拿到了硕士学位，因为他们通过了英语考试，而我只拿到了结业证书。

后来，王彦伟又参加了哈佛大学线上研究生课程"为理解而教"的学习，历时一年并顺利结业。可以看出，王彦伟通过学习，有目的、有步骤地使自己的学科知识和教学知识得到补充。

③具体教学任务驱动下的学习：现代小学数学培训

在府学胡同小学任教期间，学校使用的教材是张天孝主编的《现代小学数学》。这套教材多在国内一些较发达的城市使用，对师资水平要求比较高，因此相关单位也会定期举办一些集中培训。

其间，一次学习经历对我的提升是很有帮助的。大概是在1999年，从几个城市里选了七八个老师到杭州，组成骨干明星班，都是一些老先生给我们上课。这个班对我影响非常大。

访谈中，王彦伟介绍，教材骨干培训持续了一个月，来自北京、天津、上海、深圳等地的优秀青年教师聚在一起，前辈们手把手进行理论培训、教材教法培训，极大地促进了学员们的专业成长。

这些专家可能有人参与了课程标准编写，培训中会把知道的一些前沿信息讲给我们听。除了学习一些理论知识外，还有一个特别重要的就是让我们组成备课小组。天南海北的老师们在一起交流，一起磨课、研课，一起讨论。这次学习应该说对我的影响很大。

正是在这次培训过程中，年轻的王彦伟遇到了自己的第一位学术引领人——张梅玲教授，这使王彦伟的教学理念有了前瞻性。

使用《现代小学数学》教材的这些年，对我影响比较大的是张梅玲教授，应该说，她是第一个从象牙塔走进我们学校的教授。当时东城区没有关于《现代小学数学》的培训，我就参加了西城区的培训。有一次，一个特别精神的老太太在上面讲（当然，那会儿还没特别老）。我就大胆介绍了一下我的情况……张老师推荐了书目让我们读，也指导我们学校的教学。她虽然不可能给你出更多更细的招儿，但是会给你一些高站位的方向。

王彦伟很有感触地谈到，在很年轻的时候就接触了这样的学术上的导师，这对自己产生的影响是非常大的。事实上，最难得的还是王彦伟大胆主动交流。作为学习者，这是一种非常宝贵的品质。

我印象很深的是有一次参加全国的现场赛课，张老师说："彦伟，你的课要给孩子一些带得走的素质。"按现在的说法叫"数据分析观念"，当时还没有提出这个词。

与学校的师父手把手地教怎么上课不同，张梅玲教授是第一位将王彦伟带向教育研究大方向的引路人。之后在府学胡同小学所做的"增大应用题求解空间"的实验研究也让王彦伟打开了眼界，认识到了原来还可以进行那样深入的研究。

（2）不同类型的市级培训与不断进阶的学习

一线教师参加各级各类的职后培训是专业学习的主要方式。北京市规定市骨干教师需要参加市里组织的培训，并获得相应的学分。王彦伟提到了几个不同阶段的学习，包括：吴正宪特级教师工作站项目、北京教育学院组织的市骨干教师培训和首都师范大学特级教师工作室项目。丰富的学习经历极大地促进了王彦伟的专业成长。事实上，每年都有不少一线教师参加各种培训，但是王彦伟为什么能够取得更大的专业成就呢？这与她个人所特有的学习方式和投入程度是密切相关的。

①吴正宪特级教师工作站：任务驱动下的全面学习。

跟随名师学习是一线教师快速成长的重要契机。王彦伟是吴正宪特级教师工作站的首批进站学员。吴正宪是北京市最早的一批小学数学特级教师、正高级教师，也是全国模范教师、全国人大代表、北京市政协委员、北京教育科学研究院基础教育教学研究中心小学数学室原主任。吴正宪致力于小学数学教学改革，提出了明确的儿童数学教学理念。吴正宪特级教师工作站在北京市多个区县成立了分站，吸纳了一批又一批小学教师参加。

王彦伟认为吴正宪对她的影响是巨大的，首先是人格魅力的熏陶，跟着吴正宪学习不仅仅是出于对吴正宪教学能力的佩服。

吴老师一直告诫我要老老实实做人，认认真真做事。吴老师说："要用纯净的心做专业的事，不管什么时候，你都要立足课堂，要钻研教学，为孩子们学习服务，为老师们教学服务。记住，这是你的根基。"就是这种人格魅力，让我十分敬仰。

吴正宪要求进站学员作为指导教师到农村进行培训，在当地上完课后马上进行说课，讨论如何改进和再设计，之后再亲自上现场课。除此之外，首批成员多数还参与了吴正宪的"儿童数学教育丛书"的主编工作。王彦伟这样总结道："现在看来，吴正宪特级教师工作站的学习就有点像项目式学习，也是一种任务导向型学习。"学者孙德芳通过与一线教师交流发现，在多样化的教师学习方式之中，任务导向型的学习是比较有效的方式，其特点是"融学习于任务之中、融理念于实践之中、融反思于活动之中"[1]。

吴正宪倡导学员在实践中历练提升，同时要勤于笔耕。王彦伟和其他几位北京市的小学教师在研究吴正宪儿童教育思想时主编的几本书后来都成了畅销书。

工作站的学习对我的影响很大。2011年版课程标准颁布之后，我们工作站承接了很多课程标准解读的任务，我们要去外地做培训，如吴老师让我去四川泸州给所有的教研员和骨干教师做四个领域的培训。你要给别人培训，说实在的，你要学习之后还要讲出来，每个领域都得认真准备。

除了引领学员指导他人上课外，吴正宪还亲自指导工作站学员的课，这种言传身教的学习对王彦伟的影响也是非常深刻的。

吴老师在讲课堂教学中对学生的评价时，强调一定要真诚、客观、有个性。不是泛泛地说"你真好"，而要说出好在哪儿。我牢牢地记住这一点了，努力在自己

---

[1] 孙德芳：《从外源到内生：教师学习方式的变革》，载《人民教育》，2010(19)。

的课堂中践行。

②北京教育学院组织的市骨干培训：三位导师指导下的深入学习。

王彦伟曾三次参与北京教育学院的市骨干培训，包括市骨干通识培训和市骨干工作室，在最后一次市骨干培训的同时，报名并入选第一批北京市"中小学名师发展工程"。谈及这些培训时，王老师的概括是：

在这里，我真正懂得了如何做课题研究，因为这些导师要求非常高，我们在教育教学实践中，叩开了科研的大门。事实上，在成长之路上，如果说最早跟张梅玲老师的博士生一起做课题研究只是参与，那么后来自己从主持区级课题到市规课题，再到连续三届获得北京市教育成果奖，这些市骨干培训都发挥了重要的作用。

市骨干培训和名师工程培训均以工作室的形式进行，王彦伟提到了张丹、王长沛、刘加霞三位对她影响至深的关键导师。访谈中她如数家珍般地列举了她向几位导师学到的内容。导师的指导固然非常重要，但是，促进王彦伟飞速发展的还是她一直秉持的"师父领进门，修行在个人"学习理念，从中我们也足以看出她在学习时全心投入、细心观察、用心捕捉、及时应用，集中每位导师所长，并将这些应用于自己的教研之中。

张丹教授是王彦伟的第一位关键导师。当时张教授还在北京教育学院任教职工作，王彦伟深切认同并吸纳了张教授关于教学研究的理念：教学现象的复杂性和学生个体的丰富性等原因，使得教师本身从事的就是创造性工作，教师需要不断地发现问题和解决问题。

我跟着张丹老师学习的时间是比较长的，让我很佩服的就是她超强的概括能力，作为教研员我也需要学会。发现张老师这个长处后，我不但要记她在讲座中讲的内容，而且非常注意记她的开场和她在别人发言完之后的总结。她总是能够一针见血、言简意赅地抓住发言人阐述的内容，然后进行重点提炼。我觉得这方面她非常强……

谈到第二位关键导师王长沛教授时，王彦伟花了挺长的时间，其中用得最多的词是"感动"。王长沛教授退休前是北京教育学院数学系主任。

我印象最深的是王教授的治学精神和人品。王老师风趣、幽默、潇洒。其实我第一次认识王教授，并不是在教育学院的培训班上，而是张毅老师做一个图形计算器辅助教学项目时，把我和几位中学老师集中在一起，老先生第一次跟我们见面的地点是仙踪林，一个有秋千的地方，我觉得好浪漫。他在谈话中总会不时地向你提问，这是我最初的印象。

认真做学问的王长沛教授对王彦伟产生了深刻的影响。

后来我记得在张丹老师的工作室，王教授负责指导我的数形结合的课题。有一次该交研究报告了，那天我从我妈家回去，当时已经是夜里十点多了，我懒了一下不想连夜干了，就跟王教授说自己正在回家的路上，明天再交。老先生说没关系，他睡得很晚。于是我懂了，然后我就带电脑回家接着做。

还有一次让我感动的是在教育学院参加培训的过程中，我做了一次手术，然后王教授和师母在冬天从特别远的地方到医院去看我，我特别感动。老先生的为人处世让我由衷地佩服，所以他对我的成长有很大影响。

第三位关键导师是刘加霞教授，也是王彦伟在北京市"中小学名师发展工程"学习时的学术导师。"中小学名师发展工程"是北京市的一项高端培训，学员是从各区县学科带头人和市骨干中筛选出来的，后来多数发展成为特级教师。学习周期为两年。

我觉得刘加霞老师和张丹老师的风格是不大一样的，她会更宽松一点。她自身的学习力让我最佩服。她还是心理学博士。她的理性思考给了我非常大的影响。她告诉我们需要聚焦真问题，做真研究。提出一个真问题、好问题，并通过踏实的研究分析提供真正的洞见，是弥足珍贵的……除了理性，刘教授还特别热爱生活。她让我知道了其实教授也不光是那种只做科研的人，她也很热爱大自然，热爱生活，我们可以一起讨论服装，这也是我从刘老师那里学到的，就是除了工作还要热爱生活。

③首都师范大学特级教师工作室项目：实现人生追求的幸福学习。

说到在首都师范大学特级教师工作室学习的这段经历，王彦伟用了更多的时间，言语中溢满了幸福，对这三年的培训有特别深的感悟。在王彦伟看来，在首都师范大学的学习与教育学院的继续教育培训有着很大的不同。这种不同的感受主要缘于虽然自己的后续学历也到了本科，但是因为没有真正地上过大学，所以这次特级教师工作室的学习更具有高校学习的味道，弥补了自己没有上过大学的遗憾。用王彦伟的原话说，就是"终于可以静下心来学习、思考了"。

在这个项目的学习中，王彦伟的导师是张景斌教授，当时还有王尚志教授和刘晓玫教授等，王瑞霖老师是班主任，一起学习的同伴中还有华应龙和几位中学数学教师。张景斌教授平和，李延林和王尚志等像朋友一样和学员聊天，这都给她留下了深刻的印象。

时间是周五，隔两周一次，雷打不动。我就跟我们院长说我要去上课了，这一天可以静下心来去学习和思考。周五上午是通识课，各个学科都有，班上有来自北京市各区的大约二十位特级教师聚在一起学习。

王彦伟特别喜欢这个班设立的多门通识课，各个领域的专家讲授该领域的课程，包括科学素养课、身体管理课、正念练习课等。

苏尚峰教授主讲的"学习：教育社会学的思考"一门课对我的影响很大，让我打破了学科界限，学着用"社会学之眼"研究各种教育现象、教育问题及教育与社会之间相互制约的关系。让我印象极深的一句话：推倒城墙，走出固有王国。我看到了原来自己没看到的东西，不断反思自己。有这样的学习机会，真挺好！

2. 学习投入：主动参与与深度卷入

（1）主动把握学习机会

王彦伟在积极参加学历提升学习并取得本科学历之后，接着参加了研究生课程班和哈佛大学"为理解而教"的研究生课程班。此后，不管工作多么繁忙，王彦伟仍然参加各个项目的继续教育培训。随着专业发展阶段的提升，王彦伟参与的培训层级越来越高。无论是"中小学名师发展工程"项目，还是首都师范大学的特级教师工作室项目，王彦伟都会主动报名，甚至在"中小学名师发展工程"学习的前半年，她的上一期市骨干工作室学习还没有结业，这期间有半年时间是两个项目交叉参与的。

教师要参加"中小学名师发展工程"项目和特级教师工作室项目，都需要经过面试和筛选，这会占用较多的工作时间，工学矛盾是极其明显的。究竟是什么原因促使王彦伟始终保持学习的热情呢？

老往外倒，你就没有学习机会了，因为你总是输出给别人了，但是如何输入还是非常重要的，所以我觉得特级教师工作室我要去，尽管这三年很累，要求也很严格。当时面试特别顺利，小学数学老师我和华应龙老师都通过了。

王彦伟正是因为对自己为什么需要继续学习有着清晰的认知，才做出了主动参加学习的决定。

（2）自己购买录音机和订杂志

刚工作时，王彦伟教学所用教材是《现代小学数学》，东城区只有府学胡同小学一所学校使用这套教材，因此东城区教研室没有关于这套教材的培训，但是西城区因有好几所学校组织了相应的培训活动。王彦伟会在每周固定的某一天骑着自行车去西城区参加继续教育。

为了学习攒钱买录音机，然后录下来学习……

为了开阔自己的视野，王彦伟会自费订阅杂志。

与小学数学相关的那五本杂志，我都会订阅，然后拿回家看。

当教师学习变为一种主动需求时，一些与学习相联系的行为就会自然而然地发生。

（3）及时记录、反思与学以致用

在各种学习场合，王彦伟经常会拿一个本子认真地记录，她的学习往往具有明显的细心观察、吸纳应用的特点。她谈到了跟着张丹老师学习时的一则小故事：

我记得有一次大型活动，那会儿张老师对我还不是特别了解。我们坐在那儿听，还有学生坐在我旁边。当时自己还是个年轻老师，就不停地呼应，张老师可能也没听清是谁说的。但是最后发言的时候，她就说："彦伟你来说说，我听到了你那边的声音。"然后我说："不是我说的。"张老师就说："你没说话不代表你没思考，你现在说一下。"就是类似这样的语言，我都记得住，之后也能够用到我的教研工作中，如我要组织互动了，就会对老师们说："你虽然没有举手，但是不代表你没思考，你来说说。"

（4）珍惜学习机会，获得幸福感

谈到在首都师范大学特级教师工作室学习的那段经历时，王彦伟的声音有一些变化，眼睛也湿润了。平复了一会儿情绪后，她说自己特别珍惜这三年的学习，因为它弥补了自己终身的遗憾。之前去北京师范大学参加自学考试学习时，她就经常在想，如果能在这儿读完大学再去工作，该有多好！

王彦伟清晰地记着这个项目开学的日期：2016年6月17日。

我记得，第一天上课时我发了一条朋友圈，就在2016年6月17日上午10点44分，内容是"打开新的一扇窗走进高校，重新做回学生，开始三年的研究生活。

这一过程的长短与坎坷都会壮丽如歌，期待……"这是我当时真实的感受，我觉得太幸福了。6月的阳光照在我身上，我走在大学的校园里，真的觉得特别感动，现在说起来还挺激动的，然后回想起这条朋友圈，就能感受到自己当时的心情，很幸福，也很兴奋。然后从这一天开始，我觉得自己进入了首都师范大学……

(5) 扩大自主阅读范围

首都师范大学特级教师工作室的学习使王彦伟开阔了视野，也使她平时的阅读和关注点有了变化。王彦伟不再仅限于学科和学科教学，而是关注各个领域，特别是政策法规的学习。

我听完那些讲座后，阅读的范围也广泛了。我会买一些其他方面的书，包括一些小说我可能也去看，只不过现在眼睛不好了，花了，看书很费劲，但还是去看，而且关注点会更广泛，包括政策法规的学习。我认为学科育人、立德树人是与自己密切相关的，我也会去学习。这一点我觉得挺奇怪的，在某个阶段，你关注的事情就是达不到那个高度，但是过了那个阶段以后，你可能就真的很自觉地去关注了。

(6) 发展批判意识和问题意识

在继续教育的学习中，王彦伟的批判意识和问题意识也得到了发展。她特别提到了王长沛教授对其批判意识发展的促进作用。

你会发现王老师在指导我们或者指导别人的时候，总是鼓励你去质疑、批判、反驳，我觉得王老师对我的影响真的挺大的，这个方面其实跟很多导师不一样……所以我在跟张丹老师交流的时候，也善于提问，可能这也不一定算得上批判，但是我会质疑，就是我可能有自己的想法，然后我也会去表达。

名师之所以被称为名师，其中一个明显的特征就是不人云亦云，有自己的独立判断和观点，善于提出问题。基于对"思考、质疑、表达"的认同、学习与主动应用，王彦伟的专业学习越来越深入。

3. 学习阻碍与克服：工学矛盾和专著撰写

首先，工学矛盾是教师参加继续教育的一个主要矛盾。工学矛盾是指教师工作和参加继续教育之间的矛盾。王彦伟也面临着这样的问题，但是通过科学的时间管理，加上来自各方的支持，她能够在最大限度上减少这种学习阻碍带来的负面影响。

我觉得工作之后再去学习，最大的阻碍就是工学矛盾。尤其是随着自己的专业发展，承担的事情越来越多。你去学习时，肯定会出现学习时间跟工作时间发生冲突的情况，包括和你休息的时间，白天没干的工作晚上还是要完成的，可能你就会熬夜。我觉得也没有特别好的克服方法，就是尽量去协调，预设我学习时可能会有什么事。我有一个本子，就是从2008年开始，我每年都要记一个本子，好记性不如烂笔头嘛。这样我大概知道我每天干什么，所以从2008年到现在，如果你问我每一天都干了什么，我都能从那个本子上找到。你要提前去协调安排，规划时间把它做好，绝对不能因为你个人学习，耽误了你应该干的事情。

王彦伟还提到，无论是单位领导还是家庭成员，都特别支持自己。

我能走到今天，挺感谢我爱人的。我有一个温暖的家庭。其实呢，我虽然在工作上一丝不苟，很细致，但是在生活上很粗心大意。也感谢领导，在府学胡同小学时有李校长对培训和科研的支持，去教研室后有领导对课题的支持，这样看的话，我觉得好像没遇到过什么阻碍。

其次，搁浅的专著书稿无疑是王彦伟的一个遗憾。三年的特级教师工作室学习结业后要撰写一本书，或者在核心刊物上发表两篇及以上文章。最终王彦伟以发表两篇文章代替了撰写书的要求。

提到困难吧，在写个人专著上我觉得是困难的，其实在评特级教师的时候，很多人都会赶着写一部专著。我一直没有写。我虽然写文章，但是没有写专著。一个原因就是我觉得我没有那么多时间静下来去写作，虽然我觉得勤于笔耕很重要，但是你真的要写代表你教育思想的一本书，就不能东拼西凑，不能用老师的教学设计来充数。

王彦伟尽管也希望能够出版一本专著，但是不愿意随便写一本书以完成任务。后来，王彦伟又提到自己其实很想写一本如何做科研的著作，把自己几个课题串起来，也搭了框架和目录，但是由于事情特别多而没有相对宽裕的时间去写。

所以这应该是我的困难，到现在也没有克服。我在想如果我过了50岁，不那么忙了，是不是可以把我的那个书稿完成。

无论如何，专著撰写仍是王彦伟心里牵挂的一件事情。她也一直期待着在几年磨一剑之后的成果能出版。

有时候我这样想，起码要写一本专著，到你老了，坐在摇椅上伴着夕阳时，你翻到每一页都能想起当时的场景，这真是一种幸福的回忆啊！那种样子我觉得才是我所希望的。

(三)学习特征概括

学者陈向明分析了从教师"专业发展"到教师"专业学习"这一范式转移的内涵，认为语词的转换背后其实是反映了研究者与实践者在知识观、对教师职业的理解、教师的培养方式及教师质量评估标准等方面存在的差异。[1] 教师专业发展的概念将教师作为有"缺陷"的人，按照事先制定的标准，通过集中培训的方式，将固定不变的知识传授给教师；教师专业学习的概念更注重从教师真实的学习体验出发，理解教师针对自己工作中的具体问题、与教师同行和外来专家共同建构知识的过程。王彦伟每个阶段的学习似乎看起来"中规中矩"，和不少教师一样经历了学历提升、不同级别的职后培训过程，但是她的学习具有鲜明的独特性，体现了教师专业学习的主动和建构特点。

1. 专业学习中的个人特质：做事有目标，认真勤奋，善于反思

善于对自己进行分析和定位，投入地去做好每一件事情，理性地看待自己的成功，这是王彦伟专业学习的根基。她几次提到自己最喜欢一句话是："学非探其花，要自拨其根。"这是杜牧的《留诲曹师等诗》中的一句，指学习不能满足于表面的东西，而要寻根溯源，深刻领会其本质内涵。

每一次学习都有明确的方向，正如王彦伟所描述的，一定是举起旗、定好向。至于如何确定自己的核心学习方向和研究方向，则是缘于不断地自我反思、自我剖析，严格要求自己。

王彦伟的字写得非常工整。她对自己的评价非常客观：并非聪明的人，但绝对是勤奋的人。她认同"天道酬勤莫懈怠，一分辛苦一分甜"。

比如说，原来我的字不是很好，我就一直很遗憾，上初中时，包括上师范时写作业，都是一直拿尺子比着写的，所以根本练不出来。但是上公开课，板书必须写

---

[1] 陈向明：《从教师"专业发展"到教师"专业学习"》，载《教育发展研究》，2013(8)。

好,假如说一个月后上什么研究课,我都会把板书设计出来并写出来,看这节课我的板书需要用到哪些字,然后去找书法老师,每天中午都去练,即使临阵磨枪我也要练这些字,让自己写得好看。

在学习过程中,王彦伟会认真分析和学习每位教师的所长,通过记录和反思及时将学到的东西应用于自己的教研活动中。事实上,这种反思的特质在她童年时就形成了。说话温柔而清晰是王彦伟给人的整体印象,最难得的是声调不高,但是每个字都能让听者很清楚地听进去

小时候在城里上学,周末一个人坐公交车回昌平,过马路害怕,经常会拽着别人的衣角。记得有一次想让一位阿姨带我过去,但是因为害羞,叫"阿姨"时声音很小,人家说这孩子怎么这么不礼貌,谁是"哎"。这件事情教育我要把话说清楚,让每个人都听到你想说什么,不漏掉信息,因此说话时即使最后一个音我也要送出去。

童年的任何经历都是宝贵的财富,一向具有反思意识的王彦伟在小时候就为自己将来的教师职业奠定了交流的基础。

2. 对专业学习具有清晰认知,珍惜每一次机会

学习动机对教师学习具有重要的影响,王彦伟的学习经历了"学历提升—不同层级的学科培训—工作中的持续研究与反思"几个阶段。如前文所述,王彦伟对自己的工作和学习均有着明确目标。

正如王彦伟自己谈到的,她得益于自己没有停止学习,认真地对待每一次学习机会。王彦伟对自己的学习历程有着非常清晰的自我认知。

其实别人看到你的只是成功,会说这么年轻,你就当了特级教师,又是正高级教师,但是我自己知道没有人能随随便便成功。我也很佩服自己,我确实努力。

一位教师怎样看待职后培训,在很大程度上影响着学习效果。学历提升后学科培训及几次骨干和高层次培训她都没落下。她多次说自己幸运的是每一次瓶颈期都能赶上好的提升自己的学习培训平台。

我一直这么认为,行政部门安排的培训,其实对老师是最大的福利。现在我也会跟青年老师说,如果学校让你出去参会或参加培训,其实就是给你福利,比给你发一千块钱奖金还要好,因为你拿一千块钱奖金买不到这些高端的培训。

王彦伟在访谈中多次提到，自己一直致力于教师专业发展，担任教研员后未承担任何行政职务，但是对学术兼职则表现出开放的学习心态。

我觉得干多项学术兼职倒也没有影响我自己的工作，可能有时候还会助力专业发展。

3. 行为、情绪和认知上的主动投入

教师知识、能力与行为的变化是教师学习的结果①，与之相符合，除了引领学员指导他人上课外，吴正宪教授也亲自指导工作站学员的课，如评价学生，这种言传身教的学习对王彦伟的影响是非常深刻的。

吴老师在讲课堂教学中对学生进行评价时，强调一定要真诚、客观、有个性。不是泛泛地说"你真好"，而要说出好在哪儿。我牢牢地记住了这一点，努力在自己的课堂中践行。

王彦伟认为学习与自己的专业关系密切，自己能够顺利地被评为市骨干教师和学科带头人及特级教师和正高级教师，与自己的主动学习有着直接的关系。从另一个角度看，知识获得多、能力提升快，工作就越有效，获得的资源和机会就越来越多，也就会拥有更多的成功。对此，王彦伟也深有体会。她的观点很鲜明，即"培训是最大的福利"。由于自己努力学习，加上师父和同伴的帮助以及学校平台的搭建，应该说，王彦伟在同龄人中成长得很快，被破格提升为小学高级教师，破格提升为中学高级教师。2001 年、2004 年、2007 年三次被评为市骨干教师，2010 年、2013 年两次被评为市学科带头人。随着骨干级别的提升，王彦伟参加的培训的级别也越来越高。

弗雷德星克斯等认为，学习投入包括行为、情绪和认知三个独立维度。② 王彦伟不仅在学习行为上能够高度卷入，而且在情感维度上也始终保持着积极的情感反应，学习时思维和认知参与度也很高。访谈中的"感恩"和"幸福"这两个词被多次提及，特别是在谈及在首都师范大学特级教师工作室的学习经历时，王彦伟情绪非常激动，频频落泪，这反映出王彦伟有较多的情感投入。

---

① 刘学惠、申继亮：《教师学习的分析维度与研究现状》，载《全球教育展望》，2006 (8)。

② Fredricks J A, Blumenfeld P C, Paris A H, "School Engagement: Potential of the Concept, state of the Evidence", *Review of Educational Research*, 2004(1), pp. 59-109.

王彦伟认为过去的自己、现在的自己都是幸运的，因为能在瓶颈期接受高站位、有引领性的学习。她借用一张图进行了说明(图3-1)，三条折线分别代表教师专业发展的三种样态：第一种是最好的状态，为"蓝海"，发展态势良好；第二种是一种普遍状态，为"红海"，基本上处于一种停滞状态；第三种是我们最不愿意看到，但是确实存在的一种状态，即黑海，也被称为"死海"。王彦伟在每一次发展之后会处于蓝海状态，即将进入新的红海状态时，新的培训学习就开始了。特别是被评为特级教师后，当进一步发展及突破很难时，王彦伟需要借助更强的外力、更高的发展平台，从而提炼并形成自己的教育思想与教学风格，获得自身可持续发展和带领团队发展的能力。

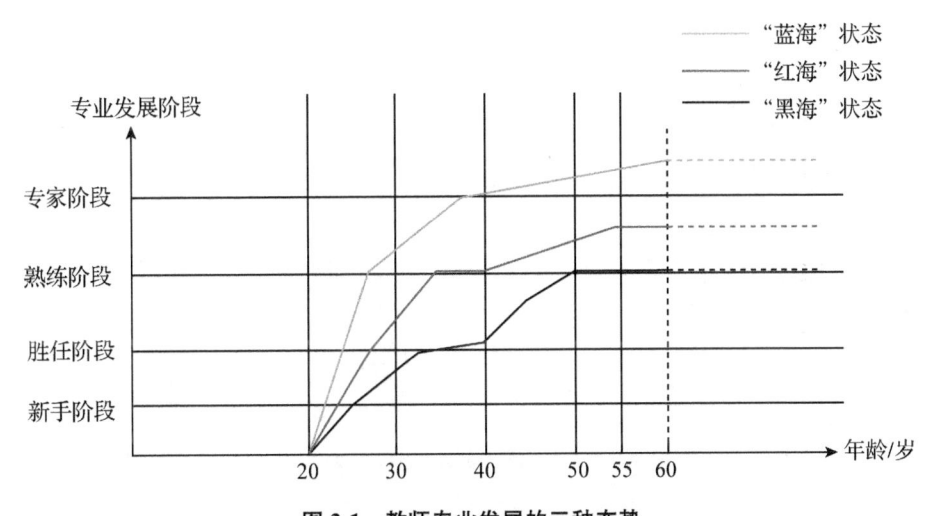

图 3-1 教师专业发展的三种态势

特级教师在指导新教师的学习时，将对新教师提出哪些重要的学习建议呢？王彦伟的回答隐含了自己的学习特征和学习追求：第一，注重师德师风和学品人品，把牢方向；第二，重视自主阅读和反思性学习；第三，善于提问和勤于笔耕的主动学习。这些恰恰呼应了她对自己教育生涯中的学习过程所做的总结：学非探其花，要自拨其根；师父领进门，修行在个人。

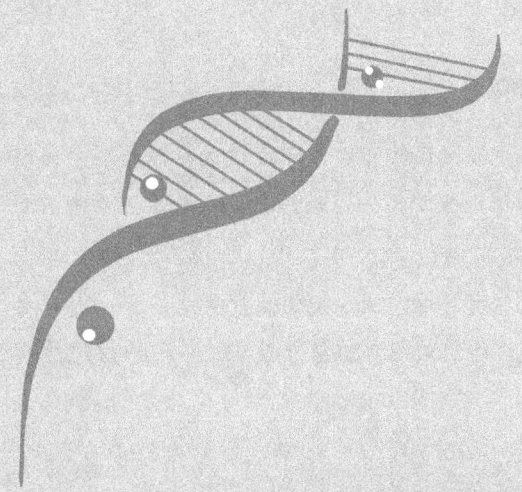

四、学习,就是不断"悟得"

——数学特级教师张鹤的专业学习之路

个人简介

张鹤，北京市海淀区教师进修学校中学数学教研室教研员。1986年毕业于北京师范大学数学系，先后在北京市第四中学（以下称北京四中）、北京市二十一世纪实验学校（现北京市二十一世纪国际学校）、北京市十一学校任教。2005年被评为北京市数学特级教师，2008年获"苏步青数学教育"奖（二等奖），2013年被北京市海淀区人民政府授予"海淀区基础教育名家"称号，2015年被北京市政府评为优秀工作者，2016年被评为北京市正高级教师。人民教育出版社《普通高中课程标准实验教科书》编委会成员，中国教育学会中学数学教学专业委员会理事会理事。出版《唤醒思维的数学书》等三部著作。创办微信公众号"数学教学的逻辑"，受到北京市乃至全国一线数学教师的广泛关注。

（一）个人学习小传

1986年我从北京师范大学数学系毕业，被分配到北京四中任教，在那里工作了八年。现在回过头来看，这八年的磨炼为我的教师生涯奠定了较为扎实的教学功底，使我对数学教学的精髓有了深切的体会和感受。之后我相继任教于北京市二十一世纪实验学校和北京市十一学校，在教学工作中逐渐形成了自己的教学风格，数学教学的自信也逐渐增加。

2008年9月，我离开工作了二十二年的教学一线，来到北京市海淀区教师进修学校做专职教研员。这些年的教学研究实践让我深刻地体会到，教研员工作的目的是为一线教师服务，工作的价值体现为为一线教师的教学提供专业支持和分享教学研究工作的成果。因此，教研员要增强服务意识，诚心诚意地为广大一线教师服务，了解广大一线教师的业务需求，有意识地向教师分享自己的学术观点和教学研究成果。衡量教研员工作的重要标准是服务质量，服务质量取决于教研员的学术水平和对教育教学价值的追求。

2013年夏天，我有幸参加了北京市委托首都师范大学首都基础教育发展研究院承办的为期三年的北京市中小学特级教师研修工作室项目。在这次研修中，我的收获既是全面的也是深刻的。三年学习的积淀转化为我继续前进的动力，让我越来越坚定不做课堂教学改革的旁观者，而要做追求课堂教学本质的研究者的信念，尽自己最大的努力影响周围的教师，带领他们积极投入课堂教学研究，探寻课堂教学的规律，把握所教授知识的本质及其逻辑关系。

教师要成为有学术观点的教学研究者，我认为应该从以下几个方面去努力。

第一，教师如何具有专业性，把这个职业做成一种学问，是值得深思的。我们要经常反问自己，我能不能把学生教会？教会学生就是教师专业性的体现。教师的专业性更应该体现在课堂教学上，体现在研究教学规律上。具有专业性的教师注重研究所教授知识的本质及其内在逻辑关系，研究学生的思维活动，能够把握住课堂教学的逻辑主线。为了教会学生，具有专业性的教师能够揭示出各个单元的内在联系，从思维层面教会学生研究问题。如果一位教师不能从研究问题的角度认识自己的教学工作，把握不住教学中的思维规律，对教会学生没有信心，那么其专业性就很难说有多强。要提高教师的学科专业能力，我认为最为重要的就是提高研究知识及知识所承载的思维的能力。

第二，只有对教学进行了独立的思考、研究，才有可能站在学术的制高点，才有资格引领周围其他教师一起做教学研究。研究者要乐于与其他教师分享自己的研究成果，让更多的教师能够和自己一起探索课堂教学中的思维规律，目的是让更多的学生学到本质的东西。这种引领既要在教师群体中，也要在学生中发挥作用。学生如果能够受到学科思维的引导，学会从问题本质的角度理解问题，那么将有利于今后沿着正确的道路前行。当然，这需要作为教师的我们做踏踏实实的教学研究工作。

第三，要看清教育教学的本质，敢于打破束缚我们的观点和做法，做教学的创新实践者。这个创新不是在形式上做文章，而是要不断地探索课堂教学的本质，通过这样的创新，让教学越来越接近本质。学生可能是未来的学者，即使选择实用性的职业，也应该是一个拥有健全的人格、较强的思考能力和批判能力的人。从这个意义上说，一位教师的教育实践影响着一代青少年的未来发展。教师不应该局限于"如何教"，而应当超越方法与手段，指向对"是什么"的内涵式追问。

总之，教师必须对具体教学内容的实质有着准确的理解与把握。要做一位"真会"的教师，就要不断地去研究课堂教学的本质，提炼出教学的思维规律，增强学科专业能力，做有学术观点的教学研究者。

(二)学习叙事分析

1. 学习动机：他人期待与正向反馈中不断生成的教学效能感

教学效能感是教师在教学活动中对自身能有效地完成工作、实现教学目标的能力的知觉与信念，可以为教师的专业发展提供支点和动力。[1] 自我效能感是教师产生自主学习动机的内在原动力，其水平的高低影响着教师学习动机强度的大小。[2] 换句话说，教学效能感也是影响教师专业学习的重要因素。"数学教学的本质就是教学生思维"，这是张鹤对数学教学的基本观点。他在访谈过程中几次谈及数学思维是什么，并以举例的方式进行阐释。从张鹤的言语中我们可以感受到他对数学学科的热爱及对自己所从事的数学教学研究的自信。不过，根据访谈中的对话和追问，结合对其他相关资料的收集和整理，我们发现，张鹤这种专业自信并不是一开始就有的，而是经过几个阶段，在不断地得到学生和教师的正向反馈的过程中形成的。这也是张鹤专业学习和自我发展的重要因素。

(1)被自己的班主任质疑："你还能当老师？"

张鹤提到，学生时代的自己性格比较内向，不爱交流，天天都在做题，直到上大学后性格才有了一些改变。访谈中他笑着回忆道：

> 我刚考上北京师范大学时，我的中学数学老师面对我时一脸惊奇。她说："你还能当老师？"后来，我在北京四中当班主任，一看到闷声不响的男孩，就想到了我当时的样子……

---

[1] 王芳、谭顶良：《中学教师教学效能感的实证研究及其对教师培训的启示》，载《当代教育科学》，2006(17)。

[2] 鹿璐：《自我效能感与教师学习动机》，载《新课程(中)》，2014(2)。

当初被自己的数学教师质疑能否胜任教师工作的张鹤后来成了名师。

(2)在北京四中教书时快没自信了

1986—1994年,张鹤大学毕业后在北京四中担任数学教师。他多次强调,在北京四中的教学经历为自己的教学奠定了基础。

在北京四中教学,我最大的收获就是对数学这门学科有了比较清晰的认识。

同时张鹤也清醒地认识到,自己在北京四中这八年的教学其实是没有自信的。有那么一段时间,他对教学工作突然感觉很无奈,甚至对自己的教学能力产生了怀疑。

在北京四中的时候,其实有时候做到最后都快没自信了。因为你看不到自己的水平在哪里,周围都是比你年龄大的优秀教师。

可以看出,在教学能力普遍较强的北京四中,张鹤的教学效能感并没有建立起来。但是,或许正是教学期望与教学效能感之间的这种失衡,使张鹤在感到不太自信的同时,产生了强烈的学习动机。用张鹤的话说:"这个阶段的专业学习就是努力听老教师的课,在阅览室看文章,了解别人是如何教学的,由此进行最大限度的学习、吸纳和积累。"

(3)从别人的宣传中"觉得自己好像还行"

因为住房等各种问题,张鹤不得不离开北京四中,从西城区来到海淀区,首先落脚在刚刚成立的政企联办的北京市二十一世纪实验学校。在北京四中八年的教学经历所打下的教学基础在这里逐渐显现,张鹤的自信心慢慢建立起来。

从北京四中出来以后,才发现原来外边学校的老师不是这么教数学的,但是我这么教,尽管我在北京市二十一世纪实验学校工作才一年半,但是海淀区很多老师都认识我了,因为在一次教研活动中我一个人做了两节研究课:一节是在教室上的,还组织了小组合作学习;另一节是在电教室上的,当时赵大悌老师(海淀区名师,海淀区教师进修学校原副校长)在走廊里问我是不是教过高中,我就知道他听出我讲的课里面的东西了。

这之后就觉得自己好像还行,感觉还有点水平。……我觉得我从进入北京市二十一世纪实验学校开始,教学才有了点自信。

(4)从学生的正面反馈中"感觉到自己教学还可以"

离开北京市二十一世纪实验学校后,张鹤来到北京市十一学校任教,在这所学校被评上了中学高级教师，成为当年海淀区最年轻的中学数学高级教师。

到了十一学校，我从学生的反馈中能够感觉到自己教学还可以。那时候也不说什么数学本质，就觉得学生还挺喜欢听我的课。我记得有一个女生，姓胡，她的学籍是外省的，到高三的时候要回去参加高考。她临走前找我谈了一次话，说在我教上她之后，她才对数学有了兴趣。

也许这名学生并不会意识到，她给了当时的张鹤很大的支持，让张鹤坚定了自己的教学理念和信心。

我基本上不去给学生讲那种题型套路和应试技巧，我讲的都是比较本质的，讲的研究问题、思考问题和数学思维的东西比较多一些。其实那时候我可能也说不清楚这些到底是什么，当然现在可以说得比较清楚了……

班杜拉的社会学习理论认为，学习是受环境、个人和行为三大因素共同影响的。其中，环境包括社会环境和物质环境，是外在的；个人指个体对环境和行为的调节与控制，是内在的，其中自我效能感是个人的主体因素。对于教师学习而言，其影响因素主要包括主动性人格、自我效能感、个人成就目标及学校目标结构，其中教师的自我效能感作为一种内在的自我信念，是教师产生并增强自主学习动机的基础与原动力。[1] 在十一学校教学期间，张鹤慢慢有了点名气。他的第一次市级公开课也是在十一学校任教期间做的。他变得越来越有自信，自我效能感也逐渐提升。

(5)形成自己的教学风格："张鹤是讲思维的"

在十一学校执教的那段时期，张鹤也在海淀区教师进修学校做兼职教研员，因此就有了经常到区里给教师做教材分析的机会。

我听到了别人转达给我的评价：张鹤是讲思维的。我当时想，哦，原来我是讲思维的(笑)。我想我可能更多的还是在当老师的时候，在课堂上比较关注学生的思维活动。这可能也是潜移默化地受到了北京四中的老教师的影响，只不过在北京四中时并没有感觉到而已，出来以后才发现那时候讲知识的形成过程，其实就是讲思维。

这些外在的评价与反馈对张鹤形成自己的教学风格起到了重要的推动作用。

---

[1] 鹿璐：《自我效能感与教师学习动机》，载《新课程(中)》，2014(2)。

（6）研究成为自觉和常态："教研员需要着眼全区一线教师"

在被调入北京市海淀区教师进修学校之前，张鹤曾担任区兼职教研员。

兼职教研员对我的促进作用很大，我有很多的机会可以反思自己，因为给学生讲和给老师讲是不同的，给老师讲一定要有高度、有逻辑。所以我觉得学习也好，研究也好，其实就是找到问题的本质。我要教学的话，肯定是教思维，教思维首先要找到规律才能教，这样学生才能学会。我觉得，也许之前当老师的时候是懵懵懂懂的，但是做了兼职教研员和专职教研员以后，这种自觉性更强了。

在2008年到北京市海淀区教师进修学校后，张鹤开始了常规的现场听评课与教学指导。自2009年开始，张鹤通过写博客的方式与一线教师进行更为广泛和深入的交流，直到2019年张鹤才关闭博客，开通了微信公众号。

我发现博客的阅读量跟微信公众号没法比，那时候博客有几百的阅读量，我就觉得很知足了，现在公众号上动不动就上千。

目前，张鹤的微信公众号"数学教学的逻辑"拥有大量的关注者，他通过这种方式持续表达和分享自己的教学观点和对数学教学的思考，影响了更多的教师。

今天，研究已成为作为区教研员的张鹤的一种自觉和常态行为，在研究中反思成为张鹤日常的工作方式。张鹤在实现个体学习和成长的同时，带动了全区教师的成长。

2. 学习投入：吸收—观摩—反思

纵观张鹤的专业学习历程，其学习方式主要有以下几种。

（1）认真吸收：北京四中优秀教师的影响

北京四中八年的时光为张鹤的教学生涯打下了坚实的基础。他深感在北京四中任教时所接触到的多位数学造诣颇高的前辈对数学有着深刻的理解和前沿的教学理念，这些对于自己认识和理解中学数学起到了重要的作用。

无论哪位老师的东西都值得我学习。在这里我打下了很好的底子，虽然出去以后体会到了不同的教学理念，经历了各种各样的教学改革，但是我始终能够坚持运用在北京四中学到的东西，自己的教学风格也就慢慢形成了。

张鹤谈到，在北京四中工作期间，对自己帮助最大、影响最为深刻的是刘秀莹校长和刘坤、常相舜两位教师。

刘秀莹校长的人格魅力震撼了我，使我从一走上教育工作岗位，就爱上了教育这一神圣的职业。刘校长毫无怨言地投入繁忙的工作，那种对教育赤诚的爱深深地打动了我。

张鹤在访谈中回忆到，自己写的第一篇论文，现在看来是一篇写得很肤浅的论文，内容是结合布卢姆教育目标分类，以直角三角形为例的分析。刘秀莹校长看后在论文原稿的最后写了一段话，表达了对张鹤的肯定、鼓励和期待，称张鹤为"四中的希望"。这段话张鹤一直珍藏着。当教研员后，组织教师培训时他就会拿出来给一线教师看。刘秀莹校长的肯定和期待也是张鹤后续专业发展的动力之一。

访谈中，张鹤介绍了自己的一篇博文《四中八年》，这篇文章较为详细地介绍了与自己教学风格的形成有很大关系的另外两位教师——刘坤和常相舜。

刘坤老师是一位在教学改革路上不断探索、创新的人。早在20世纪80年代后期，刘老师就自编教材，发表了大量的学术论文。他对我影响最大、使我受益最深的一点就是常常挂在嘴边的"不做教书匠，要做科研型的教师"这句话。我后来的专业发展，很大程度上是在践行刘坤老师对我的教诲。我们今天常说的"教学要讲知识形成的过程"，其实在20世纪90年代开始常相舜老师讲课的时候就已经这么做了。常老师的每一节课，都能把知识的来龙去脉讲得一清二楚，他把数学课教得是那样通俗易懂，这一点深深折服了我，也成了我至今仍不断追求的上课的最高境界。(摘自微信公众号"北京四中92届校友"张鹤原创文章《四中八年》，入选时有改动)

用张鹤的话说，北京四中作为自己的教学起点完全是个机遇，是历史的安排，他对这一机遇心怀感激。

北京四中是不允许教师在课内讲竞赛内容的，也不许给学生留过多作业，所以教师必须思考怎样把学科知识在课堂上讲出深度。

北京四中良好的学校氛围及教研文化是张鹤成长中的资源，为张鹤后期的教学理念、教学能力、教学风格的形成奠定了坚实的基础。

(2) 观摩学习：对理论指导实践的新认识

张鹤在访谈中坦诚地谈到自己参加的培训班其实并不多，但是他特别提到了于2010年左右赴美国进行的为期二十余天的参观学习，认为这次学习对自己的成长非常有价值。

这次观摩学习给我最大的感受是什么呢？其实也是浮光掠影，但是听了美国老师的课，包括一些专家的讲座，就能够感觉到他们可以把那个事儿——你看我们口头上也是天天听课、做研究什么的——变成一个很有条理的东西。称之为"理论"好像有点高，但是他这么一说，就让你知道他怎么干了。当时我还是挺有感触的。

张鹤这里所认同的"有条理的东西"可以被认为是与实践直接对接的中观层面的理论。当然，基于张鹤保持自己独立思考的习惯，他对美国教育也持有自己的观点。对于体现参与式的"张贴海报"的做法，他并不是十分认可。

感觉就像咱们现在流行的贴海报那种东西，当时美国真的就贴，但我一直不接受这东西，我觉得这些都是走形式。

张鹤认为如果一种学习是有效的，那么关键点是它一定能体现其本质，正如数学教学的本质是要促进学生数学思维的发展。

(3) 提炼反思：形成自己的教学主张

在访谈中，张鹤清晰地表达了他的教学主张：让学生从内心真正喜欢思考、学会思考，使学生的思维具有逻辑性才是数学教师的价值所在，才是数学教育的本质。

张鹤明确指出，要上好一节课，是需要下很大功夫的，需要教师进行长期的教学实践和教学研究积累。教师要对所教学科的思维特点，整体的知识脉络、结构有自己的思考和理解。他曾写了一篇文章——《确认知识还是演绎知识？》，来阐释自己的教学主张。

现在有的老师讲课都是讲结论，只要学生点头我就往下讲。换句话说，咱们都知道这是对的，然后下课，但是并没有演绎"为什么"。教学中老师需要设置问题情境，通过问题引导学生思考，让学生经历知识形成的过程，理解知识形成的过程，这才叫教学。我经常结合自己对数学的理解画出知识结构图，或者核心思维结构图。在做兼职教研员的时候，我就开始这样做，并和老师们分享。做了教研员后，我和老师们一起研讨，不断更新这个结构图，以指导教学。

张鹤的工作尽管几经变化，但是没有影响他的学习和发展。他对于工作的理念是"人挪活，树挪死"，认为每换一所学校自己就会提升一步。

我要是就在十一学校待着，可能也不是现在这样，虽然那时候在区里也还算有点名气了，但是在教学一线视野还是窄，只能看到周围的那些学生和自己的课，或者仅是偶尔听听别人的课。到海淀区教师进修学校，就能看全区教师的课了，这时候我才发现，自己原来的教学中还存在许多问题。

可见，对张鹤来说，直面工作中的挑战、逐渐开阔自己的专业视野是他不断发展的重要因素。

张鹤发现一线教学中存在的问题之后，除了以常规的现场听评课的方式对这些问题进行探讨和交流外，还以文字的方式与一线教师交流。这种基于实践问题的深入思考和文字表达，以及来自一线教师的正面反馈，使张鹤逐渐有了越来越多的学科教学积累，形成了越来越鲜明的教学观点与越来越强的数学教学研究的自信，也为后续出版专著打下了坚实的基础。

(三)学习特征概括

学者朱仲敏根据学习的性质，将教师学习分为以下三种类型：第一，有意义的接受性学习(读书、听报告、参加学术会议等)；第二，实践参与性学习(日常课堂教学实践、观课评课、上公开课、专题研讨等)；第三，研究性学习(做课题、写论文等)。① 由于张鹤被评为特级教师的时间较早，按照当时的继续教育规定，评为特级教师后可以不参加各种培训，因此，第一类学习，即有意义的接受性学习并未成为张鹤专业学习中的主要形式。张鹤的专业学习彰显着鲜明的个性化特征。这显然与他做事认真、热爱数学的个人特质及坚持独守、乐于分享的个人品质紧密相关。随着教学效能感的不断提升，张鹤表现出较强的反思和研究能力，思考和探究数学教学问题已成为他专业学习的常态。有学者认为，学习的三重境界分别是"识得、习得和悟得"。"悟得"是指通过思与觉，内化所学内容为自己智慧的一部分，从而使自己在价值层面上得到改变的过程。悟得的是一种意义理解，是一种规律性的认识，是一种智慧，是"道"。② 基于此，张鹤最为突出的学习特征可以被概括为"学习，就是不断反思后的'悟得'"。

---

① 朱仲敏:《论中小学教师的学习方式及其实现途径》，载《教育探索》，2008(7)。
② 陈立群:《识得、习得与悟得——关于学习的思考》，载《人民教育》，2012(21)。

1. 具有认真做事的品质，正向反馈是其学习的动力

特级教师的成功往往与其个人所具有的某种重要品质紧密相关。弗雷德·科萨根教授提出了"洋葱反思型教师发展模型"(The Onion Reflection Model of Teacher Development)。这一模型被世界各国的研究者广泛接受。"洋葱反思型教师发展模型"的核心是什么使人成为一个独特的人，其中涉及一些个人品质，如果断、耐心、诚实、勇敢、乐观、灵活、幽默、准确、乐于助人、目标明确等。① 专业学习是建立在这些品质之上的。在与张鹤交谈的过程中，"认真"与"坚持"是张鹤提的较多的两种品质。

——在学生时代做事情就很认真。张鹤在回忆学生时代的自己时说了一个小故事。

我记得上高中的时候，有一次班主任有事让我抱一摞报纸什么的，我就给老师整理得特别好，老师夸了我一通，我一直都记得。

——认真写教案，认真记听课笔记。工作后，对于领导交给张鹤的事情，他会认真地做。

我在教学上也非常认真，如写教案，我在北京四中刚当老师的时候，教案写得就已经很工整了。2006年有一次培训青年教师，我还把那时的教案展示了一下，那时候备课我是非常认真的。现在我是不用备课了，但是听课笔记同样写得特别工整。包括做主任和副主任那两年，其实我内心更喜欢做教学研究而不是行政工作，但是我也没有抱怨，一样很认真地去做。

如前文所述，来自学生、同事和一线教师的正向反馈是张鹤学习动机的重要方面。吴振利、王小依提出，反馈是学习闭合回路中不可缺少和不容忽视的一环，对于教师的学习，相关组织与个人要坚持以正面、积极的态度提供反馈，在学习上经常取得成功，会诱发更大的学习兴趣。② 事实上，正向反馈有利于改进学习者的自我概念，增强其自我效能感。

---

① 祝刚、王语婷、韩敬柳等：《如何认识教师专业学习的多重本质与多元层次——与世界知名教育学者弗雷德·科萨根教授的对话》，载《现代远程教育研究》，2021(3)。
② 吴振利、王小依：《中小学教师的学习方式辨析》，载《教育评论》，2014(3)。

2. 坚持和独守中形成自己的教学思想，乐于交流

张鹤提出了"分享与交流是我们这个时代教学研究的主旋律"，并在认真践行"分享与交流"的理念。他于 2008 年调入海淀区教师进修学校，2009 年在海淀教研网上开通教研博客，其间持续更新，2019 年结束博客文章的写作，共发表了 200 余篇教研文章，博客累计阅读量达到 47.3 万次。

我和老师们分享我对数学教育的思考，分享我对课堂教学的观察和感悟，分享我对数学知识的理解和教学体会。在写博客的过程中，我也从老师们的回复中分享到了教育的智慧，分享到了教数学的乐趣。这种分享也督促自己不断关注课堂教学，思考数学教学问题。

张鹤在"张鹤教育教学实践研讨会"上提到一个数据，截至 2012 年年底，在博客上发表了 121 篇文章，回复总数 192 篇，阅读总数 68700 余次。其中一位教师在评价一篇博文时写道：

经常拜读张鹤老师的博客，博客内容紧紧围绕着数学课堂教学这一主线，小到某个教学环节或知识点的思考路径，大到如何树立学生数学观，点点滴滴无不渗透着教师的教育理想、态度、价值观，张鹤老师不仅仅是在为数学学科寻根，更为重要的是在身体力行为同行教师解惑。

随着时代的发展，微信公众号被人们普遍应用后，张鹤于 2019 年 5 月开通了个人公众号，名称为"数学教学的逻辑"。截至 2023 年 3 月，张鹤共发表文章 197 篇，关注人数为 24600 余人，其中北京的关注人数约为 6300 人。张鹤基本上一周更新一次，把每周的思考进行提炼并写出来。《教学设计要指向学生思维的培养》《要重视理解问题的教学》《培养数学思维能力的基本途径》……这些文章主题自成体系，张鹤将自己对数学教学问题的思考分享给更多的人。正如在问及写教研博客的原因时张鹤所回答的：

我喜欢思维的碰撞，愿意分享数学教学的感受，体会数学教学的乐趣，领略数学逻辑的魅力。

张鹤的教学主张和追求是实现课堂上高质量的数学思维活动。他认为人们认识事物的过程包括理解过程、分析过程和思考过程，因此所写的绝大多数文章都离不开"思维"这两个字。对于如何教学，他有自己独立的思考和信念。2012 年 11 月 15

日，张鹤撰写了博文《容人并存，自信独守》，这是李大钊先生的话，这种精神倡导"要有容人并存的雅量，更要有自信独守的节操"，这也成为张鹤本人认同的观点。

我相信，相对宽松的、思维交流较为充分的教学氛围，能够让学生喜欢上数学，尤其是能够自觉地学习数学。我并不欣赏那种给学生布置大量作业的做法，靠加重学生的学习负担来提高成绩，哪怕暂时是有效的，我也不会屈从。（摘自微信公众号"数学教学的逻辑"中张鹤原创文章《容人并存，自信独守》，入选时有改动）

这种自信独守还体现为张鹤对"什么是成果"的独特见解。关于写什么样的文章或著作，张鹤认为，经过自己深入观察和独立思考后，将所想所思用一种易读易懂的方式表达出来就可以了。

3. 反思概括与"悟得"

弗雷德·科萨根认为，反思发生在试图构建或重组经验、问题或现有知识的时候。这意味着反思的目的是改变一种心理结构。[1] 张鹤一直在思考以下问题：我们要教给学生什么样的数学？学生学习数学的目的是什么？为什么有的教师上的数学课是那么的苦涩、无味？为什么有的人把数学学习作为自己人生最失败的经历？……无论是在北京市十一学校做数学教师，还是在海淀区教师进修学校做教研员，不断走向深入的教育教学实践和研究都使张鹤体会到了教育改革带给数学教育的生机和活力，对数学教育的意义和价值的理解与思考更加深入了，对研究数学知识的本质和探索课堂教学规律充满了信心。他通过自己的博客和微信公众号，让更多的数学教师分享到了数学教育的智慧。张鹤这样说：

教师最重要的就是独立思考，我写的书和文章都很少引用，都是将看似零散的东西放在一起观察，寻找它们背后共同的规律，然后提炼概括出来的。

有学者认为，教师学习的主要方式为反思实践、专业对话、阅读规划、观摩学习、拜师学艺、记录研思、批判性思维。[2] 对于张鹤而言，反思实践、专业对话、记录研思、批判性思维可以被视为他学习的主要方式。

---

[1] 祝刚、王语婷、韩敬柳等：《如何认识教师专业学习的多重本质与多元层次——与世界知名教育学者弗雷德·科萨根教授的对话》，载《现代远程教育研究》，2021(3)。

[2] 张敏：《教师学习策略结构研究》，载《教育研究》，2008(6)。

4. 从专到博的阅读，从读书到著书

在北京四中教学时，张鹤就形成了一种习惯：上午上完自己的课，下午有空的时候，就在图书馆看教学杂志，然后研究自己观摩的教师是怎么上课的。如今，随着学科专业能力的提升，张鹤的阅读范围已扩大，书架上摆放的是各个领域的书籍。

2003 年是张鹤阅读的一个转折点。

在北京四中时我爱读的都是专业书，2003 年之后，我就开始买书（之前都是借书看）。现在书架上有一堆书了，各种书我都看，我发现有些书还真是挺好的，后来自己也想写点书了。

不拘泥于专业的阅读使张鹤对于写书有了更明确的目标，可见阅读和积累对一位特级教师教育思想的形成具有重要的意义。

著书旨在表达自己的学术观点，同时还可以与更多的教师交流，使自己的教学思想得到广泛传播。张鹤是一位乐于分享和表达的教师，分别于 2012 年、2016 年、2019 年出版专著《张鹤　分享数学智慧的人》《数学教学的逻辑——基于数学本质的分析》《唤醒思维的数学书》，这些专著在全国一线数学教师中得到了广泛传播。

概括而言，张鹤的专业学习有鲜明的个人特质，认真和坚持是基础，学习动力主要来自他人的正向反馈和自我持续反思，这种特质和动力与进一步学习形成良性互动。

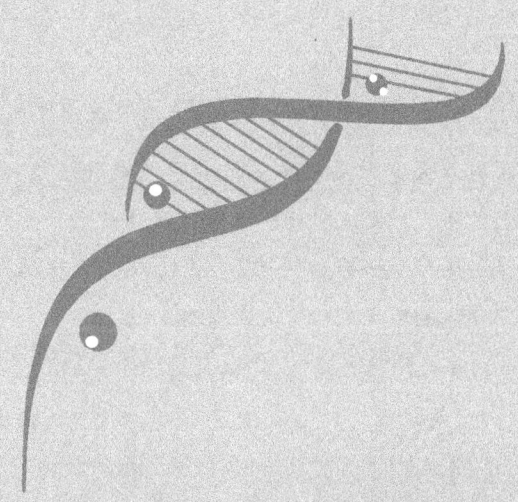

五、为爱而教，学无止境
——英语特级教师谢卫军的专业学习之路

个人简介

谢卫军，北京工业大学附属中学英语教师、教研组组长，被评为北京市特级教师、正高级教师、北京市优秀教师，担任区特级教师工作室主持人、区兼职教研员，北京市通州区名师工作室导师、北京市特级教师工作室实践导师、北京市农村教师研修工作站优秀指导教师、教育部"国培计划"优秀工作坊主持人。出版专著《初中英语教师的实践智慧》，参与编写《初中英语教育与创新实践探索》《基于学科核心素养培养的教学关键问题研究——中学英语》《新理念交互英语口语训练教程》《教师教学技能培养系列教程——中学英语》《生活中的英语》等专业书籍。主持开发并录制"名师谈教学""落实核心素养的深度学习与教学创新""学科育德""学会学习"等系列专题国培课程。主持参与多项国家级与市级课题，发表多篇文章。《北京青年报》《现代教育报》《中国教师报》曾对其事迹进行了报道。

（一）个人学习小传

我感到教师责任重大。教师是个特殊的职业，除了要有专业知识，还要有其他知识与能力，如教育学知识、心理学知识等。随着时代的发展，人们对教师的期望越来越高。过去，我们说"要给孩子一杯水，教师要有一桶水"；后来变成了"要给孩子一杯水，教师要有一缸水"；再后来，人们认识到教师只有固定量的水是不够的，应该做涓涓不断的细流才行。这句话虽然几经变化，但是不论怎么变，都只说明了一个问题：要当一名好教师，就应该有丰富的知识。然而，知识是发展的，是不断更新的。教师需要不断地汲取知识、更新知识和积累知识，提升灵活运用知识的能力。

1. 继续教育我最爱

中小学教师继续教育是教师教育的重要组成部分，是提高全体教师整体素质和促进教师专业化发展的有效途径，也是全面实施素质教育的关键。

继续教育的分层培训为教师搭建了广阔的交流平台。在分层培训中，每一位教师都拥有鲜明的特色、丰富的教学经验、高尚的品质、独特的人格魅力，相互之间很容易产生强烈的吸引力。我们渴望相互交流，分享教学经验，探讨教学中的各种疑惑，站在同一高度探讨较深层次的、共同感兴趣的话题。与高水平同行一起参加培训让我发现了差距，尽管认可这种差距是痛苦的，但这是客观事实。唯一可以缩小差距的方法是马上行动，加倍努力。记得完成全封闭英语口语培训项目回来后，尽管我在十五分钟英语演讲中获得了第一名，但是我深知自身的不足，我决心以积极的心态去面对。我订阅了英文报纸，坚持使用词汇本，扩充新单词；购买了《心灵鸡汤全集》，坚持每天阅读十分钟；认真思考《课堂教学的100个活动设计》中的每个课堂活动，拒绝生搬硬套地模仿；购买了《英语口语王》，不断坚持口语练习，使自己的口语更地道；认真阅读我们在墨尔本大学培训时共同收集的二十二本教学理论与实践的原版书籍，积极主动地在教学实践中尝试。

合作学习可以集思广益，使人一而再再而三地考虑同一问题，从不同角度理解和解决同一问题，自然会使人收获多多。讨论中的争论或辩论，使我的大脑处于高度兴奋的状态，一切能为自己观点服务的知识全部被调动起来，不断使自己的知识得以重组、活化。通过研讨与实践，我不断加强理论学习，如右脑学习特征、任务型教学、以学生为中心的教学、多元智能理论、听说读写综合技能教学法、单元整体教学、戏剧教学、整本书阅读、"双减"背景下作业设计等。我时刻反思自己的教学，领悟到了真正的教育方法，那就是爱，爱学生，鼓励学生，让学生发挥自身的潜能。继续教育搭建的这个专业交往平台使我犹如站在团队的肩膀上，激发我朝着专业发展的高峰不断攀登。

2. 榜样学习我坚守

榜样的力量是无穷的。我在成长的路上，不断地向身边的优秀教师学习。随着网络的发展，榜样范围在不断扩大。我有四位恩师：印尼华侨陈蜜玲，教研员刘瑛、北京教育学院教师李慧芳，西城外国语学校校长、特级教师王萍兰。陈蜜玲是我大学毕业后任职的第一所学校的同事。我从她身上学到的是对教学的热爱。她每天精心备课，把课上得生动有趣。她给学生唱英文歌，带着学生读英语小诗。我一直暗暗地模仿她，不断改进自己的教学。刘瑛是我专业发展的引路人。回顾我的职业之路——跨专业成为一名合格英语教师、区优秀青年、区骨干、区学科带头人、市骨干、特级教师，我永远忘不了领我上路的可亲可敬的刘瑛老师。感谢她多年的帮助与指导、严格的要求与教诲、诚挚的关心与提携，让我重新认识了自己，给了我前进的动力。李慧芳是 2011 年和 2012 年我在北京教育学院参加市骨干培训时的导师。李老师对培训课程的精心设计，对每一位学员的了解与关注令我十分钦佩。她给了我很多机会，鼓励我挑战自我，迈上新的台阶。感谢朝阳区教委为骨干教师专业发展搭建的平台，使我有幸成为区"名师工程"导师带教项目王萍兰老师团队的一员。在两年的研修活动中，王老师不仅安排初中三个年级的不同课型让我们观摩学习，而且特别注意跨学段的高中课对我们的影响，只要有机会就进行混搭安排，还有针对性地对我们进行点拨。她的人格魅力时刻影响着我们。她对教育教学是那么热爱，总是以火一样的热情投入西城外国语学校的教学与管理工作，好像从不知疲倦。她的工作激情深深感染着我。我默默学习恩师们的优秀品质，不断更新教育教学理论，并将之应用到教学实践中。

3. 自主学习我持续

在职业成长的过程中，我们会得到同伴的帮助、专家的引领，更重要的是我们学会了自主学习。读书是教师学习与成长的重要途径之一。一方面，我阅读教育教学方面的专业性书籍和报刊，因为读教育教学专业书籍和报刊是教师专业成长的必由之路。教师只有具备了深厚的教育理论功底，把握好教育的规律和真谛，熟悉学科的知识体系，才能更好地在课堂上架起教与学的桥梁，创造出有生命力的课堂。另一方面，我还阅读一些滋养心灵、温暖生命的书。因为教师不仅要有丰富的学科知识，而且要广泛涉猎，拓宽自己的知识面，并将知识转化为一种精神。我还带领教研团队不断研究，因为教师都会与教研相联系。我们不仅要把握新的质量标准，领会新课程、新教材的精髓，而且要掌握新的教学方法和手段。只有具备了相应的科研能力，才能不断提升自身的教学能力和水平。

即使在2017年被评上了特级教师，我也一直当班主任、备课组组长、教研组组长、学区长和区兼职教研员，每天在学校确实非常忙碌。信息技术的发展让我的自主学习更加便捷。信息资源的极大丰富使我能随时通过查阅资料补充我所需要的知识。网络研修使我有更多的机会聆听专家的讲座、优秀教师的课例。即使偶尔错过了直播，也可以通过回放或者微信朋友圈发的图片收获讲座的精华。突破时空障碍的自主学习使我的学习更加深入，我随时可以暂停播放，延长自己的思考时间。

我的知识、学习方式、学习方法、学习计划需要定期更新。在更新的过程中，我不断反思和完善自身，使自己的专业性不断提高。

(二)学习叙事分析

1. 学习动力：源自兴趣、热爱和责任

谢卫军是北京工业大学附属中学英语特级教师，初中英语教研组组长，区英语兼职教研员，区英语学科带头人。她1992年毕业于首都师范大学管理系思想政治教育专业，因为对英语教学感兴趣，所以毕业后选择成为一名初中英语教师；又因为热爱教师职业，所以从教三十余年，奉献无悔。

(1) 因为兴趣，所以选择

(我刚毕业)那会儿英语老师十分奇缺，所以很多非英语专业的老师到了学校以后，就教英语了。……那时英语专业的毕业生，即使毕业了，也很少留在基础教育口。例如，当时我通过了英语六级考试，我可以进银行，因为英语六级过了就可以直接进银行，但是我选择了教英语，既然教了英语，而且对英语教学也挺感兴趣的，就不想再转回原专业了。

(2) 热爱是内在动力之源

在访谈中，我们深刻感受到了谢卫军对学习、学生和工作发自内心的热爱。当被问及"哪方面的因素对您今天的成就影响最大"时，她的回答非常干脆："就是我爱学习，我爱学习。"

这份热爱之所以经久不息，是因为受到培训和重要他人的影响。

谢卫军在访谈中重点介绍了三次培训对她的影响。第一次培训是在2007年11

月至 2008 年 2 月，由朝阳区教委和北京教育学院朝阳分院组织的朝阳区英语骨干教师 1+1 境内与境外的研修培训项目。

因为对每一位教师来说，我们都已参加过多次培训，然而没有哪一次培训像这次一样，在我们每一位学员的心中都留下了如此深刻的印象。全封闭英语口语培训项目以全新的理念创造了良好的学习环境，精心设计的每一个环节、每一次活动带给每一位学员莫大的惊喜。突破障碍、建立自信、自我承诺三大核心理念使每位学员从内心深处发生了可喜变化，重新点燃了热爱生活、热爱教书的激情。

还是在这次培训中，在教学法培训环节，谢卫军领悟到了真正的教育方法就是爱。

教学法的讲座，如右脑学习特征、任务型教学、学生中心、多元智能、听说读写综合技能以及教学法俱乐部的亲身实践体验，使我们时刻反思自己的教学，领悟到了真正的教育方法，那就是爱。爱学生，鼓励学生，培养学生做一个正直的人，让学生发挥自身的潜能。我决心完善晨检教育活动，参与到每天值日班长读给学生们的美文的问题设计中，让问题引导学生联系自身生活实际，丰富学生的生活情感体验，把爱传播给学生，把鼓励传播给学生，把尊重传播给学生。

对教师来说，重要他人包括学校的领导、同事、学生和培训导师。

教师参加培训需要得到学校领导和同事的支持与理解。这份来自领导和同事的支持与理解可以转化为参训教师巨大的学习动力。

学校领导的支持与关心，同事的理解与分担，使我怀着一颗感恩的心投入紧张的学习。

对谢卫军影响最大的同事是她刚入职时跟她在同一个办公室的印尼华侨陈蜜玲老师。陈老师对谢卫军言传身教，还给谢卫军当红娘，把儿子的同学介绍给了她。

我从陈蜜玲老师身上学到的是对教学的热爱。陈老师每天精心备课，把课上得生动有趣，给学生唱英文歌，带着学生读英语小诗。我和陈老师的办公桌紧挨着，陈老师还把她儿子的同学介绍给了我，解决了我的婚姻问题。……（她）非常有激情，甚至比年轻人还要有激情。……其实我觉得可以向身边的同事学习，我们身边有很多非常优秀的老师。……我坚持每年去看陈老师一次。……我一直在暗暗地模仿她，不断改进自己的教学。

因为谢卫军对学生无微不至地关爱，学生都亲切地叫她知心姐姐和老师妈妈，并在毕业后一直与她保持联系。这些来自学生及家长的认同和感恩，为谢卫军的学习和工作带来了极大的动力。

有一年母亲节，学生发来贺卡，上面写着："谢老师：祝您母亲节快乐，我们都是您的孩子，我们永远是您的孩子。"还记得有一位家长对我说，她把孩子上了三年的英语培训班给退了，因为遇到了好老师，再也不用担心孩子学不好英语了。这些来自学生和家长的认可使我动力十足，非常有幸福感。

2014年9月至2017年9月，谢卫军被选为特级教师培养对象，参加了朝阳区教委组织的"名师工程"导师带教项目培训。培训导师王萍兰对教育教学的激情和热爱给谢卫军和其他学员带来了新的动力。

特级教师王萍兰老师就是西城外国语学校的校长，她总是那么的热情和精力充沛，总是尽可能为我们提供最大的帮助，并且她的人格魅力时刻影响着我们。她对教育教学是那么热爱，总是以火一样的激情投入西城外国语学校的教学与管理工作，好像从不知疲倦。她的工作激情深深感染着我们，使我们重燃了教育激情。她说话时永远都是激情四溢，安排事情时首先考虑我们的实际需求及现实困难，让我们感到了温暖。

在第二次访谈中，谢卫军深情地说：

我觉得首先得热爱教师这个职业，首先得热爱。如果不热爱，刚开始入职时可能就会有各种波动，甚至干一两年坚持不下去了，就要辞职。

(3) 责任是外在动力之源

首先是对集体负责，也从集体的和谐氛围中获得学习动力。

我觉得作为集体的一员，我现在教育学生的时候也是这样说的，我们既然组成了一个集体，是集体的一员，就要因为我的存在而让他人感到光荣和幸福。作为集体的一员，有时候好多东西不是你个人的，而是你所属的集体的。……(我)在的这两所学校，它的整体氛围都特别好，你取得成绩也好，荣誉也好，大家真心为你高兴，为你祝福。一种非常和谐的氛围也会促进教师成长。

其次是对学生负责，尤其是对待每一名学生都要耐心付出，负责到底。当被问及在教学中哪些是不变的时，谢卫军这样回答：

就是对学生，时刻想到是否对学生有用、有效、有帮助。主要是这个你不能变。不能说这个挺新鲜的我试试，就像现在比较流行的，如戏剧教学、整本书阅读……肯定就不能说什么好的我都要拿过来用，还是要根据学情去找到适合学生的办法，而不是一味追赶时髦，别人用我也用一下，这肯定是不行的。……然后对于待优生可能就真的要靠教师素养、教师人格，就是耐心耐心再耐心，然后还得奉献，必须得有付出。对待优生，如果你没有额外对他的补救，他只能越差越远，最后就没法学了。

针对学生之间存在的巨大差异，谢卫军首先以良好的心态承认差异、接受差异，想尽办法缩小差异。即使有小部分学生连二十六个字母都写不下来、认不全，她也没有抱怨，而是积极想办法帮助他们。每天下班后，谢卫军都坚持晚走一会儿，耐心等待学习有困难、无法按时完成当天英语学习任务的学生，给他们讲方法、找原因。在谢卫军看来，教师应该助推学生两方面的成长：一是为学生创设成功的机会和体验，二是帮助学生发展终身学习的能力。学生的学习过程是一个持续积累的过程，在这个过程中，能力提升伴随的挑战和挫折会削弱学生的学习兴趣，教师应该通过教学设计和心理指导，帮助学生感受学习的快乐与进步的欣喜，进而强化学生的学习动机，培养学生自主学习的能力。

最后是对同事负责，谢卫军始终把别人的事情放在第一位。

你应该永远把别人的事情放在第一位，自己的事情往后放。什么含义呢？就是因为每个人只是整个学校工作中的一个链条、一个环，如备课组要收教学质量分析，因为某一个人交不上来，说忙着备课，忙着写论文，或者忙着给学生判作业，整个组都交不了。那这个时候我就想一定是组内工作优先，我先把组内工作完成，再做自己的事。因此，要养成集体的事、他人的事优先的习惯，决不能因为个人耽误集体的、他人的事。

2. 学习需求：学历提升、职称晋级、自主学习

（1）为学历提升而学

谢卫军1992年大学本科毕业后担任英语教师，因为大学学的专业是思想政治教育，为了更好地从事英语教学工作，她自1996年9月至2003年7月在职完成了英语专业的学历提升教育。

1996年开始，一周四个晚上，每天晚上两个半小时，参加英语大专二学历学习。……一周四个晚上，当时真的是特别辛苦。……大专学习结束后参加成人高

考，1999年参加专升本考试，入学后每周三和周日去上学，这是三年制。然后2001年参加了党的基础知识基本路线学习考核；2002年7月二学历本科毕业，9月参加北京第二外国语学院英语研究生课程班学习，每周日上课，又学了一年，2003年7月毕业；2003年11月报考第二外语，就是日语考试，最后顺利通过。

（2）为职称晋升而学

学历提升的学习结束后，谢卫军又马不停蹄地参加了区教委和市教委组织的区骨干、市骨干和备选特级教师培训。具体经历包括：2004年9月至2006年7月参加了朝阳区英语骨干教师培训；2007年1月参加了中英北京城区重点建设学校初中英语骨干教师培训，为期一年；2007年11月至12月，参加了北京大学与美中教育服务机构（ESEC）合办的全封闭英语口语培训；2008年1月至2月，参加了澳大利亚墨尔本大学英语教学法培训；2008年9月至2009年6月参加了北京教育学院"2008年北京市级中学英语骨干教师研修班"学习；2010年3月参加了国家精品课程"课堂教学技术与艺术"骨干教师研修；2011年4月参加了区骨干教师教学基本能力训练研修班；2012年3月至5月参加了国培计划——义务教育阶段骨干教师远程培训，获得优秀学员证书；2013年参加了为期一年的市级骨干培训；2014年9月至11月参加了在线辅导员技能发展远程培训和国培工作坊主持人培训；2014年9月至2017年9月参加了朝阳区导师带教项目组学习培训，2017年年底被评为北京市初中英语特级教师。

朝阳区教委非常重视对教师的培养，为教师的专业发展与成长搭建了各种平台。例如，毕业从教一至三年的教师可以参评青年拔尖人才，学校上报名单，区里派专家听课选拔；工作三年后可以参评区优秀青年教师，评上一级教师后可以参评区骨干教师，评上高级教师后可以参评区学科代表、市学科代表，最后到参评特级教师、正高级教师。教师的专业成长之路被规划得十分清晰，使教师们一步一个脚印地去完成目标。

目标明确了，就有了努力的方向。首先向区骨干教师的标准看齐，对照自己哪些地方做得不够，积极主动去改进，按评选标准去做。区里的评选非常公平公正，不光有专业的指标，如论文、课题，还包括师德测评、教师的民主测评、学生的民主测评、满意度测评及教学成绩和影响力。骨干教师必须起到辐射带头作用，辅导学生参赛，指导青年教师成长。区里对评选上的各级各类骨干教师都有相关的考

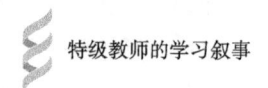

核，因此不是评上骨干教师就高枕无忧了，还要出色地完成考核项目。

（3）为职业持续发展而学

谢卫军认为，教师学习是一种终身学习，包括参加各级教育管理部门组织的培训和独立自主学习两种形式。教师要想获得持续快速的专业发展，就要走好参加培训和自主学习两条路。

首先是参加培训，"十二五""十三五""十四五"，这一系列的培训，应该说无论是区级培训，还是市级培训，都有一个非常好的规划。你跟上这一轮的继续教育培训，基本上就不会走偏。其次是自主学习，自主学习才能让你聚焦于你的教学、你的学生、你的成长。所以两条路都要走好。

在教师职业生涯的不同阶段，教师要改进教学、辅导学生、自己做课题研究或指导其他教师做研究，就要进行持续不断的自主学习。

我觉得真的就是学无止境，有些学习是储备性的学习。看到一篇好文章，看到一本好书，就要读一读、学一学。市里对特级教师进行培训，区里、市里都有对特级教师基本的考核。基本达标的考核和优秀的考核，完成的任务和做的工作是不一样的。在这个过程当中，如做课题研究，以前都是自己开题自己做，现在因为被评上特级教师了，有些学校可能就要请你去做开题的指导专家。从你自己做，到你指导别人，还是有一定差距的。看别人的申报书，给别人提出建议，可能不费劲，但是你要从理论上来提，或者从开题报告写的规范性来说，包括文献综述、核心概念定义这些，那可能需要就他这个课题进行再学习，之后才能给人家真正提出有用的指导建议，所以完成这种临时性任务需要临时性地恶补一下知识。有些是随着你工作的需要，你需要去学的；还有一些是你觉得这块内容很好，有必要提升自己，主动去学的。

3. 学无阻碍的奥秘

对谢卫军来说，似乎没有事情可以阻碍她持续不断地学习，这一方面在于她有源源不断的学习动力，另一方面是因为家人的支持使她可以专心于工作和学习。

很多教师都以工作忙、没有时间为由放弃了学习，谢卫军却总能挤出时间学习。她长期担任班主任工作，需要付出大量的时间解决学生的问题。下班回家后，她经常与家长沟通，解决学生的各种心理问题、学习问题等。在学校由于要开班主任会、组织班会和各种集体活动等，她要付出很多精力。要想学习，就要挤时间，充分利用碎片时间学习。

谢卫军在访谈时说：

只要想学习，阻碍是不存在的。学习的时间是挤出来的。

谢卫军自大学毕业从教以来一刻也没有间断专业学习，使她能够专心投入学习的重要保障就是家人的支持。

其实我特别幸运的是我孩子小的时候是我妈帮我带的，所以孩子上小学前没有跟我住在一起，我只是周末回去陪孩子。我老家在密云，我妈妈帮我把孩子带到六岁，后来我才把孩子接回来。

4. 给青年教师的成长建议

在访谈接近尾声时，谢卫军充满真情地给青年教师提出了成长建议。

尽快融入环境，学习身边榜样；珍惜平台搭建，尝试多元发展；乐于接受挑战，主动追求机遇；用好学习资源，加强理论探究；参与课题研究，解决实际问题；开展同伴互助，实现合作共赢；勤于反思改进，提炼总结成文；修炼荣辱不惊，践行为人师表。青年教师还要努力做到自我驱动、勇于创新、专业阅读和常态反思。

自我驱动。自我驱动指的是教师在制定一个研究目标并向这个目标奋斗时，表现出发自内心的自主行为，充满动力、热情、耐心。

勇于创新。勇于创新是指打破常规，突破现状，敢为人先，敢于挑战未来，打破思维定式，谋求新境界的过程。教师要不断增强创新意识，不断追求新知识、新信息，不墨守成规，不断探索新的方法。

专业阅读。专业阅读是指基于教师专业发展的阅读，是教师在教育教学过程中自觉的阅读。新教育实验曾经提出教师专业发展的"三专"理论，即专业阅读、专业写作和专业交往。朱永新指出："美国管理学家托马斯·卡林经过研究发现：'在任何一个领域里，只要持续不断地花 6 个月的时间进行阅读、学习和研究，就可以使一个人具备高于这一领域的平均水平的知识。'也就是说，只要我们坚持一定时间的专业阅读，完全可以在专业领域具有一定的水准。如果能够坚持不懈地长期专业阅读，自然有可能成为这个专业领域的'小专家'。成为这样的'小专家'，无论是对于知识的整体把握，还是对于知识的逻辑关联的认识，都可以成竹在胸。"①

常态反思。教学反思是教师以自己的教学活动为思考对象，对自己在教学中所做出的行为及由此产生的结果进行理性审视和分析，以提出改进意见和设想，并不断提高教育教学效能的过程。在教学中进行常态反思，可以有效更新教学观念，掌握科学的反思策略，形成反思习惯，提高课堂教学的实效。教师专业发展所需的知识、方法、信念和态度，除了通过参加外部培训形成外，还需要通过在实践中持续反思逐步形成。教师只有在持续的反思中才能付诸行动并做出改变，在改变中继续学习和反思，从而实现自身专业的可持续发展。

(三)学习特征概括

在英语教学上，谢卫军勇于开拓进取，自觉向科研型教师转变。在终身学习视域下，科研可以作为教师聚焦学习内容、提升个人学习素质与研究能力的便捷和有效的途径。在英语课程改革实践中，她积极参与课题研究，注重开发学生的潜能，创设语言情境，提高课堂效率。作为教研组组长，她不断探索研磨，实施了课例研讨诊断式、课题研究带动式、专业引领导航式以及倡导片际联研等形式的教研活动。谢卫军带领同事们在教学实践中锻炼成长。她注重创设团队学习的氛围，引导教师在读书、学习、思考和研讨过程中，通过对话促进交流，取长补短，使教师在课题研究的实践中和具体的教研活动中不断成长、收获。

在教学中，谢卫军勤于观察学生的学习过程和学习表现，善于抓住关键问题，把所发现的问题作为研究的小课题，依托理论指导，开展基于课堂真问题的小课题研究。在区双研会和学科教研活动中，她开展过"中考英语完形填空的命题特点与解题策略""书面表达的指导建议""英语阅读教学策略""学案的设计与使用""中考听说策略培养""单元整体教学""作业设计"等专题讲座，多次被聘为区中考专家命题组成员和中考阅卷写作组组长，主持或参与了"英语单元教材分析与整合""初中

---

① 朱永新：《阅读，是教师专业化的根本路径》，载《中国教育报》，2019-04-22。

生学科学习核心能力的教学方法""初中英语高效课堂特征及模式""学生课堂互动满意度""学生思维品质培养""教—学—评一体化"等课题研究。

多年来,谢卫军对初中英语听说读写能力培养进行了大量实践研究,出版了专著《初中英语教师的实践智慧》。在书的前言中,她写道:"从理念到实践之间有一段艰难的路要走,在新课程改革师资培训的通识培训和课程标准学习中最重要的任务是让教师接受新的课程理念,只有准确地理解和把握新课程所蕴含的理念,我们才能认清新课程改革的方向,才能明确新课程改革的出发点和落脚点。然而,接受只是一种认同,还没有成为教师的一种素质。要把一种理念变成人的素质光有对这种理念的认同是远远不够的,还需要有对这种理念的进一步的感悟,而这种感悟只有在实践中才是最有效的。在实践中把功夫用在理念向行为的转化上。在转化中进一步认识理论,在转化中感受理论的魅力,品味理论指导教学带来的甘甜。"[①]千变万化的教学实践活动使得教师的实践智慧永远处于发展、生成的过程中,进而融入现实的教学实践活动。教师实践智慧的生成在很大程度上依赖于教师长期的理论积累和实践反思。拥有实践智慧的教师是那些面对各种教学情境都能审慎考察、正确行动的人。《初中英语教师的实践智慧》一书从英语教师专业成长与发展的十大关键点,即语音教学、词汇教学、语法教学、听说教学、读写教学、试题命制、校本选修、课题研究、校本教研、导师带教,向教师展现了作者本人的实践探索,既有丰富理论的奠基,也有实践的累累硕果。该书探讨了教师专业发展应具备的新课程理念,阐述了教师专业发展的可行性策略,解读了教师专业成长的有效途径,分享了教师专业成长过程中的阶段性成果。谢卫军还参与编写了《教师教学基本能力解读与训练——中学英语》《基于学科核心素养培养的教学关键问题研究——中学英语》《新理念交互英语口语训练教程》《教师教学技能培养系列教程——中学英语》《生活中的英语》等教师培训教材以及《九年级完形填空》《九年级阅读》《初中英语同步听力》《初中英语综合复习》《跟着外教说英语》等学生用书。

很多一线教师认为如果不想成名成家,那么写作并不是教师教育工作的必需品。在谢卫军看来,写作可以帮助教师从经历和经验中客观地聚焦、洞察复杂的教育情境中的关键问题,通过描述问题、解释问题与解决问题的内隐逻辑,反思自身

---

① 谢卫军:《初中英语教师的实践智慧》,2页,北京,红旗出版社,2015。

在教育实践中的价值观、思维模式、行动路径，发现个人的闪光点、思想点，实现教育经验的梳理、教育规律的提炼。在这个过程中，教师原本表面化的经验能够得到整合，文本的形成过程成为教师系统思考和表达经验的过程、实现自我建构的过程。写作推动教师从一个埋头苦干者成为理性的实践者，进而提升教育教学能力。写作还能使教师将零散的经验明晰化、系统化、结构化，实现个体经验向"教育生产力"的转化。教师可以写调查报告、教育叙事、教育案例、学术论文、教育随笔、成果报告、专著等，每种写作形式都有助于教师把那些湮没、隐匿在周而复始的教育生活中的深层认知和理解发掘出来。如果长期坚持写作与思考，那么这些深层认知和理解还能够逐渐逻辑化、结构化，最终成为个人的教育思想体系。

专业表达在教师的教育工作中非常重要，如在实践中做出成果需要进行经验交流，上完公开课需要说明设计思路，工作汇报需要提炼实践亮点，课题结题需要展示研究成果等。专业表达已成为每位教师必备的专业能力。在日常的教育教学生活中，许多教师每天忙得团团转，其教育工作只有一个旋律，即"实践—研究—写作"。谢卫军作为专家型教师，能在"实践—研究—写作"的多重旋律中累并快乐地进行反思和提升。

谢卫军认为，日复一日、年复一年的教育工作，很容易造成新鲜感的消退、创造激情的淡化。教师如果能以研究的心态和视角对待教育教学实践，再将所思所得以反思日记、论文或专著等形式进行专业表达，那么不仅能给平凡的教学生活带来新鲜感，而且能不断积累对教育、对学生、对课堂等十分丰富的经验，这些恰好形成了教师专业成长的资源库。如此，教师就能不断地思考为何这样做，怎样可以做得更好，从而帮助教师打开一扇富有创造性的教育之门。

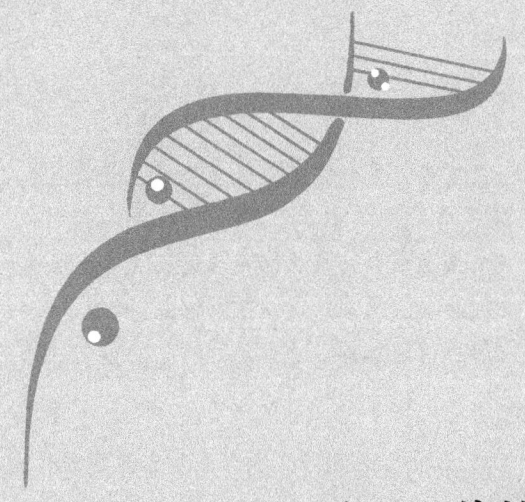

六、一线教学研究者

——历史特级教师李晓风的专业学习之路

个人简介

李晓风，1982年毕业于北京师范大学历史系，在中国人民大学附属中学任教已有四十余年。2001年被评为特级教师，2010年被评为正高级教师。北京师范大学历史学院兼职教授，专业硕士学位研究生导师。教育部"国培计划"专家，教育部义务教育课程标准修订组成员。2015—2020年任北京教育学会历史教学研究会理事长，中国历史学会理事，中国教育学会理事教学专业委员会理事。撰写《历史学习方略》《李晓风历史教学的思考与实践》等专著和文集，主编或参编历史教材与教师教学用书十余种。

（一）个人学习小传

我一直都有一种看法，中学教学界存在着"重视知识"和"认为知识不重要，强调能力等方面的素质"这样两个流派。我想我应该属于坚定的知识派。我几十年的学习和教学其实都是围绕知识和学术展开的。充分掌握学科专业知识，追求学术素养和学术能力，在课堂上充分展开知识性的叙事，再由此来提高学生的能力和素养，这是我一辈子孜孜以求的理念。强调能力等方面的素质是绝对必要和正确的，我所反对的是把知识和能力割裂开来，对立起来。我一直不清楚为什么会有"知识不重要"这样的说法。曾经有一些场合，我多次和主张"知识不重要"者直接发生过争执。我觉得，知识和能力的关系其实有很明确的结论，学术上并不存在什么争议。

高中历史课程标准所阐述的历史学科核心素养中的史料实证是我特别赞成的。我认为不光运用史料要体现出实证性，整个历史学研究都要有实证性。

从上大学的时候开始，我就对哲学很感兴趣，曾经一度想转专业学哲学。虽然最终我还是放不下深爱的历史学科，但是哲学对我的影响还是很大的。四十余年的历史教学生涯，得益于哲学良多。如果说哲学的思考造就了我的教学风格，也绝不为过。我的兴趣主要在英美分析哲学。分析哲学创始人维特根斯坦有一句名言："对无法言说之物，应保持沉默。"真正理解这句话含义的人，也许不多。英美分析哲学的一个重要主张是"反对形而上学"，它所说的"形而上学"并不是很多人理解的孤立、静止、片面的思维方式，而是一种超越经验和事实的"玄学"。"形而上学"一词出自《易经·系辞》："形而上者谓之道，形而下者谓之器。""形而下"是可以感知的具形之物，"形而上"实际上就是超越人类的感知和经验，看不见、摸不着、说不清的东西。《老子》开宗明义就是"道可道，非常道"，其实这就是维特根斯坦所说的"无法言说之物"，不过老子强调这种"道"是本原性的存在，维特根斯坦以及整个分析哲学拒斥这种"道"，认为它没有意义。

说了这么多分析哲学，和我的中学历史教学又有什么关系呢？这可以从两个方面来说。

第一个方面，先说从这种实证精神延伸开来的不典型的含义。在实证精神的影响下，我给自己的教学画了一条线，立了一个原则：必须把讲课所涉及的历史事实和对史实的分析评论完全搞清楚，每一句话都要言之有据，不能用模棱两可、含糊其词的语言搪塞学生。也许有人会有疑问，教师难道还会有对所要讲的内容没搞清楚的情况？必须承认，这种情况太普遍了。举一个例子，某一次教师荣誉称号的评审中，有一个参评教师答辩的环节。这是一次等级非常高的荣誉称号的评审，参评教师都是资深的和知名的教师。我作为历史学科评议组组长，拟了一个问题，并不难，就是明明白白印在中学教材上的一个名词，我其实是想实测一下优秀教师对于教学文本是否能够做到把握所有的内容。我的问题是："康有为的《新学伪经考》的书名是什么意思?"结果是没有一个参与答辩的教师能够比较充分地解释清楚，过半数的人从来没有想过，也完全不知道这个书名是什么意思。此后，我经常用这件事情告诫自己，在教学和知识问题上不敢稍有怠懈；也经常在对教师的培训中将此作为例证，激励教师充实自己的学科专业知识，提高学科专业素养。

第二个方面，更加典型意义上的实证精神，就是一定要明确所使用的理论或者概念的确切含义，避免被一些看似深奥，但实际上没有确切意义的、无法验证的、"玄学"性的东西带偏我们的教学。我在上文中反对的"知识不重要"，在我看来，就是一种形而上学的"玄学"。比如说,"中国古代小农经济是君主专制的基础"这样一个命题,猛然一看,是一个非常深刻的理论阐述,对于中学教学也颇有影响,但这个命题用史实其实是论证不了的,我倾向于将这样的命题归入某种意义上的"形而上学"。反例倒是很有说服力,古代罗马共和国后期个体小农大量破产,导致共和制度无法维持,罗马逐渐演变为专制统治的帝国政体。课上使用的理论概念必须是逻辑清晰、能够得到史实和经验充分验证的。我所任教的中国人民大学附属中学,有一大批智能超群、思维严谨的高水平的学生,不能通过理性、逻辑、事实进行充分论证的教学内容,在他们那里是不太容易蒙混过关的;相反,有充分的理性、逻辑性、实证性的教学内容能引起他们的探究兴趣。

总之,回顾我四十余年的教学生涯,我自己的评价是重知识、重学术、重实证是主要的追求和主要的特征。

(二)学习叙事分析

李晓风是中国人民大学附属中学的历史教师。之所以说他是名师,是因为他有不少有关高中历史教学的荣誉和头衔:北京市历史特级教师、中国历史学会理事、北京市历史教学研究会理事长等。可以说他是历史教学领域的专家。但是他在日常教学中又十分平易近人。在学校,学生对他的称呼是"晓风""风哥""晓风兄",这与他平时跟学生相当地平等有关,当然也离不开他诙谐幽默的讲课风格。李晓风总是能从浩若烟海的史料中抽丝剥茧,以一个个引人入胜的历史故事将史实有逻辑地呈现给学生。这等"功力"非一日可练成,靠的是数十年如一日的研究式学习。

1. "无心插柳柳成荫"——李晓风的专业成长经历

回顾李晓风的专业成长经历,可以用"无心插柳柳成荫"来总结。之所以如此,是因为做一名中学历史教师并不是李晓风最初的理想,但他最终一步步成就了他在历史教学方面的功绩。这一切都要追溯至李晓风对历史的兴趣。李晓风对历史产生浓厚的兴趣是在中小学时代。那个时候没有太多书可以读,好在家里有些藏书,能够拿到手的,如《鲁迅全集》《简明中国通史》等。虽然不懂之处甚多,但是李晓风仍然饶有兴趣地读着。有一次,他在书店里看到一套五卷本的《春秋左传集解》,

定价五元多，这在当时可是一个不小的数目。李晓风想尽办法，东拼西凑买下了这套书，用了两三个月的时间通读了一遍。几年后，李晓风考上大学，凭着读这套书的功底，取得了免修古代汉语课程的资格。"那时不用学习，所以也不会厌学。"超越功利、纯粹从兴趣和认知需求出发的学习，成了他生活中最大的快乐源泉。于是在那个时代，他想怎么学就怎么学，爱怎么看就怎么看，如野花一样在时光的旷野里自由地成长着。如今回想起来，李晓风还颇有感触。

李晓风于1978年进入北京师范大学历史系学习。大学四年，他整日"泡"在图书馆，如饥似渴地阅读各类书籍。因一本杜任之所著的《现代西方著名哲学家述评》，他不小心闯进了另一个领域——哲学，从此对哲学的兴趣一发不可收。哲学使他长于思考，也给了他开阔的视野、较高的境界以及思辨的精神。历史与哲学的结合，使他的学问做得更"大"了。李晓风1982年从北京师范大学历史系毕业后，一直在中国人民大学附属中学任教。

事实上，进入大学教书，做一名历史学家搞专业的历史研究，是李晓风当时的梦想。可是，事与愿违，1982年大学毕业后，他被分配到了中国人民大学附属中学做一名中学历史教师。

说句实话，最初工作的几年我基本上是不安分的。

我当时真的不想当中学老师。那个时候，考上大学很不容易，同学们进入大学以后，都没有做好当中学老师的思想准备。当时的大学毕业生是国家包分配的，一般是哪个省来回哪个省去，我的同班同学回到他们本省后都成了当地师范大学的教师。现在各地的师范院校里还有我们班的同学。还有一些同学在师范院校系统中是比较有影响的人物。当时跟我说分到中国人民大学，一听到这个消息我特别高兴，后来才知道是去中国人民大学附属中学。当时不想留下来，但是那个时候不能随便走，想考研究生，也得学校同意，开了介绍信才能去考。

从教的前十年，李晓风是在"不安分"中度过的。工作之余，他不懈地进行历史学科的专业学习和学术研究，希望有一天能够实现梦想，到大学教书，成为学者。

在他的家里，几个房间都贴墙摆上了书架，放了五六千册专业书籍。十年的韬光养晦、潜心修炼，给了他丰富的知识积淀和卓尔不群的气质。无心插柳让他收获了另一种成功——他的博学、才气为学生所深深欣赏，他不受拘泥、自由挥洒的历史课堂为学生所深深喜爱，长期的专业研究造就了他科研型教师的素养。于是，他逐渐安下心来，死心塌地地在中学教起了书，一直到现在还津津有味，乐在其中。

自由挥洒是他独特的教学风格。李晓风从不一字一句地去写教案。课堂上的他常常手执一本书，各种史实和理论观点信手拈来。在他的课堂上，学生们领略着历史的魅力，也体验着思考的快乐。学生们喜欢上他的课，有的学生上了大学，还常回母校听他讲课。不仅很多学生把李晓风当作"心中偶像"，而且不少校内外的教师也是他的忠实"粉丝"。他的课堂是开放的，本校的历史教师经常来听，外校的教师也随时会在他的课上推门而入——这些事情都是经常发生的。学校的一位青年历史教师说："虽然之前我有过七年历史专业学习的经历，但是真正爱上历史，还是从听了李晓风老师的课之后，因为是李老师让我领略到了一种充满魅力的历史教学风格。"一些外校的教师也常常在课堂上忘记了自己的教师身份，深深地被李晓风的知识和人格魅力吸引。

李晓风长期从事高中历史教学工作，在教学过程中，强调知识与能力并举，注重提高学生的人文素质和独立思考能力，形成了具有开放性、启发性和探索性的教学风格。

2. 热爱与持续反思——专业学习特征

(1) 兴趣与责任感——专业学习动机

回顾李晓风的整个学习生涯，"兴趣"作为关键词贯穿其中。他对史学理论研究和历史学科教学十分感兴趣。自大学阶段起，李晓风最初的学习动机来源于他对史学理论研究的浓厚兴趣。

对于历史学科来说，我的兴趣主要是历史哲学、史学理论。

在那段时间，他通过大量阅读和写作，拓展了自己的思维。他由于对史学理论研究感兴趣，因此阅读了大量的英美哲学和古代史、近代史、现代史等方面的书籍，对哲学和历史学有了更加深入的理解。

1992年之前，我在那个时候阅读应该说是有一个非常明确的目标，就是做史学理论研究。做史学理论研究很重要的一方面是需要阅读和学习哲学。因而在那段时间，我读了不少哲学著作，特别是英美分析哲学。当时，国内从英美分析哲学的视角研究历史哲学和史学理论的人很少。

阅读不仅是拓宽知识面、增长见识的重要路径，而且对于研究者来说，是批判性思维能力提升的基础。研究者往往能够从大量的阅读中梳理出目前的研究现状，并提出亟待解决的研究问题。李晓风也不例外，大量的专业阅读激发了李晓风在专业领域的研究与写作兴趣。因此，在阅读的过程中，李晓风同时进行了历史研究的学术写作。

1991年，中国社会科学院《史学理论研究》杂志社出版的论文集《八十年代的西方史学》发表了我的一篇学术论文，题目为《历史研究的逻辑：解释和假说的形成——一个历史学哲学的尝试》。写完以后寄给杂志社，能够发表，我也挺高兴的。当时还有一个想法，因为研究这个方向的人很少，我就想沿着这个方向再写出几篇文章来发表。因为后来思想有了转变，更多的精力放到了中学历史教学和教研上，所以这个想法最终没有实现。后来，复旦大学的张耕华教授在他的《历史哲学引论》一书中，用专门一个小节介绍我这篇文章的观点，并把这篇文章列为主要参考文献。

20世纪90年代李晓风发表的论文《历史研究的逻辑：解释和假说的形成——一个历史学哲学的尝试》，是国内历史哲学相关分支领域较早的研究探索之一，论文中提出的历史学研究中的因果性和概率问题的观点被写入大学的历史教材。实际上，这主要得益于李晓风在早期的广泛阅读。除了对于历史哲学方面的专著阅读之外，李晓风对于历史学科领域的各类著作也是如数家珍。

做史学理论研究需要对古今中外的历史学都有了解，因而我又大量阅读了中外的古代史、近代史、现代史等方面的著作，这些阅读对于我以后的中学历史教学是很有帮助的。中学历史教师通常把中学历史学科内容分为三大板块：中国古代史、中国近现代史、世界史。在这三大板块中，我本人的兴趣是中国古代史。对于中国古代史领域的最新研究成果我基本上能很快地有比较深入的了解和把握，能有自己的判断和观点。在中国近现代史和世界史方面，我也很注意收集相关的书籍、论文，了解和追踪学术研究的前沿动态。

李晓风在专业领域内的大量阅读使他对历史学科有广阔的知识面。他因为有着深厚的哲学功底，在面对历史问题时有着更广的理论视野，问题看得更深刻，所以能将追求历史真实、不跟风权威的实证精神渗透到课堂；他因为时刻关注史学研究动态，对很多学术成果了如指掌，所以可以将之贯穿于教学中，让学生在不知不觉中接受真正的素质教育；他因为有着广博的知识，能对历史学科的许多领域融会贯通，所以可以对历史事件平实却不失生动地娓娓道来，把学生带入历史知识的海洋。他因为拥有了这一切，所以可以"从必然王国到自由王国"，不受拘泥，挥洒自如。

李晓风以他较强的历史学科教学和研究能力，在中学教学的圈子里名声渐起，逐渐参与到海淀区的教研活动中。

1992年，海淀区教师进修学校的教研员来到我们学校，让我担任区里的兼职教研员，参加区里的教研活动，大概的工作内容是在区里的教研活动和教师进修活动中讲一些课，参与全区的统考试卷的出题工作。

在参与教研活动后，李晓风逐渐产生了一种强烈的责任感。在给历史教师讲课的过程中，教师们的反响特别好。

1992年以后参加区里的教研活动对我影响挺大的。我经常给老师讲一些课，课后的反响都非常好，他们说太需要这种课了，以前没听过这样的课。在那之后区里就安排我讲了很多课。还有统考试卷的命题，记得在我参与第一份全区高三统测试卷的命题之后，从第二份题开始，我就承担起了执笔起草试题的任务。在那之前大家总觉得不好出，我这一出就出了十年，差不多从1993年开始一直出到2003年。一方面是在学校的教学得到了学生很好的反响；另一方面是觉得在市里、区里做的培训、教研工作有价值，也能发挥我的专长，对于中学教师的职业认同感逐渐形成，原先不想做中学教师的心理也就慢慢消失了。

正所谓"能力越大，责任越大"。随着对历史学科的深入研究，李晓风逐渐感觉到这个学科本身还有很多地方亟待提升，如如何提升历史学科教师的专业能力、如何更好地教授历史学科等问题，这些成为李晓风继续留在中学教师岗位上的责任感来源。

(2)阅读、学习与反思——专业学习投入

①广泛性阅读。

从教以来，李晓风用了许多时间和精力来从事专业性的阅读和学术思考，并以此为基础从事教学研究。李晓风坦言，在他工作最初的十来年，工资很低，所得的工资相当大的比例都用来买书了。李晓风描述自己家里书盈四壁的情况时说：

买的书还是很多的。我觉得只有放书是个问题，别的倒不是问题。我那几间屋子，能打上书架的地方全都打了书架，即便如此，现在买书也没地方放了。

在他看来，限于篇幅，中学教材对历史问题的叙述很多都是纲要式的，有相当大的展开余地和展开的必要性。

教学文本并不仅仅限于教材，而应该包括所有进入教学活动的历史资料。教学文本的内容越丰富，越具有开放性和可探索性，就越能给学生的成长提供理想的环境。运用历史资料进行教学的过程必然是一个提高学生阅读、理解能力的过程和发展学生的逻辑思维、逻辑推理能力的过程。

当然，对于李晓风来说，阅读是他的兴趣所在。用他的话讲，就是"想看"。

对于我来说，看书，就是因为想看、愿意看。我不是为了什么功利而看书。如果说我现在要去评特级教师，评正高级教师，为此我去恶补，去拼命读书，那是不会有什么效果的。

对于阅读发自内心地热爱促使李晓风进行了大量的专业书籍的阅读。事实证明，对历史理论问题的思考和相对丰富的历史学科专业知识能够极大地促进教学和研究的深入。李晓风认为，新教材比原来使用的教材难度大了，可能旧教材教师能教好，但是如果不增加自己的知识储备的话，教好新教材还真挺难的。这个时候就需要历史教师有足够的学科知识储备，通过阅读专业文献增长自己的知识量，开阔学科眼界。这些无疑都需要通过大量阅读来实现。因而，李晓风在培训教师时经常给历史教师列举各种各样的专业书目，希望历史教师能够养成专业阅读的习惯。

我觉得教师提高专业水平最主要的途径是自主学习和读书。我记得有一次北京教育科学研究院教师发展中心和首都师范大学教师教育学院举办北京市名师工程的座谈会。我和首都师范大学的叶小兵教授都是北京市名师工程的导师，当时叶老师说了一句话，我觉得非常对。他说："优秀的知名教师不是培训出来的。"确实是这样的，优秀的教师必须具备自主学习、阅读和研究的兴趣与能力，如果自己不具备这些素质，只靠外部的培训，那么所能达到的高度是有限的。

在李晓风看来，历史教师提高专业素养的关键是读书，这也是由学科特点决定的。他认为历史教师多读书是很重要的，一位好的中学历史教师应该是一位"二手史学家"，读书备课不应该仅仅局限在课本的知识点上，而应该广泛收集资料，开阔眼界和思维，注重对知识体系的把握。

好的中学历史教师应该成为一位"二手史学家"，因为搞一手研究的话，不是说咱们搞不了,而是说中学教师的工作性质决定了没有那么细的专业分工,也没那么多时间去做原创性的研究,除非你是把教学扔一边去了。中学教师的学科专业知识不能光局限在与教材相关的这一点东西上,至少应该对学科成体系的重要成果有一个把握。

李晓风认为,一位优秀的中学历史教师应该是一位学识丰富和具有研究能力的教师。优秀历史教师的专业知识水平应该在一定程度上超越历史教师平均的专业知识水平,应该具有追踪历史学科学术动态的能力,具有一定的学术研究的兴趣和能力。因为只有这样,才能保证他的课具有独创性,起到启迪学生智慧和发展学生才识的作用。除了作为首要因素的专业知识水平以外,组织和表达教学内容的能力的高低,对一位教师能否顺利地成长为优秀历史教师也是有一定程度的影响的。在指导历史教师的过程中,李晓风坦言,大部分青年教师成长过程中的最大问题,就是在大学毕业以后中断了系统的专业学习和知识更新。随着教学年头的增长,知识日益陈旧,知识面日益狭窄,只剩下与中学教材相关的知识。这种情况严重地制约了中学历史教学水平的提升,制约了素质教育目标的落实。比较理想的培养青年教师的方式是促进他们有计划地进行一些专业知识的学习和研究。比如,与该教师的任教课程相对应,制订出相应学年的读书计划。在一学年中系统地读上十本专业著作,这应该是最低标准。将教学与学术追求结合起来,培养批判性思维、学术思维,从学术的观点看教学内容,一批学者型教师会让中学历史教学面貌大为改观。

②反思性学习。

从教以来,李晓风用了许多时间和精力来进行专业性的阅读和某些方面的学术思考,并以此为基础从事教学研究。这其实也是他一直强调的反思性学习和探究精神。李晓风十分重视历史课程与教学中的学术标准。要具有这种学术思维,就要在阅读的基础上进行反思和批判。

中学教学一般不太强调学术,但是我在很多场合还是会讲学术。注重学术有助于提高教学水平,学术活动本身具有探究性、开放性、批判性的特征。

李晓风认为,现在很多人倾向于被动地接受别人的结论,自己很少主动地思考一些问题。想要把历史课讲得非常生动,能够吸引学生的注意力,教师需要具有一定的思考力度,这就要求在读书的过程中保持一种探究的精神。

我在当教师的头十年基本上搞的都是一些跟学术有关的东西,到了后来,就是踏踏实实当中学教师，不再有其他想法的时候，还是在用一个学术的标准来看中学教学中的问题。我觉得其实也是给老师的一条建议。你得从学术的观点来看教学内容，不能只是盯着教材上的这点东西，认为做学术与自己无关，这至少是我自己的经验。教材上的一些问题我们怎么理解，很多老师在备课的时候也常常会去查一些资料，但是不乏查到什么就是什么，看什么就信什么这样的情况。从教师自身的学习来讲，这种学习效果就比较差了。

李晓风也强调，在反思性学习中，阅读肯定是基础，因为没有大量的阅读作为支撑，后面就谈不上反思了。读完以后应该能用学术的方法、学术的思维来看这些问题。中学教学不是跟学术没有关系。教学如果不强调学术性的话，那肯定是非常僵化、非常呆板的。

学术性代表着探究性和开放性，刚才我说了中学教师存在一个问题，那就是有时候太过于"虔诚"，对于教材上写的东西，觉得都是必然正确的，是至理名言。这就是缺乏学术精神的一种表现。教师对教材应该持有一种开放和探索的态度。教师只有达到足够的阅读量，才能具备一定的学术思考能力。

李晓风仔细分析了目前中学历史教学的现状。他认为主要问题是教育和教学的研究搞得较多，史学的专业学习搞得较少，专业性的研究更是少之又少，中学教学与学术研究关系不密切。一般来说，教师能够了解学术发展的动态已经很不错了，遗憾的是这样的教师也不多，更不用说自己从事有独创性的研究了。出现这种状况有客观原因。中学教师从事基础性教学，他们的教学内容相对固定和规范，课堂教学并不要求教师阐述自己独创性的学术见解。另外，中学教师必须讲授古今中外全球性的通史，集中钻研某一特定时空的历史与中学的教学任务难以协调，他们也没有足够的精力，而且教学研究与教学实践关系密切，也容易得到学校和教育行政部门的支持，能够与教师的业绩挂钩。不能否认，这种状况有其合理性，但不利于教师知识的更新，容易使教师的历史知识流于陈旧肤浅，从长远看会影响教师的教学能力和教学水平。这种状况也使得教育教学研究难以深入。教师的教研不能涉及对教学内容的系统和深入思考，而只限于一些教学技巧和教学经验的陈述。

教育教学研究和史学研究应该并重，不应该偏废一方。只有从事学术研究，才有可能出现相应学科的学者型教师。中学历史教师中能被称得上是学者型教师的人微乎其微。如果中学历史教师中能有一批学者型教师，那么中学历史教育教学的面貌肯定会大为改观。教师的专业水平要是不过关的话，什么素质教育，什么新课程理念，最后全要打折扣。

《历史教学》总编任世江对中学历史教师的专业知识水平有着尖锐的评价："考试等各种制度的束缚，使得中学教师视课本为雷池，不敢越出半步。久之成习，中学教师多数不关心学术发展。""即使自己常教的内容，研究方面有何变化也不问不理，史学研究的成果不能及时反映到历史教育中，那些失真的历史和偏颇的结论，仍作为知识继续向青少年灌输，这不能不说是一种悲哀。"①这也表明目前中学历史教师的专业知识水平确实不容乐观。所以李晓风认为培养青年教师的根本在于提高他们的专业知识水平，这是练"内功"，这种"内功"的修炼要通过反思性学习来实现。

(三)学习特征概括

通过对李晓风专业成长历程和专业学习特征的分析，我们可发现他的专业学习路径为"内在动机—主动学习—反思与研究"，这三者是螺旋上升的关系(图6-1)。

内在动机是指为了个人满足感或成就感而使人采取或改变行动的刺激。这种动机促使人们出于内在原因进行活动，而不是受到外在动机的激励。换言之，内在动机往往是基于个体内部而非一些外部奖励。从李晓风的专业学习经历来看，他对历史学科和历史理论研究的浓

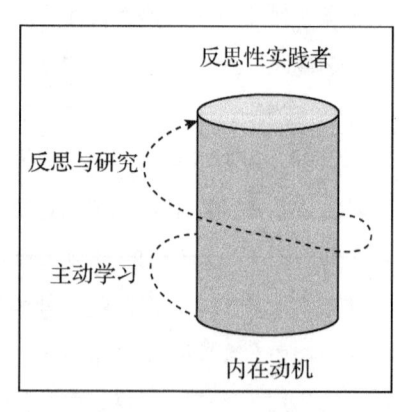

图 6-1　专业学习路径

厚兴趣是他学习的动力来源，这种兴趣便是一种典型的内在动机。正是在这种兴趣之下，他对厚重的古籍如饥似渴地进行阅读。对于高深的历史理论研究，他也不会望而却步，而是从浩若烟海的典籍中抽丝剥茧。也是在这浓厚的学科兴趣的支撑下，他对历史学科知识的研究从不止步于课本知识，而是以探究的精神翻阅相关史

---

① 查啸虎：《如何成为骨干教师》，101页，芜湖，安徽师范大学出版社，2013。

料。实际上这也是在内在动机驱动下的主动学习行为，体现出了教师的能动性。教师的能动性强调教师的教学和学习效能、主动建构以及乐观心态，是教师学习的重要驱动力。能动性越强的教师，其学习效果越好。教师作为积极的能动主体，能依据具体社会文化情境能动地采取行动，获取或创造学习机会。这也符合社会文化理论中关于教师能够通过与环境互动、与他人互动、借助自身能动性促进学习的论断。

  在内在动机驱动下，教师的反思和研究便是专家型教师专业学习的关键路径。关于"反思""反思性教学""反思性教师"的定义在文献中比比皆是。这些定义大多源自杜威、范梅南和舍恩等人提出的关键概念。杜威曾区分了两种类型的教师行为："常规"行为和"反思"行为。常规行为受冲动、传统和权威的引导，反思行为旨在"根据支持它的理由及其倾向的进一步结论，积极、持久和仔细地考虑任何信仰或假定的知识形式"。[①] 杜威进一步描述了他认为的反思行为的三种先决条件：对替代可能性持开放态度，对后果负责任地考虑，全心全意地将理想付诸实践。在教学行为中，教师的反思意识和反思能力也是相关研究者关注的热点主题。李晓风的专业学习路径有力地证明了反思性教学对于教师成长的关键作用。

---

  ① 约翰·杜威：《我们如何思维》，伍中友译，77~88 页，北京，新华出版社，2015。

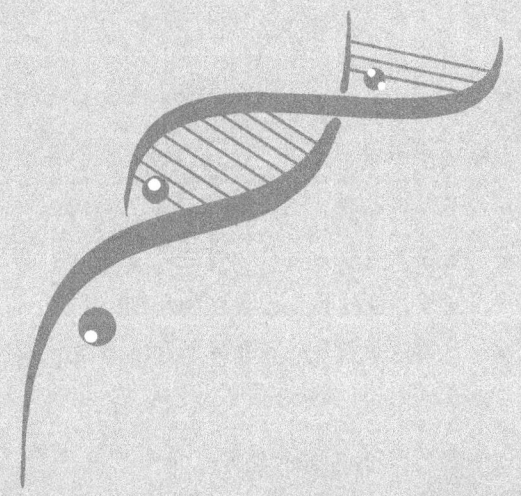

七、行中思　思中学　学中行
——政治特级教师王苹的专业学习之路

个人简介

王苹，北京市陈经纶中学副校长，政治特级教师，北京市中小学首批正高级教师。获得全国先进工作者、全国优秀中小学德育课教师、全国优秀教师、北京市先进工作者、北京市人民教师奖、北京市师德标兵、北京金牌教师、北京市巾帼之星等多项荣誉称号。入选"2019年度全国教书育人楷模候选人"，2021年第九届"首都教育十大新闻人物"。教育部大中小学思政课一体化建设指导委员会专家指导组成员，教育部基础教育思想政治(道德与法治)教学指导专委会委员。2019年3月18日，作为北京市唯一一名中学教师参加习近平总书记主持召开的学校思想政治理论课教师座谈会。国家第三批万人计划教学名师，教育部"国培计划"第二批专家，首都师范大学硕士生指导教师，北京市骨干教师研修班指导教师，北京市中小学名师发展工程北京师范大学培养基地中学政治实践导师，北京市政治特级教师工作室指导教师。

（一）个人学习小传

1987年7月，我毕业于北京师范学院政教系(现首都师范大学政法学院)，同年被分配到北京市第九十四中学，担任高中思想政治课教师。1993年7月被正式调入北京市陈经纶中学，至2019年1月一直担任高中思想政治课教师，其间担任思想政治教研组组长。2019年1月至今担任集团副校长，主管教师专业发展工作。

1. 专业学习的起步阶段

刚进入陈经纶中学的那个年代，网络还不发达。为了更好地呈现研究课、公开课和评优课，我购买了许多与教学内容相关的书籍，进行深度学习，以提高自己对教学内容的理解水平，开阔自己的视野。因为这个阶段的研究课多以区级研究课为主，所以同伴听评课、向同伴学习是这个阶段重要的学习方式。每次研究课都是一次历练，通过备课、上课、课后评价和反思，我的课堂教学能力一步步得到了提升。

三次高规格的培训活动让我受益匪浅，专业能力得到了很大的提升。第一次是1994年2月至1994年7月，我脱产参加国家教委举办的全国中学思想政治课骨干教师进修班学习。此次学习为我的专业发展开拓了一个新领域。我不仅在教育教学理念上有了快速的提升，而且结识了一批学科专业领域的专家，他们的师德和专业水平让我折服，同时他们也为我日后的专业发展创造了有利的条件。第二次是1996年7月至1997年7月，我参加首都师范大学政法系研究生课程班学习。离开校园近十年的我重返大学课堂，比较系统地学习与中学思想政治课教学相关联的课程，提升了理论教学水平。第三次是1999年9月至1999年12月，我被朝阳区教委选派去美国密尔沃基学习。此次出国培训，让我在了解了美国中小学教育的同时，认真反思中国的教育、自己所在学校的教育以及自己的教学。在美国期间，我坚持每天写日记，回国前完成了两万五千字的赴美培训报告，回国后在不同范围做关于赴美培训的报告。

2. 专业学习的加速阶段

这个阶段更高规格的研究课、公开课和展示课，让我得到了更多高端的学科专家的指导，专业能力得到了较快的提升。2000年5月24日做课"人生价值实现的条件"，来自全国各地的专家和同人听课评课；2002年5月参加教育部重点课题"中学生综合能力和素质的培养及评价"研究，课题组两次请来学科权威专家做指导；2003年1月16日代表北京市参加东北、华北、西北地区第二届思想政治优质课教学大赛，获得一等奖，其间得到相关专家的指导；2007年10月参加中共中央宣传部、中央文明办、教育部、团中央联合主办的"形势教育大课堂"第二集"社会新气象"的编写，并承担主讲人，得到了专家的指导。通过与学科专家近距离地交流沟通，我对思想政治课的理解更为深刻，对思想政治课的研究更为深入，对思想政治课的教学也更为投入。

1997—2013年，我担任思想政治教研组组长。初期更多的是传达学校的指令，

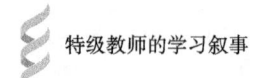

做一些形式上的工作。经过几年的磨合，自己越来越认识到，教研组的学科研究能力直接关系到教师的学科教学能力，直接影响到学科育人的效果，因此，我在教研组建设上投入了更多的精力，不断学习、研究、践行和总结。

3. 专业学习的升华阶段

从学习历程角度看，这个阶段的专业发展得益于对过往多年教学实践的感悟。在脚踏实地钻研思想政治课教学二十多年的基础上，我虽然被评为正高级教师，但是没有停下学习和实践的步伐，聚焦课堂，聚焦社会实践活动，让理论与实践统一，让大课堂和小课堂相结合。

2000年前后，我组织教研组教师开展思想政治课的社会实践活动。在经历了十多年实践的基础上，我们不断了解、学习同行的经验，反思自己的实践。2016年以来，我们在全国做了近三十场次关于社会实践活动的交流，并且在每一次交流后都会再次学习与反思。

2019年3月18日，我作为北京市唯一一名中学教师参加习近平总书记主持召开的学校思想政治理论课教师座谈会，之后不断学习习近平总书记的重要讲话和中央的相关文件，对思想政治课的认识水平再次提高。"思想政治理论课是落实立德树人根本任务的关键课程"，"办好思想政治理论课关键在教师"。作为集团主管教师专业发展的副校长，我没有降低自身专业发展的要求，学习的范围从思想政治课学科教学扩展到了课程论，从关注时政到更加关注党和国家关于教育的大政方针和相关文件，理解并将之践行于教师专业发展的管理工作和思想政治课教学研究中。

学无止境，三十五年的职业生涯让我深深体会到，作为一名教师，只要在岗一日，就要不断学习，向书本学习，向专家学习，向同行学习，向学生学习，在实践中学习和反思，并将学习成果应用到教育教学中，让教育教学更能满足学生发展的需求，让学生受益终生。

(二) 学习叙事分析

从王苹的专业学习小传中可以看出，不断地学习、反思与实践贯穿于她专业学习的全过程。当然，在王苹专业学习的过程中，明确的学习动机、适切的学习方法和精准的学习需求也是必不可少的。系统地从这三个方面分析王苹的专业学习叙事,有助于我们更好地理解她的专业学习路径。

1. 学习动机:内部动机与外部动机同频共振

许多关于教师动机的研究依赖于自我效能和期望值理论或自我决定理论。班杜拉的自我效能理论是这类研究的重要理论基础。[1] 班杜拉认为,关于个人效能的信念会影响选择、愿望、努力、毅力和对压力的情感反应。一个人的能力信念会影响期望和归属于任务的价值观,这些期望和价值观反过来又会影响选择、绩效、努力、坚持和成就。[2] 自我决定动机理论假设了三种动机状态:内在动机、外在动机和无动机。内在动机受到个人兴趣或根深蒂固的价值观的影响。外在动机是指对不一定有趣或被认为与一个人的价值观相关的行为的动机,这种行为的动力通常来自外部。[3] 下面从内部动机和外部动机两部分阐述王苹的专业学习动机。

(1)内部动机:对思想政治教学的热爱

王苹专业学习的内部动机可总结为对思想政治教学的热爱。"热爱可抵漫长岁月",王苹最初在机缘巧合之下进入了师范大学。

我们那个年代报考大学也稀里糊涂,不像现在这么明确。反正对于我们来说,上这儿也行,上那儿也行。当时想着那就报个师范吧,毕业后当老师。那会儿是20世纪80年代初期,教师的整体社会地位不高,好像还是很多人不愿意从事的行业。

王苹虽然并不是出于强烈的兴趣进入师范大学的,但是自从当上教师之后,逐渐找到了做教师的乐趣。

毕业当上教师之后,一开始也说不上热爱,但是越教越觉得有意思,越教越觉得这课就应该想方设法上好,让学生喜欢。我的感觉是这样的,今天上一节好课,学生反响好,上完以后自己的感觉也特别好,一天都特别兴奋。要是一节课上得没

---

[1] Bandura, Albert, "Social Cognitive Theory of Self-Regulation," *Organizational Behavior and Human Decision Processes*, 1991(2), pp. 248-287.

[2] Wigfield Allan, Jacquelynne S. Eccles, "Expectancy-Value Theory of Achievement Motivation," *Contemporary Educational Psychology*, 2000(1), pp. 68-81.

[3] Ryan Richard M, Edward L Deci, "Intrinsic and Extrinsic Motivations: Classic Definitions and New Directions," *Contemporary Educational Psychology*, 2000(1), pp. 54-67.

有达到预期的效果，我回来以后就感觉特别郁闷，就不断地想为什么今天上成这样，就会不断地进行反思。

不难看出，让学生在课上有收获、真正实现学生发展自始至终是王苹的思想政治课教学的核心所在。

正是有了这种对思想政治学科教学的热爱，王苹一直在思考如何更好地讲授这门课。尤其是在国家核心素养课程改革的大背景之下，更好地落实思想政治学科的核心素养要求是王苹在教学中一直追求的目标。

从课堂教学角度来讲，评特级教师之前我更侧重于让学生喜欢，当然现在也需要让学生喜欢。后来成了特级教师，特别是最近七八年以来，我上升到了这门课本质上该怎么上，对这门课和国家未来的关联、这门课对学生的成长以及他们对社会的贡献想得更多一些。

归根结底，王苹认为思想政治课对学生健康成长是十分重要的。换言之，这是一门很"有用"的学科。

其实最根本的一点，我觉得思想政治课有用，我骨子里就认为思想政治课是对学生的成长特别有价值的一门课程。

这里说的"有用"体现在什么地方呢？党的十八大首次明确提出"立德树人"是我国教育的根本任务，思想政治课是中小学有效落实"立德树人"理念的主要课程。中小学思想政治课除了基本概念和原理的教学外，更为重要的是将思想政治学科与社会生活及其他学科联系在一起。

我们在思想政治课教学中采用的社会实践或者活动型的课程设计，首先都是基于案例的教学，也就是把素材引进课堂，跟学生的学习相结合。这其中有一个重要的教学目的，就是培养学生的政治认同感。这里我们所说的政治认同，主要指认同国家的政治制度，认同中国共产党。我当了政协委员之后，视野更加开阔了。在思考这门课的时候，不是从知识到知识，或者局限于教材内容，而是能跳出教材，考虑这门课和学生的未来及社会发展的关系。

2022年的《普通高中思想政治课程标准》修订的核心问题就是基于学科核心素养的课程建构，即通过思想政治课努力培育学生以政治认同、理性精神、法治意识、公共参与四要素为基本内涵的核心素养，使学生树立正确的世界观、人生观和价值观。这也是在教育中落实立德树人根本任务的核心所在。新课程改革对中小学思想政治教师提出了新期待：从政治观点和道德知识的灌输者转化为德育的引导者与促进者，从思想政治课程的执行者转化为创新者，从重知识传授向重学生能力培养转变。换言之，思想政治课最重要的意义在于这是培养未来一代的政治认同感和法治意识的重要路径。

也是在这种热爱之下，在对政治学科核心素养培育的思考之下，如何上好这门课，实现这一培养目标成了王苹深入思考的问题。

想方设法让学生喜欢思想政治课，这就是最根本的想法。不断去改授课的方式，想方设法挖掘一些社会资源，思考怎样能让这门课活起来，让学生喜欢，我觉得这是我专业成长的一个原动力。

有了这一原动力，王苹从不沉迷于传统的讲授式教学法，也不拘泥于同一种教学策略，而是结合不同的课程内容，设计和实施不同的课程形式。这一改思想政治课教学单调、枯燥的讲授方式，极大地增强了学生学习思想政治的兴趣。

比如，高二讲哲学时有专门课时讲理想，我可以拿出两节课让所有的学生到讲台上面谈自己的理想。比如，后来我们做的社会实践活动越来越深入，如体验社区活动。为什么要去社区体验？其实就是让学生认同我们身边的政治制度。要让学生能够参与到社区建设中，这不就是公共参与吗？后来讲企业，我带着学生进了十一家企业，把每个班的学生都分到一个企业，让学生去思考，把生涯教育纳入学科教学。我觉得真正的生涯教育一定是跟学科相融合的，而不是单独开的一门课程。

不难看出，王苹秉持理论结合实际的教学观。她的教学从不局限于课本知识，更希望学生能在现实生活中找到与课本知识的共鸣。

(2) 外部动机：重要他人的支持

王苹对思想政治学科教学的热爱除了源自她的内心感受之外，还有外在力量的支持。王苹的成长离不开她身边的重要他人的帮助或者影响。这些重要他人通过支持王苹的专业发展，促使王苹对思想政治学科教学更加热爱。这其中，学校校长起到了重要作用。

我觉得一个老师的成长，除了自身的因素外，还有一个很关键的因素，就是有一个好的领导。领导的意识和观念能直接决定这个学科或者教师队伍的发展方向。

王苹所在学校的校长十分重视她的专业成长，这在王苹的职业生涯中留下了深刻印象。

有一年我教高三，阴差阳错获得了跟北京师范大学一起编写教材的机会。校长知道后就特别简单地问了几个问题。第一，你走后教研组这事能处理好吗？我说都安排好了。第二，你走了课怎么上？我说我都跟另一个同事安排好了，让他替我上。校长说作为普通的一线老师，你能登上编写教材这个平台，这对你来讲上升了一个大的台阶。当时我就特别感动，很多事我都忘了，但对这件事印象特别深刻。

学校领导者对于学校教师的专业发展具有指路明灯和领路人的作用。校长为教师创造出的轻松的学习氛围对教师专业发展具有极大的促进作用。王苹所在学校的校长通过为她提供充分的时间进行学习和研究，使她得到了充分的发展；通过为她"搭平台"，让她在完成教学工作之余，获得更高更宽广的专业发展平台。正如她所说：

能让一个老师在高三那么关键的时候，暂时放下工作去做他认为对你的发展更有利的事情，一是表明他对你的信任，二是体现出校长对教师发展的真正关切。

校长除了支持王苹通过参与教材编写获得更高的发展平台之外，还鼓励王苹积极参与人大代表和政协委员的选举，拓展交际圈和视野。

校长很早就跟我说，要想做好政治老师，当上人大代表可能意义更大。事实证明也确实如此，无论是做人大代表，还是政协委员，眼界和情怀都跟做普通教师时不一样了。每天一直面对电脑和书备课，教室、办公室两点一线，跟接触到教育界之外的人，了解这个区域的整体发展和各种问题怎么解决相比，是完全不一样的。所以我觉得我当了人大代表之后，无论是写建议，是去跟各个行业的委员代表沟通交流，还是在全会上听报告，都让我接触到了很多在学校根本看不到、听不到的东西。

当然，重要他人不只有校长，还有王苹所在的政治教研组。学科教研组是我国中小学特有的专业共同体形式，是由同一学科或相似学科的教师共同组成的，是各个学校进行教育教学管理以及开展各类教育教学研究的基本单位，是学校开展教学研究以及教育改革的主要阵地，是学科建设与课程实施的重要支柱，凸显出学校管理与课程实施中的专业权利。

我们思想政治教研组一直都是优秀教研组、优秀团队。我作为团队的带头人，总是希望大家能一起做些有意义的事情。比如，我们编学案的时候，团队的所有老师都参编，虽然没有报酬，也不是正规出版物，这些工作就现在的标准来讲对评职称也是没什么用的，但是团队的老师们干劲十足。还有搞社会实践活动，这都没有报酬，也不算课时。这个团队走到了今天，我觉得是团队的力量在支撑着。

教研组在本质上是一所学校内教师学习共同体的基本形式，在学校的教研工作开展、教学质量提升、教师专业发展和新课程改革深化等方面均具有重要作用。这主要体现在：其一，教研组能够有效促进教师进行教育教学研究，实施课程与教学改革，提升教师的研究能力，进而提升教学质量；其二，教研组开展的教学与教研活动对于促进教师的专业发展具有重要作用，具有不同风格的教师组成一个教研团队，能够从这个集体中汲取营养，在与教研组这个集体的互动中实现共同发展；其三，教研组这一组织有利于教师深化课程改革，通过集体备课、课例研究、主题研修、课题研究、网络研修等各种形式，将教研组建设成一个学习型、实践型和研究型相结合的共同体。

正是基于心底的这种热爱，王苹一步一个脚印，"顺其自然"地成了思想政治学科的特级教师。

其实在我的成长过程中，拿什么奖都是顺其自然的，从来没有想着我干完这件事要获什么奖。如果张校长不告诉我，5年之内让评特级教师，我都没给自己设定这么明确的目标。我就是把所有的心思都沉在思想政治课中，其实就是专业追求。

王苹口中看似简单的"顺其自然"，实际上倾注了她对这门课程的心血。强烈的内部动机和外部重要他人的扶持，帮助王苹实现了专业上的发展。

2. 学习方法：反思自我学习与跨界学习的同向聚合

教师学习是教师实现专业化发展的途径，涉及教师在参与教学实践的过程中发生的认识转变。教师在专业学习的过程中，要充分参与课堂活动。王苹的专业学习主要涉及反思性自我学习和跨界学习两种方式。

（1）反思性自我学习

在学习投入方面，王苹坦言，她会定期进行自我反思，每次参加完活动后都会进行及时的反思与总结。

其实我觉得做完事之后要总结一下。比如，当初我们做社会实践活动，做完之后，我们就梳理了教学成果。我们在后期获过教学成果奖，获过北京市基础课程的课程建设一等奖。做完一件事就梳理一下，这是一个不断反思的过程。

王苹认为持续不断地进行反思与总结是教师学习的重要方面。反思有利于教师及时察觉自己在某些方面的不足，并及时采取改进措施。这里特别值得指出的是，王苹进行的同课异构。与其他教师的同课异构不同的是，王苹十分擅长进行自我同课异构。所谓自我同课异构，就是王苹每年都会基于之前的课程内容和形式建构更加新颖、带有新的思考的课程。这使得她的课从来不会一成不变，每年都会有推陈出新的内容和形式。这实际上是她进行自我反思的一种重要方式。

其实自我同课异构也是我持续反思的体现。我每年都在反思，所以才不愿意用自己以往的课件来上当下的课。因为上思想政治课，学生都愿意听今天发生的事情，而不愿意听昨天发生的事情。你拿当下的事情来说，对于美国的实事，你要是在上思想政治课时用到这段实事材料，讲现在华盛顿是什么状况，为什么是这种状况，你给学生分析，学生的眼睛都是直勾勾的。思想政治题为什么没有办法留很多经典题，就是这个背景材料都过去很多年了，你还在给学生讲这段背景材料是什么，那就意义不大了。

王苹认为，进行自我同课异构实际上也是始终基于学生的需求反思课程和教学的体现。

我为什么进行自我同课异构，其实核心点是学生，就是不断思考学生的需求、学生的学业生涯，教师要永远站在学生的立场思考问题。

(2) 跨界学习

除了反思与总结之外，持续不断地跨界学习也是王苹的法宝。这种学习形式往往是在反思总结的基础上进行阅读，或是进行写作提炼。

2005年之后，我带着团队做研究的这种意识更强了。我们在做的基础之上不断地反思和梳理。尤其在评上特级教师之后，我觉得自己的写作水平很有限，所以那时候会经常熬夜写一些关于课题总结、成果梳理、教研组学科建设的整体构思等方面的材料。

此外，王苹还擅长带着团队成员走出"舒适圈"，开阔学习的视野。这是因为王苹认为，人如果总是处于一种状态，往往会趋向于一直保持这种"常态"，而疲于接受全新的或者更大的挑战。长期处于这种状态的教师难以获得长久的发展。

我觉得一个人如果靠一种工作状态，是很难突破自己的。每天总是备课、上课、进教室、看作业，老这样"转圈"，就很难实现发展。

正是在这种考虑之下，王苹时常带领团队成员开展或者参与一些与教学相关的活动。

参与编写教材，这就是一个非常态。我的观念是隔一段时间就要组织点活动。我当教研组组长的时候，组织过两次陈经纶中学思想政治教研组的活动，组织过两次市级教研组建设现场会，这个活动虽然是朝阳区组织的，但是来的有北京市各区县的教研员。

王苹在成长的道路上几乎没有遇到过什么困难，这也是她不断学习的结果。

我成长到现在还是挺顺的，没有遇到过大的挫折，该评什么职称的时候基本上是一参评就过。这主要是因为我一直没停止学习，能出新的成果。

实际上，正是这种持续不断的学习保障了王苹在评职称的路上"一路畅通"。

3. 学习需求：课题申请与理论基础的专业桎梏

教师在专业学习的过程中不免会遇到一些困难，并产生相应的专业学习需求。已有研究表明，一线教师对于做研究本身有着不同的理解：解决问题、申请课题、写论文、教学即研究。这些对研究的不同理解也体现出一线教师在做研究的过程中会面临各种挑战。王苹的专业学习需求体现在课题申请和理论基础相对薄弱两个方面。

（1）课题申请的迷茫

虽说回顾王苹的整个职业生涯，可谓"一帆风顺、水到渠成"，但她也有迷茫的时候。王苹坦言自己曾在课题申请方面有过一些迷茫。

大约在十年前，申报课题各个方面我觉得做得应该可以，但就是立项立不上。当时都已经评完特级教师好几年了，课题还是立不上，感觉还是挺没面子的。

这种课题申请的迷茫困惑了王苹一段时间。这或许与一线教师深扎一线教学实践、缺少相应的研究训练和申报书撰写方面的专业训练有关。

（2）理论基础相对薄弱

作为一线教师，王苹还指出了自己在相关教育理论素养方面的不足。

尤其近十年，我真的觉得自己的理论水平有待提高，不光是写论文的问题。之前听到过一些大学老师评价中学老师，说我们做的事是一地珍珠，但是穿不成一个串子。我觉得这话说得很有道理。我们为什么有珍珠但是穿不成串，就是理论水平或者站位高度不够。我在之前几十年的教学过程中做更多的是实践反思，也看一些书。但是在备课上花了大量的时间，后来又做教研组组长，承担很多教研组的工作。再到后来成了特级教师，各高校就会邀请我一起写书、写论文等。各种各样的活儿交织在一起的时候，每天晚上再拿出两小时去读书学习，可能确实有困难。所以我现在想想，还是理论基础要夯实。

正如王苹总结的，一线教师往往拥有很多珍珠，但是穿不成串，就是因为一线教师获得了大量的实践经验，但是没有将它们上升至理论的高度。这会成为一线教师在论文撰写和课题申请等方面的阻碍。这也自然成为像王苹这样的一线教师普遍存在的专业学习需求。

(三)学习特征概括

王苹回忆自己的整个职业生涯，基本上可以总结为"行中思、思中学、学中行"。正如王苹总结的：

对于我的专业学习路径，自我反思之后可以用一句话概括，就是行中思、思中学、学中行。就是说在行动中你要反思，然后自己想不明白的地方再去学习。学习完了之后，最终目的不是写论文，而是回归课堂，把反思和学习的结果回馈给学生，所以最终还得回到实践中去。

其中，学习的起点一定是行动，终点也一定是行动，要在行动的过程中进行反思和学习（图7-1）。

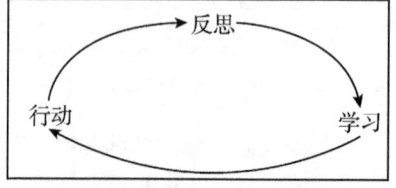

图 7-1 王苹的专业学习路径

1. 行动中反思

"行动中反思"是舍恩提出的个体学习的过程。他认为，反思在本质上是个体学习的过程。个人反思实践包括在行动中反思，对行动的反思，通过专业档案和日志进行反思；团体反思实践包括通过同行观察、同事反馈、学生反馈、小组讨论、研讨会、指导和反思对话进行反思。对于教师群体来说，"行动中反思"是指教师从自己的教学行为、实践中进行反思，以获得教学成就。王苹的专业学习中最重要的特点就是"行动中反思"。无论是在专业成长的哪一时期，王苹都坚定地在日常教学实践、学科组教学活动以及赛课、评课等各项活动中保持反思精神，在反思的过程中找寻自己教学中的不足。与同行对话更能够使得"行动中反思"具象化，从而使得王苹在反思的过程中实现专业成长。

2. 反思中学习

"行动中反思"是教师专业学习的重要路径，"反思中学习"是教师进行反思的目的。"学而不思则罔，思而不学则殆。"只反思不学习或者只学习不反思都不利于教师的专业成长。研究者理查兹和法雷尔指出的，采用反思性教学要求教师收集数据，并与同事讨论他们应用不同反思实践的经验。[①] 反思提高了教师关于学习和教学过程不同方面的意识，进而有助于他们的专业发展。舍恩认为反思是一种思考经验的方法，可以产生探究和解决问题的效果。[②] 换句话说，通过反思，教师可以权衡各种方法，然后相应地改进他们的行动。王苹在"行动中反思"之后，会结合自己在教育教学中存在的不足进一步学习。王苹指出，自己一般会通过请教前辈与同行、阅读书籍等方式进行学习。"反思中学习"也会使得后续的学习更加有的放矢，不至于盲目。可以说，反思是她实现持续专业成长的关键。

3. 学习中实践

教师的主要任务是教书育人，因此，无论是反思还是学习，其最终落脚点都应是教育教学实践。课堂教学是教师实践的主战场，反思型教师一直在努力寻找更好的教学策略。"学习中实践"也可以说是一种反思型实践，这是一种有目的、有思想的活动，旨在加深专业理解，获得新的想法和见解。反思有助于教师评估他们目前的做法，找出需要改进的地方，成为更好的决策者。王苹也反复指出，只有将学习和反思的结果回馈到课堂中，反思和学习才是真正有效的。

---

① Richards J C, Farrell T S C, *Professional Development for Language Teachers Strategies for Teacher Learning*, New York, Cambridge University Press, 2005, pp. 23-35.

② Schön D A, *The reflective Practitioner：How Professionals Think in Action*, New York, Basic Books, 1983, pp. 1-5.

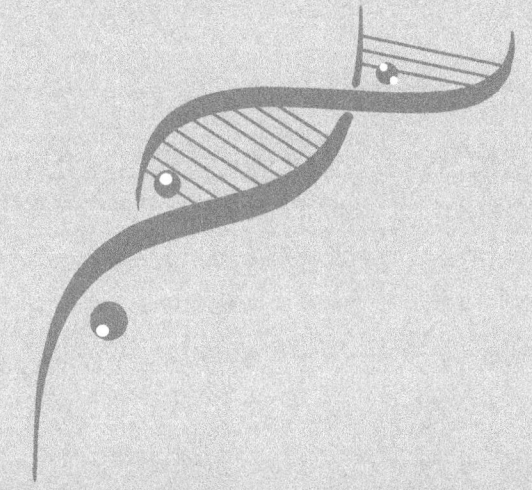

八、独立思考与实践研究并行的物理教学行走者

——物理特级教师王运淼的专业学习之路

个人简介

王运淼，从教高中物理三十年。1990 年毕业于北京师范大学电子系。1990—2011 年，先后在北京师范大学第二附属中学、北京市第四中学、北京师范大学附属实验中学执教高中物理。2011—2018 年，在北京市西城区教育研修学院做高中物理教研员。现为北京市第一六一中学副校长，执教高中物理。多次参加全国高考物理（北京卷）命题工作、北京市高中物理会考命题工作。人民教育出版社新课标教材审稿专家组成员，北京物理学会理事。2011 年受聘为北京师范大学基础教育研究员，2014 年被评为北京市物理特级教师，2016 年受聘为首都师范大学物理系物理教育特色实验班导师，2017 年被评为北京市物理正高级教师。2002 年获全国第五届中学物理青年教师教学大赛一等奖，2009 年获全国首届物理名师赛特等奖。多年来，一直致力于中学物理课堂教学及评价研究，在国家级学术期刊发表数十篇教学论文。2016 年、2017 年与魏华、杨清源一起编著的大学本科生选修课系列教材《中学物理教材分析》《中学物理教学设计》《中学物理课堂教学》《中学物理听课评课》由高等教育出版社出版。

（一）个人学习小传

1. 我喜欢上了中学教师的职业

从儿时起一直到大学毕业，我有过各种梦想，可是从来没有想过将来做一名中学物理教师。

1986 年我高中毕业，取得了优异的高考成绩。我的母校特别希望我报"清北"，为母校增光。可惜当时家境不允许，每月只有父亲几十元的工资，弟弟和妹妹还都在中学读书。听说上师范学校不仅不交学费,每月有补助,而且师范学校内有不做教师的非教育专业。因此,我补填了北京师范大学无线电电子学系提前录取志愿,在"可否服从校内其它专业调剂"栏内我写的是"否"。

就这样,我与自己理想的大学失之交臂,以高于北京大学录取线的高考分数被北京师范大学提前录取。这也算是人生的一点遗憾吧。

1990 年,我大学毕业,由于很难在北京找到对口的工作,因此选择留校,在北京师范大学第二附属中学做电教教师。一次偶然的机会,没有参加过教育教学实习(北京师范大学电子系是非教育专业)的我,为生病的教师代了两个月的高中物理课。这两个月的代课经历让我发现自己具有做教师的潜质:身为理工科学生,文史修养还算深厚,喜欢戏曲、相声、评书,善于表演。在学生、教师和校长的赞扬声中,我有了成功的喜悦。从此,我喜欢上了物理教师这一职业。

三十年的教学工作经历使我深深感觉自己是一个幸运的人:能够从事自己热爱的事业;在从业之初,前辈的悉心指导让我较好地继承了西城区物理教学的优秀传统,深入体验了三所学校(北京师范大学第二附属中学、北京市第四中学、北京师范大学附属实验中学)的教育理念、教学传统、文化氛围;行政管理工作的历练无形中提高了我各方面的能力。

2. 我曾经热衷于应试教育

在学科教学上,我的认识经历了一些曲折。我曾经热衷于应试教育。在高中时代,我接受的是重理轻文的应试教育,应试教育的思想自然而然是我做教师后教书育人的指导思想。我极其"敬业",除了在老教师的指导下认真备课、讲课外,我还利用周末经常义务为学生补课。我周末的补课吸引了所教的大部分学生,教室内常常座无虚席。过度补习、大量占用学生课外时间,换来了喜人的物理高考成绩。不过,在高考中取得优异的物理成绩的学生却戏言:物理学得太"狠"了,有点学"伤"了。学生的戏言让我深深反思:我是否在以"爱"和"奉献"为名,扼杀学生学习物理的兴趣和进一步研究的可能性。

到 2002 年,我终于醒悟:不能只为学生的高考成绩而教,而应该为学生的发展而教;在教学中应该以学生为本、因材施教,让更多的学生在物理学习中学到科学知识,培养科学精神,在教学中尤其应该展现学科的魅力,激发学生继续探究的乐趣。

3. 注重培养学生自主学习的能力，赛课成绩突出

我开始研究如何通过课堂教学让学生体会到学习物理的乐趣，激发学生内在的学习动力，让学生学会质疑和反思，培养学生的自主学习能力。我倡导学生"有兴趣，精做题，多反思，会自学，会交流，高效率"。在高三物理复习教学中，我坚持提高中低档题的正确率、找题做题不如查错改错、让学生保持好心情和高效率、让学生明白复习是自己的事等理念。

说到具体的成绩，我还真是深感自己幸运，有幸在青年和中年两个时期两次参加了全国性的教学比赛：2002年，我的"自由落体运动"一课获中国物理学会举办的"第五届全国青年教师教学大赛"一等奖；2009年，我的"牛顿第一定律"一课获中国教育学会物理教学专业委员会举办的"首届全国中学物理教师名师赛"全国特等奖，教学录像在中国教育电视台播出。

4. 通过课题研究提升理论自觉性，通过论著和研讨会固化研究成果

"十二五"期间，我参加了全国教育科学"十二五"规划教育部重点课题，主持了其子课题"在中学物理教学中培养学生自主学习能力研究"，组建了三十多人的骨干教师课题研究团队。在课题研究过程中，我发挥区域优势和教研团队的研究能力，不断总结反思，形成了十几篇体现我的教学思想的论文和一系列体现培养学生自主学习教学策略的物理教学设计、课堂实录。2016年，完成主持的课题，并被评为优秀，结题报告被总课题组评定为一等奖。

2013—2015年，我参加了北京市教委组织的"北京市中小学名师发展工程(第一批)"，通过两年的学习，拓宽了教育视野。其间我学习运用教育教学理论阐释教学经验，逐渐形成了以教育教学理论为指导的教学行为自觉性，在导师的指导下参与课题研究全过程，掌握了教科研方法，遵循教科研规范，撰写了有质量的研究报告和论文，在结业时被评为优秀学员。2016—2019年，我成为北京市教委主持的"北京市中小学特级教师研修工作室项目(第二期)"学员，用了三年的时间进一步提高了团队领导力，提升了教育研究能力，梳理并凝练出了自己的教育教学思想。

2014年，北京教育科学研究院基础教育教学研究中心举办"王运淼高中物理研

讨会";2016年,全国教育科学"十二五"规划教育部重点课题总课题组举办"王运淼工作室'学生自主发展课题'研讨会"。两次研讨会均受到参会专家和教师的广泛好评。

2016年,我受聘为首都师范大学物理系本科生教师,每学年为首都师范大学本科生授课;参与编写了高等教育出版社出版的本科生选修课教材《中学物理教材分析》《中学物理教学设计》《中学物理课堂教学》《中学物理听课评课》。

5. "十三五"期间创建西城名师工作室

西城名师工作室以实验探究教学为研究的切入点,以提高西城区物理教师团队的实验教学能力,引领教师在实验教学中熟练掌握并灵活应用探究式教学方式,提炼高中物理实验探究教学方法、策略,发展学生的科学思维等核心素养。

西城名师工作室主要做了现状调研和经验总结。常青、黎红、张明和我四位物理教研员在2016—2017学年听课、评课共三百多节。二十多位教研组组长,二十多位兼职教研员,二十多位区物理工作室成员(有重叠,总计五十多人)多次开座谈会。课题组成员访谈所教各层面学生三百多人。调研发现,西城区70%的中学物理教师在课堂教学中不注重培养学生的科学思维能力和科学探究能力,学生两极分化严重。西城名师工作室三十位成员多次研讨,梳理了实验教学经验,主要内容如下。

物理是一门实验科学,物理学的发展离不开实验。中学物理教学担负着向学生传递物理知识,指导学生学习科学探究的方法,培养学生的科学思维能力的任务。对于一位物理教师来说,操作物理实验的能力是一种极其重要的能力。一位物理教师实验能力的高低,直接影响了他对物理知识的理解水平及其教学水平的高低。因此,中学物理教师一定要深刻认识物理实验在物理教学中的重要地位,深入研究物理实验,把实验应用到物理教学中,发挥好实验在教学中的作用。

区域教研方面,从关注"教师的教"转变为重视"学生的学";重视考试研究,倡导教学评价多元化;开展专项培训,提升教师团队的实验教学基本功。我为西城区物理教师工作室制订了"十三五"培训计划,每年一期,每期三十人左右,成立"实验探究教学"物理教师工作室,以西城区物理学科课程的形式,计划五年内实现对中青年教师的全员培训,以提升物理教师团队的实验教学基本功。

(二)学习叙事分析

教师的职后学习更多的是一种专业学习,具有情境性、独特性和实践性,大多发生在正常工作之中。考伦-斯密斯和利特尔曾概括了有关教师学习的三种观点:第一,教师学习是一个掌握和应用已知的教学方法与学科内容理论知识的过程;第二,教师学习是一种通过经验的反思进行的实践知识的建构过程;第三,教师学习是教师教学所需要的知识的生成过程,当教师有意把他们自己的课堂和学校作为探究的场所时,学习便发生了。[1] 王运淼的学习历程真切地反映了教师学习的以上三种观点。他善于将相关理论应用于教学实践,并能将在实践中的发现提炼为论文加以发表,将课堂教学作为自己研究的主阵地。本部分是基于对北京市西城区高中物理特级教师王运淼的访谈所做的分析。访谈者提前把访谈问题发给了王运淼,他对部分问题提前做了文字回答,后面现场作答比较多。他非常健谈,对每个问题的回答都很流畅,滔滔不绝。另外,访谈收集到的实物还有王运淼与他人合写的部分书稿和论文,一部分访谈问题的文字回答。以下主要从学习动机、学习投入、学习需求和学习阻碍四个方面重点对王运淼教师生涯的情况进行分析。

1. 学习动机:外在实践与内在认知的冲突

(1)没有被"驯化"的高三教师:始终对高中教育保持独立思考

紧张的高中学习氛围与优秀教师的独立思考之间存在张力,外在环境与内在认知的冲突构成了这位特级教师的学习动机。这种冲突跟王运淼自身的求学经历、教学经历是密切相关的。

①学业回顾。

王运淼谈到他求学生涯中小学和初中丰富的生活与高中单调的学习形成了鲜明的对照,对其性格和爱好有一定的影响。

三年的高中生活几乎把我所有的爱好都扼杀了。

---

[1] 转引自孙传远:《教师学习:期望与现实——以上海中小学教师为例》,博士学位论文,上海师范大学,2010。

三年的高中生活对他的工作和生活产生的影响很大。

我后来在反思的时候觉得其实三年高中生活对我这辈子的影响是非常大的。

他不想让现在的学生重蹈覆辙，希望学生能高效率做题，能自主学习，能热爱实验进而爱上物理，这成为他后来能在自主学习领域持续进行研究的原初动力。

②学生反馈。

王运淼第一次带的高中毕业班，有七个学生考上了北京大学，但一个报与物理相关的专业的都没有。学生反馈"学物理总做题，没意思"。考取北京大学的学生回来说："到了大学像是小傻子。"

学生说："高中的时候我觉得我的同学比我差远了，数学、物理我远远超过他们，但是现在到了大学，丰富的课外生活、社团活动，人家是游刃有余，因为在高中人家就是这样过的，而我们这些就跟小傻子似的。"

"没意思""小傻子"是学生用来陈述他们学习高中物理的感受的本土语言，给了王运淼非常大的震动。这对于王运淼而言是其专业发展道路的刺激性关键事件，促使他反思之前的教学与育人方式。他开始思考物理教育的意义，思考如何让学生真正对这个学科产生兴趣。他将自己对高考刷题得高分的关注逐渐转向对学生自主学习研究、实验研究的关注。

③学校氛围。

"北大情结"和民主氛围对王运淼后来的教学一直存在着影响。

我带的第一届高三毕业班就有七个考上北大的，因为我喜欢北大，所以凡是问我的我都推荐上北大。

王运淼勇于变革，倡导学生自主，根源是他对教师和学生作为教育主体的尊重。

④对教育均衡的思考。

第一，教育不能耽误优秀学生的发展。

王运淼认为我们的学校教育很多时候是在"长鞭子赶群羊"，为了让待优生也能赶上来，常常会令优秀学生降速等待。王运淼注重对优秀学生的个性化辅导，即使在评上特级教师之后，探索的脚步也没有停下来。在成为北京市第一六一中学教学副校长之后，他又带领物理和数学两个学科组探索优秀学生的个性化辅导问题，主要借助社团的形式对他们进行培养，让这一层次的学生也能得到充分的发展。

第二，什么是真正的均衡。

教育上也存在小学、初中和高中各管一段的问题，如何做到跨学段协同，也是我们应该思考的问题。

⑤应试与课题研究的关系：做研究是让领子从蓝变白的活。

我跟校长的共识其实就是，不做研究好像不影响今天，但肯定会影响明天，师资力量明显就会弱下来。

应试事实上是最简单的劳动。而做研究，加强课堂教学的有效性，是个长期的活。

教师从教书匠走向教育家，中间必经的路径就是静下心来，真正看到教育现象背后的深层次问题，通过理论学习和思考交流，采取行动来解决这些问题。

(2) 职业探索

王运淼曾经这样概述他是如何开启自己的教师职业生涯的。

1990年，我大学毕业，由于很难在北京找到对口的工作，因此选择留校，在北京师范大学第二附属中学做电教教师。一次偶然的机会，没有参加过教育教学实习(北京师范大学电子系是非教育专业)的我，为生病的教师代了两个月的高中物理课。这两个月的代课经历让我发现自己具有做教师的潜质：身为理工科学生，文史修养还算深厚，喜欢戏曲、相声、评书，善于表演。在学生、教师和校长的赞扬声中，我有了成功的喜悦。从此，我喜欢上了物理教师这一职业。

通过对王运淼的访谈和阅读他提供的资料，我们能深切感受到他不但健谈，而且擅长写作，所写作品思路连贯、文字流畅，这些有利于他在众多教师之中脱颖而出。他喜欢的东西极其广泛，如戏曲、相声、评书和表演等，并能将这些自然运用于日常课堂教学，提高教学的艺术性与趣味性。

他用这样一段话概述了他辉煌的职业历程。

三十年的教学工作经历使我深深感觉自己是一个幸运的人：能够从事自己热爱的事业；在从业之初，前辈教师的悉心指导让我较好地继承了西城区物理教学的优秀传统，深入体验了三所学校(北京师范大学第二附属中学、北京市第四中、北京师范大学附属实验中学)的教育理念、教学传统、文化氛围；行政管理工作的历练无形中提高了我各方面的能力。

①职业探索：阅尽人间，方得始终。

第一，小时候从来没想过当教师。

他在自述里谈道：

从儿时起一直到大学毕业，我有过各种梦想，可是从来没有想过将来做一名中学物理教师。

1986年我高中毕业，取得了优异的高考成绩。我的母校特别希望我报"清北"，为母校增光。可惜当时家境不允许，每月只有父亲几十元的工资，弟弟和妹妹还都在中学读书。听说上师范学校不仅不交学费，每月有补助，而且师范学校内有不做教师的非教育专业。因此，我补填了北京师范大学无线电电子学系提前录取志愿，在"可否服从校内其它专业调剂"栏内我写的是"否"。

就这样，我与自己理想的大学失之交臂，以高于北京大学录取线的高考分数被北京师范大学提前录取，这也算是人生的一点遗憾吧。

第二，短暂的经商经历。

王运淼曾经在教学一年多之后，办理停薪留职下海经商去了。

那时候就经常怀念那一年多的教学岁月，觉得太有乐趣了，讲课也有乐趣，跟学生交流也有乐趣，而且就觉得那种环境特别好，所以等两年之后，学校问我回来吗，我就回去了。从此越来越喜欢。

经历过其他职业之后，王运淼最终发现自己最喜欢的还是做教师，这段经历让他坚定了职业信念与追求。

第三，努力挣脱行政职务的束缚：一般就逃了。

王运淼对自己的职业发展始终有清晰的规划。他不想做行政，一直都在努力从行政管理回到专业职称晋升的轨道上。

凡是调离工作的时候，一般来说都是学校不想让我老做老师，想让我做行政的时候，我一般就逃了。附中我逃得快，几乎什么都没做；四中做了两年教学主任，实在不想做了，为什么？不觉得有乐趣。

②职业追求。

王运淼从经历了不想做教师、偶尔代课、经商不利、怀念教学、优秀教师、始终带高三、想到非毕业年级做教学研究的过程。为了能继续从事教学研究，王运淼从一所学校进入另外一所学校，并向这所学校的校长提出了四个要求：第一不做行政，第二不做班主任，第三不带竞赛，第四暂时不带毕业班。

王运淼也有其他一些经济方面的损失。

其实实验中学当时进老师的时候，要么就给找远一点的房子，要么当时至少补贴十万。

提出四个条件，牺牲很大的经济利益，王运淼最想得到的是什么？

就想研究非毕业班的物理教学干点什么，因为之前基本上都是在毕业班。

由此也能看出，优秀教师想搞点真正的教育实验研究还是会遇到很大阻力的。优秀的教学成绩成了他开展自由教学研究的阻碍，学校总是希望能保持这样的升学优势，有经验的优秀教师便被固定在了毕业年级。王运淼一直在努力跳出这个循环。

③身份变迁。

王运淼深耕教育系统几十年，完成了从普通教师，到教研组组长，到区教研员，再到现在的教学副校长等多种角色的变迁。下面主要陈述他作为名师工作室主持人和教学副校长引领他人学习的历程。

第一，名师工作室主持人。

主持人的角色和职责促使王运淼在教师学习的道路上一直努力带头奔跑。他负有带领一批物理骨干教师进行学习和研究的职责，以一己之力引领区域物理教学发展呈现良好态势。他引导教师在日常教学中注重培养学生的自主学习能力；在教师能力建设方面，改变物理教师对实验教学的落后认识，提升他们的物理实验技能。

名师工作室这个团队中有十位左右的骨干教师，剩下的二十几位一年一换，在西城区推广了三年。我离开区教研工作之前，搞了三年，带动了六七十位中青年教师研究高中物理实验教学。其实更多的是一种教师培训，实验教学是教师教学中的短板，好多教师对实验教学没那么(重视)。

一线教师注重运用课堂观察、师生访谈、问卷、研讨等多种方法开展中学物理实验教学方面的研究。重要的是，这种研究与现在课程改革注重培育学生的核心素养和实践创新能力是非常一致的。这说明王运淼几十年来的思考与实践是符合教育发展规律的，是符合国家课程与教学改革趋势的。他的探索在他所在区域乃至更大范围都有着很好的引领作用。

特级教师为什么总是能引领学科教学改革呢？他们的很多探索都能走在课程改

革的前面，与多年来他们对教育、教学、学生发展本质层面的思考是离不开的。他们不会只把目光放在当下学生的中高考成绩上，他们更多的是思考学科教学对学生终身发展的意义，对国家和社会发展的价值。

在西城物理名师工作室中，王运淼带领其团队以实验探究教学为研究的切入点，以提高西城区物理教师团队的实验教学能力，引领教师在实验教学中熟练掌握并灵活应用探究式教学方法，发展学生的科学思维、科学探究等核心素养。

第二，教学副校长。

2014年评上特级教师，2017年评上正高级教师后，区教委也找我做工作，我也想到一所学校做一个试点，把我的自主学习思想推向全体(学科)。

王运淼开始考虑在更广泛的学科教学中开展自主学习，于是，他接受了教学副校长一职。这与一直逃离行政职务不太一样，因为他已经有了一些研究心得，原来心中的疑问部分已经得到解答。他是这样认识教学副校长角色的：

校长是干什么的，最主要的就是协调各学科，每一位老师都想干好自己的事，如数学成绩想突出，你得在你应有的时间范围内努力，你占用学生的精力也应该是按照你应有的比例，"多吃多占"的话，你一科的提升有可能影响其他学科。

他旗帜鲜明地反对有些学科教师靠"多吃多占"学生的学习时间来提分的做法。

我能够看到你是怎么提分的，如果靠"多吃多占"提分，那么我不但不表扬，反而会私下批评，公开批评有的时候太伤人。

在成为教学副校长之后，王运淼一直试图将研究方向调整为教学管理，但是一直又很难从物理教学研究中走出来。

我其实几次想转到教学管理的研究上来，但是我离不开，好像脑子里边一直脱不开物理教学研究。

王运淼作为教学副校长，注重引领教师学习研究，带题教学。在教研组组长、备课组组长、任课教师会上，他反复强调以下主题。

第一，师德。

师德的具体表现就是：热爱学生，热爱教学。热爱学生，就应该无私地将自己的爱奉献给每个学生；热爱教学，就应该潜心研究教学，适应现代教育的要求，上好每一堂课。

教师要尽可能深入地理解学生，给予他们真切真诚的关爱，成为学生信赖的朋友和亲人。有了爱和信赖做基础，学生才可能乐于接受对他们的严格管理。教师的严厉要有爱的底色，春风化雨、润物无声是教育教学追求的目标。

第二，核心素养。

从本质上来说，关注学生的核心素养，就是关注"教育要培养什么样的人"这一最根本的教育问题。我认为，教育的本质是让每一个学生在各自的基础上都能得到个性化发展。

在基础教育阶段，我们要有清醒的认识：传授知识易，培养能力难；指导方法易，启迪智慧难；考得高分易，造就人才难。

第三，自主学习。

中学阶段自主学习的基本特征：

建立在学习动机上的一种自我意识应该是——"我要学"；

建立在学习方法上的一种自我意识应该是——"我会学"；

建立在学习意志上的一种自我意识应该是——"我肯学"；

建立在学习评价上的一种自我意识应该是——"我能学"；

建立在学习兴趣上的一种自我意识应该是——"我乐学"。

教师要学习新课标，探索各种教学方式，丰富调动学生学习的手段，从一味施加外在压力转变为更多地注意学生的内在需要，让学生把学习的动机与学习的成就联系起来，真正体会到学习的乐趣，学会质疑、反思，实现学习上的自我调控，有目的、有步骤地培养学生的自主学习能力。

第四，高效工作，健康生活。

高效工作，健康生活，一直是我倡导的。

教师首先要提高课堂教学的有效性，让学生体会到学习的乐趣，激发学生内在的学习动力，让学生学会质疑反思，培养学生的自主学习能力，倡导学生"有兴趣，精做题，多反思，会自学，会交流，高效率"。

以教师有兴趣地教激发学生有兴趣地学，以教师高效地教促进学生高效地学，只有在高效工作的基础上，才有可能追求健康生活、幸福生活。

作为教学副校长，王运淼一直对教学管理改进有着自己的思考。

第一，校长角色最主要就是协调各学科。

校长是干什么的，其中一个最主要的作用就是协调各学科。

第二，高考不越位，避免"长鞭子赶群羊"。

我倡导的是高考不越位，不要追求某科的越位，但是也不能耽误优秀学生。多数学校、多数教师团队善于"长鞭子赶群羊"。所谓"长鞭子赶群羊"，就是在草原上放羊，老弱病残还有身强力壮的羊在一起，后边的跟不上，用鞭子打着往前走，前面走得快的也抽一鞭子，你别跑那么快，这就会导致这个学校里的优秀学生或多或少被压下来。

这背后是王运淼以学生发展为本的思想，教学就是要让每个学生在他已有的基础上获得尽可能长足的发展，而不是拉高就低。

第三，教和学的关系。

看到海淀区有些学校的课堂教学与西城区比其实还有一些差距，这些学校的说法是"我们不重视教师的讲，我们是培养学生的"。但是，王运淼认为，这是不矛盾的。教师讲得好，教师启发得好，能让学生想得更深更远。

2. 学习投入

特级教师的学习独特性更多体现为投入过程的深刻性和结果的有效性。从投入过程来看，特级教师在认知上的投入明显会多于普通教师，他们在个体阅读、日常反思和参加培训的频次上都多于普通教师；从投入结果来看，特级教师都独立承担过多层次课题，能够将理论前沿与日常教学相结合，让理论研究服务于教育教学问题的解决，服务于课堂教学质量的提升，将日复一日的教学变成充满研究意味的改进行动。下文将教师的投入划分为认知投入、情感投入和行为投入三个方面加以分析。

（1）认知投入

①善用图书馆学习前沿理论。

对于物理思维培养和概念教学，王运淼会经常去图书馆查阅各种文献。

只要我想做那几节课，我肯定去图书馆，基本上我们常用的中学的相关学术期刊图书馆都有。

可以看出王运淼具有阅读专业文献的习惯，能够紧跟物理教学理论前沿。

②参加培训增进与同行的对话。

王运淼谈到以下培训项目对他发展产生了巨大影响。

第一，参加首都师范大学名师发展工程，学会了如何以课题研究的形式开展教学研究。

首都师范大学的徐培军老师辅导了我两年，主要是辅导我怎么做课题。以前我不会，就奔着一个主题研究，徐老师这两年帮我捋着做了一遍课题，结题的时候，课题报告是一等奖，非常棒。课题结束之后，我也捋出来一些策略，写入自己书中。

后来，我们查阅了王运淼提供的书稿电子版。书中相关内容主要涉及：如何启发学生自主质疑，学生通过实验探究进行自主学习，给学生提供自主和选择的机会，学生自主阅读教材构建知识体系。

第二，参加北京市特级教师研修工作室。

2016—2019年，王运淼被选为北京市教委组织的"北京市中小学特级教师研修工作室项目（第二期）"学员，用了三年的时间进一步提高团队领导能力和教育研究能力，梳理并凝练出了自己的教育教学思想。

在研修的时候，导师说你再想一个更具体的题目，我选的是实验探究，其实仍然是培养学生的自主能力，只不过我是通过实验探究教学培养学生的自主能力的。

③与专家的交流，获得深度思考视角。

获奖经历使得王运淼有了更多与理论专家对话和交流的机会。

获得的是一等奖，在这个过程中和区里的、市里的甚至全国的专家有交流了。

④勤于做课后反思。

最重要的就是课后反思，你不会做研究不要紧，每节课上完之后想想根据学生的表情，根据阶段的测试，根据学生后来跟你讨论的问题，你看看你上的这节课有哪些成功之处，哪些不成功之处，然后再想为什么成功了，不成功怎么改进。反思每次写几句就行，时间长了就是财富，这是走向科研的第一步。

这些反思的方法都是王运淼自己总结的，因为他正是这样做的。

⑤撰写论文，将自己的思考物化和输出。

在论文写作方面，王运淼有自己的心得。

论文不是因为要评职称硬写出来的，而是你思考、写反思，达到一定程度的积累之后，自然就会从头脑里形成并能用文字表达出来。论文不是编出来的，是平时我上完课、听完课、跟学生交流完之后突然有了心得，就随手写在卡片上，或者随手记在手机的备忘录里。攒多了，到了节假日，我可能用一周或者是更长的时间梳理这些碎片，这自然而然就成了论文。写论文的过程事实上是把自己的教学进行总结反思，并上升到一定理论高度的过程，这才能够推广。

他曾经说到发表第一篇论文时的激动心情：

第一篇论文在我师父的修改下发表之后我十分兴奋，除了别人送我两本之外，我又掏钱买了几本，每天看着书架上那几本书。那么一篇篇论文凑起来之后，我就想把它串成集子。

现在，王运淼虽然已经是正高级教师、特级教师，但是仍然没有停下思考和写作的脚步。他又制订了新的写作计划。

我现在就想再写两本关于物理的书，一本给老师看，一本给学生看，把我三十多年来觉得对学生和老师有帮助的东西总结出来。教学生自主学物理，类似的这种题目，我现在已经有大量的资料，有一些章节打算写出来。尤其现在高考又变了，给老师写的也是如何培养学生的自主性，写得离老师更近一些，老师可参照的东西更多一些。这两本书不再为评职称所用，就是想把自己觉得有用的东西留下来给大家分享。

(2)情感投入：向老教师学习为师之道

有位教师对王运淼影响深远。

教学基本功也好，一些教学想法也好，我想都是受这位老师影响的。

①对待金钱的态度。

这位老教师多少年只教一个班，工作量不满的时候工资是比较低的，身上一点儿铜臭气都没有。

王运淼也是淡泊名利之人，这从他弃商从教、宁可不要房也要教学等选择都能看得出来。

②实验教学。

这位教师冬天琢磨实验教学，在演示室一晚上怎么也得两小时，最后冻得清鼻涕都流出来了，但是他说："运淼，我画出来几条，比现在的实验仪器还要好的。"

③对待教学与考试的态度。

一开始，王运淼也会怀疑这样讲课，让学生看大量的现象和事实，又准备了半天，事实上少讲了好多题，学生考试的时候没有考好，值吗？

其实那个时候是教师引领得好，但我使劲往应试走，后来我在反思，因为我高中是这样过来的，我高中这样就取得好成绩了。

之所以若干年后，王运淼一直想脱离高三，从事高一、高二年级的教学研究，应该也是受这位教师的影响。

④教学真正着眼于学生的发展。

我后来离开北京师范大学第二附属中学之后，尤其是有了自己做教学研究的感觉之后，就像过电影似的在想，他以前对我说的，他以前做的，我觉得这老师太高明了。

可以看到，关键人物对一位教师的影响是潜移默化的。

（3）行为投入

①以同伴教研带动身边更多人开展研究。

学习和研究是紧密结合在一起的。确定了自主学习的研究方向之后，王运淼发现当时相关资料比较少，于是他先是在北京市第四中学带动教研组的同事开展一些研究。到北京师范大学附属实验中学之后，他不再教毕业年级，就有机会在高一、高二年级做实验研究了。一开始的研究主要是将预习作业取代传统练习作业，预习中能完成的课上不再讲，以此促进学生重视课前预习。

②通过课题研究实现系统化思考和持续变革。

培养学生自主学习能力的课题，从2004年到2016年持续了十余年，伴随着王运淼任教学校和自身角色的转变。

谈到课题研究与终身学习之间的关系，王运淼这样说：

首先学习不是被动的，我老觉得你想干一件事，自然而然就要翻一翻人家干过什么。有了大量的案例再找它们之间的联系，想上升到理论的时候，你自然要翻一翻。你不可能自创，这自然而然就是在学习。

③潜心练习实验技能。

受到老教师的影响，王运淼重视实验教学，并且通过三年刻苦的钻研与练习，具备了很强的操作实验能力。此外，他还将实验探究教学作为区域物理教研和培训的重点，提升了西城区物理实验教学的整体水平。

我在住校的时候有三年拿着北京师范大学第二附属中学实验准备室的钥匙，里边所有的器材我都摸过一遍，且不止一遍。所以，准备实验时就不用实验员了，我比他了解有什么，哪些更好，用哪些呈现的现象更好，而年轻老师都是等着实验员给他摆出来，教给他去做才成。实验教学我们这几年在西城区进行得应该是非常好的。学校的老师原来是好多实验都不做，现在都做。

注重实验教学也许会暂时影响学生平时的成绩，但是从长远来看，对学生思维、学习兴趣的培养是极其有益的。

三年之后，他们慢慢就能认可了。从不占用学生的课外时间，我的教学成绩越来越能显现出来，尤其在评教的时候，学生对我的评价甚好。

王运淼在担任区教研员的时候会带领区里的物理教师进行定期教研，后来，成为北京市第一六一中学教学副校长之后仍然以名师工作室为载体，辐射带动本校和周边学校物理教师继续研究实验探究教学。

关于实验教学与自主学习的关系，王运淼认为：

通过现象分析得出一些结论，通过观察，带着看到的问题去想一想，从问题到知识突出探究的过程、思维的过程，所以还是在顺着这条线走。

可以看出，学生自主学习研究一直是王运淼教学研究的主线，关注教也是服务于学生的学。

3. 学习需求

教师职后学习的需求更多源于解决教育教学工作中的现实问题的需要。当然，有些问题来自教师自身的思考，有些问题来自外部课程改革的要求。在王运淼身上，我们看到了教师内在思考的动力。

(1) 如何让学生产生自主学习的动力——从外部动机到内部动机

现实中，很多学生的学习动力来自考试成绩带来的压力，这是一种外部动机，学生被外部因素左右。如果以外部评价为参考指标，学生的兴趣就容易出现波动。兴趣、探究属于内部动机，培养学习的自主能力就是让学生成为学习的主人。

王运淼的自述：

大概在 2002 年，我就开始想培养学生的自主性。近十几年来，我主要研究如何提高中学物理课堂教学的有效性，研究如何通过课堂教学让学生体会到学习物理的乐趣，激发学生内在的学习动力，让学生学会质疑和反思，培养学生的自主学习能力。在教学中，我一直倡导学生"有兴趣，精做题，多反思，会自学，会交流，高效率"。在高三物理复习教学中，我坚持提高中低档题的正确率、找题做题不如查错改错、让学生保持好心情和高效率、让学生明白复习是自己的事等方针。

①培养学生的学习兴趣。

以下是王运淼作为学科教研组组长采取的举措：第一，教师要反思为什么学生对物理的兴趣低；第二，各年级物理组开展行动研究，围绕如何培养学生的兴趣展开研讨，并在教学中进行尝试；第三，积累案例并交流；第四，总结经验。

②有意识、有步骤地培养学生的自主学习能力。

王运淼认为高中三个年级培养学生自主学习能力的侧重点不同。

高一的重点是培养学生的学习兴趣；高二的重点是引导方法，如培养他们学会质疑，学会反思；高三的重点是为学生创造一种氛围，锻炼学生的意志。整个高三的复习是以自主调控为主的，更多是指导学生查漏补缺。

③培养学生的预习习惯。

王运淼认为，物理教学有预习、听课、复习、做作业四个环节，这是个良性循环的过程。他用第一人称描述了学生预习和不预习的两种学习状态。

今天我预习明天的课了，那么第二天我听课的时候，就能有重点地听，带着问题听，听课效率高了，复习时间短了，做作业时间短了，我又有时间预习第二天的课程了，这就形成了良性循环。许多老师把预习去掉了，学生听课就十分盲目。我不知道这节课老师要讲什么，讲到那儿的时候，突然意识到我不明白，讲过去了，老师也没从学生的表情上看到不明白，那么这样课堂效率低了，复习时间就长，做作业时间就长，没有时间预习第二天的课程了，造成了恶性循环。

王运淼还特别强调预习的重要性。

我倡导学生必须预习，要看书，我不再留别的作业。我今天说明天要讲什么，你们必须看这一部分，找出问题来。但要是今天其他学科的作业留得很多，明天必须交，这肯定就把我预习的作业给挤了。谁都认为这是一个好的方法，但如果学科之间协调不好，就很难完成。但是我也坚持下来了。

可以看到，王运淼有非同常人的毅力。只要是他认准的方向，他就会克服万难，不折不扣地去实施。

(2) 如何让学生有效率地学习——提高学生成绩有方法

①精选习题高效训练。

在应试这件事情上，王运淼坦诚：走了弯路之后，慢慢得找一个结合点，既关注学生未来的发展，也关注中考考成绩。西城区有一种说法——提高中低档题的正确率。原来是只听说，不理解，后来慢慢就理解了，然后我还不断去解释这句话。

王运淼一直提倡学生精练，不能用题海战术。对于高考物理的一百多个知识点来说，一个知识点乘十道题，从不同角度去阐释知识点，也不过是一千多道题。事实上有许多学校是三千道题，甚至更多。我想，能不能用十五道题就把学生对知识的理解、对基本方法的理解都训练出来？我带着全区也提炼过十五道题。

②教会学生查漏补缺。

学生应该有效率地学，掌握一些学习方法。王运淼特别注重教学生查漏补缺。找题做题不如查错改错。学生查改的时候，事实上就是在自主反思，查漏补缺。

③个性化作业。

王运淼对个性化作业的探索特别符合当下"双减"政策对教师提出的教学要求。

我会记录学生一年的信息，他哪次作业、哪次大小测验出错了，我都有记录。我定期发给他一张印有他名字的试卷，针对他以前的问题，给他做一些变形，带给他一些思考。

④让学生保持好心情和高效率。

学生不是学习机器，即使在初三和高三这些学习紧张的年级，学生也需要保持丰富的生活。有的教师认为我使劲压学生，就能压出成绩来。高中学业压力之大众所周知，但也不能因此就让学习成为学生生活的唯一，即使到了高三也不应该这样，适当休息反而能提高学生学习效率。适当的外在压力能转化成内在动力，过度的外在压力就把学生压垮了。

高考前一个月，有个学生过来，说他最近每天晚上回家第一件事是玩会儿游戏，不然作业写不下去，问我要不要改掉玩儿游戏的毛病。我说改不了，离高考还有一个月，玩，只要你限定时间，这件事做完了之后，能够踏踏实实学习就行。后来我亲自给这个学生的家长打电话，这个学生后来考上了清华大学。

⑤考试命题研究。

王运淼身为高考命题专家，对命题与测评也深有研究。

我多年参加高考命题，会从大量现象中提出问题，再从知识到应用，这就是问题—知识—应用的过程。好多老师将知识到应用浓缩成了做大量的题目，将做一篇篇的题目当作应用,其实这只不过是应用的一部分。即使这些题会做了,让学生定性分析一件事,他依然有可能不会,因为忽略了获取知识的这段过程。现在北京物理高考题中,探究能力的题更多体现在获取知识的过程。比如说,有一道考题是课本上根据能量守恒定律推导闭合电路欧姆定律原封不动的一段话,将推导搬到试卷上去,百分之七八十的人不得分。基础性就是知识获取的过程中体现了思想方法,不应该是老师告诉他的,不应该是他死记硬背的,不应该是大量习题训练后得出的技巧,这不是思维。

(3)学科育人价值到底在哪里——如何走出应试怪圈

①刷题让人身心俱疲。

我记得高考正考物理的时候,我看完题后,觉得太累了。

②刷题只会让学生觉得物理学习没意思。

王运淼时常思考物理教学的育人价值,认为刷题只会让学生觉得物理学习没意思。

就这份题,我们做了多少无用功,走了多少弯路!学生说做题没意思,我也在想是我没有教给学生物理是什么。学生跟了我三年,你说学什么了他肯定说不上来,但是他会说你只要拿出高考范围内的题我都会做,这不是物理,限于毕业一年之内,很快就忘了,对吧。老师有的一课不停,一节课讲五六道,更多细节甚至都板书出来了。学生干什么?记录,模仿,这培养不了思维。

③应试经历促使王运淼确定研究方向。

这些触动我从2004年开始在北京师范大学附属实验中学高一和高二研究如何有效地进行非毕业年级的高中物理教学。

(4)如何让教学对学生产生吸引力——教学语言艺术

教学语言艺术是教师非常重要的一项基本功。在王运淼的书稿中,他认为锤炼课堂教学语言是非常重要的。他主要从教学语言艺术的具体特征(逻辑性、创造性、教育性和针对性、情感性和激励性)、重要作用、运用原则、最佳实践模型等方面进行了论述。他还对学生胆小害羞、在课上"开小差"、"找茬儿"不合作、课堂需要营造积极向上的氛围四种情况下的教学语言使用进行了具体描述,特别具有操作性。

4. 学习阻碍

优秀教师到底应该聚焦教学研究还是转向行政管理？王运淼在其职业生涯中，总是带高三，有升学压力，没法进行教学实验。校领导总想让他做行政工作，如教学主任。最终，他决定在非毕业年级搞教学研究。

(1) 阻力一：升学和成绩的压力

在北京师范大学第二附属中学和北京市第四中学的时候，由于教学成绩突出，王运淼常年被安排在高三年级。一开始他也会关注高考成绩，但是他发现应试事实上到一定程度是无趣的，不管是对教师还是对学生。

高三的师生都不敢去做一些新尝试。后来，他去了北京师范大学第二附属中学，就是为了能够在非毕业年级搞一些教学研究。

在实验中学的七年只带了一年高三，剩下的时间都在带非毕业年级，有阻力。

(2) 阻力二：其他教师的传统教法

实验教学研究由于会利用较多的课上时间让学生做实验、讨论与思考，学生用于练习的时间相对较少，因此会导致学生平时成绩低于平行班五至十分，这种成绩的差距会带来很大的压力。

讲牛顿第二定律，你用两节课时间通过实验领着学生探究，其他教师只用十五分钟演示，实验完了之后，剩下的时间又讲了几道题，牛顿第二定律这节课就过去了，最多是分组实验的时候再给一节分组实验课，不管学生做成什么样，写个实验报告交上来就完了。可是到章节考试的时候，他做的题我没做过，一下就得差五至十分。这种压力是一般老师承受不了的。

(三) 学习特征概括

王运淼整个教师生涯中的学习经历主要呈现出以下几方面的个人特质。

1. 善于分享

学习的发生首先取决于学习者对某项事物产生了兴趣。王运淼在谈到学生学习和教师学习问题时都特别强调兴趣的重要性。

我可能是因为对这件事感兴趣了，每次上完课，看到学生那种满意的表情的时候，我都会兴奋好几天，老想跟别人说一说，回去跟夫人说一说，然后跟其他同行说一说我上了节好课。每学期我要是有那么一两节好课，我便会给我师父寄过去录像光盘。最初能够在区里显露出来也是我上完一节好课后，实在憋不住，然后请教研员帮我看看，我觉得还特别有意思。

后来，正因为能够不断地与教研员分享自己的好课，所以获得了更多的展示平台和发展机会。

我大概经历了这样一条发展线路：爱思考—愿上课—善写作—勤分享—受关注—获平台。

北京市第一届教学设计大赛，师父推荐了我的课。我一想这节课是我很早以前给他的，获了一等奖，后来教研员就开始认识我了，我又不断地给他展示我的课，之后他就会推向全国。在这个过程中我不自觉地变得爱思考、爱学习、爱研究了。

即使到现在，王运淼的课堂依然会向各个学科的教师开放。

我现在讲课时校内校外的不会少于六个人听课。我第一年来北京市第一六一中学时，他们一听我是特级教师、正高级教师，又是副校长，还要上一个班的课，各学科的老师总是会来班上听课。特级教师就得要有这种担当。

2. 文理兼修

王运淼虽然任教物理学科，但无论是上中学和大学的时候，还是现在，他都更喜欢读文史类的书，这也是他和一般理科教师不一样的一点。

我在中学时喜欢的学科是文科，但是当时高考的时候也是被校长说服了，去考了理科，我现在阅读的书籍一大部分是文史类的。我在北京师范大学学习的时候，进入文史阅览室，常常一个人坐在那儿看书，看一晚上，看得兴趣盎然。我觉得可能这个底子对我后来做老师非常有帮助。

除了读书涉猎面广之外，王运淼也注意多听各学科优秀教师的课。

我在北京师范大学第二附属中学成长很快，当时校内几乎各科有名的老师的课我都听遍了。

3. 高效工作

王运淼多年来一直倡导教师高效工作，健康生活。

高效工作才能健康生活，咱们都别说幸福生活，现在好多老师离健康生活很远。老师高效地教促使学生高效地学，老师有兴趣地教促使学生有兴趣地学。

他观察发现，现在很多教师常常抱怨时间不够用、课时不够用、教学内容多等，这是因为讲的东西太多了。

你要明白对于你这个班的学生，哪些不用说他看书就会，哪些说了多数人也不会，你需要下大力气的是设置一些学生课内能学会的环节，领着学生研究。每次课就几个环节值得讲。好多老师还讲学生已经会的，讲得学生都烦了；不会的因为好多老师也不会，所以他讲课也不讲。

即使现在担任教学副校长工作，王运淼依然前一天确定第二天的必做事项，进校后提前跟相关教师约好时间；另外，该下属负责的工作他绝不包办。

4. 学生视角

王运淼的教学较早地关注到了学生层面的需要，这可能源于他学生时代的经历。

我比一般人早上了两年学，一直在比我大两岁的群体里学习，总是在看人家怎么想。可能好多老师需要多想想，如果心里眼里没学生，那么这课上得自然就是他一言堂了。

5. 内驱力强

学习就是一种自觉。

如果没有他人逼迫自己去学习，那自己就没有兴趣了，没有兴趣怎么能学得好呢？学习更多是工作需要和发展需要。

学习更多是一种内在驱动力。

我这种性格不受压，调动工作是因为压力大了。

成人的学习伴随着他发现问题、思考问题和解决问题的过程。

在确定自己研究方向之前，学习是一种探索，确定了研究方向之后，学习就是为了解决问题。好多老师问我为什么要研究自主学习,因为我发现我的学生都在被别人操控着学习,不是自主地学习。所以我想研究怎么培养他们学得更好,发展得更好。

6. 理实相生

王运淼进行行动研究基本上有两条路径。第一条是先明确实践中的问题,再从理论研究中寻找恰当的指导理论,之后进行实践与总结,最后梳理出对实践特别有指导意义的教学策略。

慢慢我才知道自主学习这个名词,翻阅书刊的时候才知道自主学习能力原来提得这么响。

第二条路径就是在高校理论专家的指导下进行有目的的实践,并总结成为案例,使得理论更加丰富。

季苹教授的理论中有大量小学的案例。看完她的理论后,我得想想我教的这些课哪些能贴上边;在这个理论的指导下,我可以再发展出哪些课。

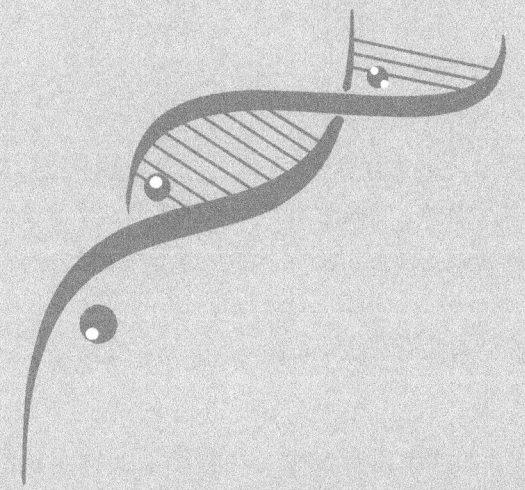

九、学生一直推着我往前走

——化学特级教师吴卫东的专业学习之路

个人简介

吴卫东，1988年毕业于首都师范大学化学系，任北京服装学院附属中学化学教师；1996年被调到北京市第八十中学任化学教师和化学教研组组长。2004年开始连续两届被评为北京市中学市级骨干教师，2006年获得朝阳区"首届教育教学成果奖"，2009年被评为"全国中学化学教学改革先进个人"，2010年成为北京市中学市级学科带头人并被评为"北京市师德先进个人"，2011年获得"首都劳动奖章"，2014年被评为北京市特级教师，2015年被评为"北京市先进工作者"，2017年被评为"北京市中小学'学生喜爱的班主任'"。所带班级两次被评为"北京市优秀班集体"。

（一）个人学习小传

1988年首都师范大学毕业时，我带着帮助学生设计人生、改变命运的想法，走进北京服装学院附属中学。1996年，我被调到北京市第八十中学任化学教师，该校追求卓越以及自由开放的学术氛围让我耳目一新。我为自己能够加入这个团队而感到高兴。

从一所中学到另一所中学，兴奋劲儿过后，巨大的压力使得我不断深入学习化学理论，并把学习结果深入浅出地运用到课堂教学中。每个学期我都要承担一到两次区级和市级研究课，这不断锤炼着我的教学基本功，使我的教学水平逐渐提高。随着教学的深入，我在想，用大量时间把学生训练成做题"机器"，这种"机器"究竟对社会有多大用途？人的价值不应只终结于高考，高中教师除了要关注学生的高考成绩外，还应该关注学生的未来发展、自主学习能力、创新意识和能力。那段时间我被这些问题困扰着。2001年，我有幸成为北京师范大学王磊教授主持的"初、高中化学课程标准研制及教学改革"项目的实验教师，从这之后我才有了答案。那段时光，我十分忙碌，但痛苦并快乐着。我第一次接触到"科学探究"理念。为了设计一节课，项目组成员不断地往返于白家庄和北京师范大学之间。为了一个问题，我们查阅各种资料。为了得到一组真实的数据，我们反复修改调查表，有时我们也会争执得面红耳赤。不久，我的课堂发生了改变，过去我洋洋洒洒的一言堂的教学，被学生的各种提问代替。学生不仅关注考试题，而且关心生产和生活中的实际问题，并且由于问题是学生自己提出的，因此学生讨论和学习起来更积极主动。这次经历让我真正认识到了什么是严谨认真的科学态度，什么是学术研究。

北京市进行新课程改革后，课时、教学资源、教学方法、教学评价等都发生了很大的改变。为了让教师更快适应新课程教学，学校搭建平台，支持我带领全组教师参加北京师范大学组织的"高端备课"课题研究。这个团队有课程专家，如王磊教授、刘克文教授；教材专家，如潘红章教授、尹冬冬教授；教学专家，如许多北京市特级教师。为了上好一节课，我们经常利用周末的时间从早上一直研究到晚上十点，偶尔产生偷懒的念头，也会因身边这些长者始终保持认真严谨的态度而感到羞愧。他们在帮我们解读课程标准和教材、转变教学理念的同时，深入课堂教学一线，反复磨炼课堂教学，将新课程教学实实在在地展现在每一位教师面前。长期的研究与实践使我们对教材、课程标准、教学的理解进一步加深，整体教学水平得以提升，同时也在校本课程研究、化学特长生培养方面都有重大突破。当然，教学能力的提升受惠最大的是我们的学生，他们在各种化学活动和比赛中取得优异成绩，高考成绩也大幅提高，为今后的发展打下了良好的基础。回顾自己的经历，我觉得应该在以下几个方面多做努力。

不忘初心，坚定信念。从踏上讲台的那天起，我相信绝大部分教师都有一颗真诚的心，立志成为一名优秀教师。但随着国家的发展和社会的进步，国家对人才需求的变化引起的教育教学改革，以及社会的包容性增强、家长的价值观多元化、个人在教学各阶段遇到不同瓶颈、外部环境出现各种诱惑等，我们难免会在实际工作中产生迷茫和困惑。因此，我们要不断学习，与专家沟通，了解和理解国家、社会、家庭对人才需求的发展，求教专家指点迷津，及时消除思想和行为上的惰性，不因暂时的挫折而动摇初心，始终以愉悦的心情投入工作，有爱人之心，有育人的动力，让自己始终保持坚定的理想信念。

与时俱进，发展专业。教师专业化要求教师在整个职业生涯中，通过专门训练和终身学习，逐步习得教育专业知识与技能，并在教育专业实践中不断提高自身的从教素质，从而成为教育专业工作者。教师的专业化程度是教育质量的决定因素。随着教育改革的深入，课程标准发生变化，教学内容、育人方式、评价方式不断改变，教材版本多样化，信息化技术的使用在常规教学中逐步常态化，学生学习方式发生改变，新的教育教学理论层出不穷，这些都要求我们能自觉、自主地学习，不断优化自身的知识结构，提升自己的学科专业水平和教育教学理论水平，并通过教学实践，不断超越自我，惠及学生。

不断实践，感悟真谛。培根铸魂，启智润心，这八个字不但包含了丰富的教育内涵和哲理，而且揭示了教育工作者的重要责任。教育的真谛是我们每位教师在成长过程中不断探索和追求的。知识的传授，大部分教师可以进行；但是人格形成的教育，却需要更高层次、具有更高素养的教师来承担。相信每位成熟的教师在教育生涯的各阶段都会因自身的阅历不同，面对的学生和家长群体不同，以及学生在不同阶段"三观"的发展和形成的差异，产生不同的教育思路和想法，对教育形成不同的感悟，由此产生相应的教育教学策略。我们应该在不断学习和交流的基础上，突破原有的观点和做法，创新实践，领悟教育真谛，不断梳理自己的教育教学特点，形成自己的教学风格。

一名优秀教师总是在教育教学过程中不断学习、探索、反思、总结，让自己深刻领悟教育真谛，从而成为有坚定的教育理想信念、精深的学科专业水平的学者，形成自己的教育特色，更好地为学生服务。

(二) 学习叙事分析

吴卫东是一个经历很简单的人，只待过两所学校，一直在教学岗位上勤恳工作、踏实研究、认真带班。他不但教学成绩突出，而且近三十年来一直承担班主任工作，获得了很大的成功。所带班级两次被评为"北京市优秀班集体"。

梳理学习动机、投入、需求和阻碍之间的关系，我们看到的是一位特级教师在教学、研究、带班和指导后辈教师等不同工作中的投入，至于投入的情感、时间、精力的多少，则取决于工作满足其需求的程度。教师的需求不外乎成长空间、他人认可、经济收入等。在每个成长阶段，各种需求排序可能有所不同，这是由动机决定的，而动机又受价值取向的影响。总之，在教师整个职后学习历程中，动机决定需求，需求决定投入，教师克服各种学习阻碍的意志和行动取决于其动机的类型和强度。因此，我们可以先描述教师的显性情感、认知和行为投入，包括教师克服各种学习阻碍的努力，再分析其背后的需求与动机，这样更能剖析出教师学习背后的作用机制。

基于建构主义的视角，赵明仁等人认为教师学习是反思性学习，是教师主动发现和探究的自我更新过程。情境学习理论认为，教师学习是学习者不断参与实践共同体的合法的边缘性参与，是意义的获得、身份的建构和共同体的形成的过程。从社会文化视角出发，研究者将教师学习视为教师在合作的氛围中构建群体学习文化的过程。成人学习理论取向将教师看作特殊的成人学习者，教师学习是基于问题和现实需求的内部驱动，是个体经验和自我概念的积极的、持续的变化。基于生态学取向，王凯将教师学习指向教师的生命成长，认为学习是行动者与环境动态交互作用的结果。[①] 吴卫东从一位普通教师成长为特级教师，离不开化学教学研究共同体内教研员、高校专家、教研组组长、同事的帮助，印证了情境学习理论提出的从共同体边缘到中心的参与过程的观点。

1. 学生推着我走：满足学生的需求成为学习的最大动力

吴卫东曾经面临学生群体的四次改变，每一次他都需要通过多种学习获取相应的实践性知识，以便在教学上做出调整，从而重新适应学生的发展需求。施洛斯伯格及其同事具体描述了人们在应对跃变时会拥有怎样的优势和劣势，即资源和缺失，可以用"4S"来概括：情境（situation）、自我（self）、支持（supports）及策略（strategies）。个体是如何评估跃变的，是积极的、消极的抑或是漠不关心的？当个体遭遇跃变和应对跃变时，他的自我控制感如何？他的内在优势何在？他所拥有的社会支持有哪些类型？最后，个体是否拥有足够多的策略以应对跃变？个体所拥有的优势和劣势的比率能帮助我们解释"为什么不同个体对同样的跃变有不同的反应

---

① 黄攀攀：《中小学教师学习投入与社会支持的关系研究——基于上海市 M 区五所学校的调查》，硕士学位论文，华东师范大学，2018。

方式，为什么同一个体在不同的阶段对同一类型的跃变反应也是不同的"①。我们可以借用这个理论模型来分析吴卫东四次面临学生学情跃变时的自我认知、获得的支持及他所采取的行动策略。

第一次是1988—1996年，吴卫东刚大学毕业，年龄与学生比较接近，能更好地了解学生心中所想，教学特别注重激发学生的兴趣。

普通学校可能更多的是让学生爱学。刚毕业时我爱玩，也带学生玩。我能跟他们凑在一起，跟学生沟通得也比较好。

这个阶段，吴卫东之所以能够对学情和自我优势有清晰的分析，主要是因为获得了来自教研员的专业支持。

教研员对我特别好，经常来听课，经常做指导，给了我很多帮助。

第二次是被调入示范学校之后，吴卫东面对新学校、新学生和新工作内容，认真分析当时的各种优势和劣势，积极应对，主要采取了自主读书和参加培训两种策略。

1996年2月，我到这边来，两边学生反差特别大，同时我又当班主任，不太习惯。那半年其实我特别煎熬，既要适应新的教学环境，又要适应新的学生。

但是这里的学生学习动力足，学生成绩也较好。

对于好学生，你把内容给他讲明白了，然后鼓动他自己去学习，就都没问题。

除了日常教学之外，吴卫东也开始指导优秀学生参加竞赛。

1997年和1998年，我也开始指导学生参加化学竞赛，教学能力有了特别大的飞跃。

面对竞赛小组的学生，吴卫东感到迫切需要通过读书增加自己的化学专业知识。

你一定不能让学生把你"打倒"在讲台上。

满足学生竞赛需求成为吴卫东此阶段学习的最大动力。

成绩好的学生推着我走，逼着我使劲看书，基本上是看化学专业书。那时候我还没有意识到教学教法这方面特别重要，就是想着一定要把学生提出的所有问题都

---

① [美]雪伦·B. 梅里安、[美]罗斯玛丽·S. 凯弗瑞拉：《成人学习的综合研究与实践指导》，黄健、张永、魏光丽译，94页，北京，中国人民大学出版社，2011。

解决了。

结合当时吴卫东所处的年代来看，教师学习基本上是靠自觉读书，也会有少量的专门培训。

20世纪90年代，那时候各种各样的培训还非常少，基本上就是自己看书，但对竞赛教练是有培训的，集中在寒暑假做三四天培训。

第三次是2003年被调入北京市第八十中学新校区。学校大量扩招之后，学生差异变大。

人数最多的年级有十八个班，比我们原先多了三倍的学生。

以前教书的经历开始发挥作用，调动学生的学习兴趣又变得重要了。

有一批学生不是特别喜欢学习，或者说基础比较差，那就得想办法去吸引学生，光靠内容去吸引学生不行，所以这个时候我会去看教育学、心理学等书籍。

新问题出现之后，吴卫东除了看书之外，还注意从高校专家那里吸取智慧。

这段时间，正好有个非常好的学习契机，我加入了王磊老师领衔的北京师范大学高端备课团队。高端备课最早是和我们学校一起做的，2000年、2001年就开始跟我们学校初三一块做，我们合作了有十年左右的时间。这个时候，我们接触到的教育学、心理学方面的知识特别多，有什么事我们直接问王老师。

面对分化比较大的学生群体，吴卫东开始尝试分层教学。

对于基础好的学生，我把知识整合起来，更高效地去教学；对于基础差一点的学生，我就要考虑怎样让这些学生喜欢学化学。

此时，吴卫东也开始聚焦一些专题进行研究。

高考层面的一些东西我差不多掌握了，然后我就转向怎样把这些东西更有意思地教给学生，从而吸引学生。我会做教法方面的研究。我研究过化学实验对提高学生兴趣的作用，还有教材资源的整合，那段时间我主要研究这两块。

第四次是北京市中考政策变革带来学生化学知识基础变化的时期。近些年，北京市经历了两次中考改革，2018—2020年中考五选三选考制度和2021—2023年全开全考四选二计入分值。2024年开始北京市将按照"双减"政策对中考政策做出调整。

当时的中考政策导致九年级不用学化学，学生只要通过会考就行了，但是会影响以后的学业发展。高中学生物的话，没有化学做基础，学生怎么学生物？这两个学科之间的联系断裂了。以前可能是学习基础差的学生没有选化学，现在可能是学习基础好的学生没有学化学，因为生物已经满分了。

2. 学习投入

学习投入是指学习者在学习中的行为、感觉与思考的过程，在文化情境中心理需求（自主性、归属感、能力）被满足时学习投入就会发生。① 对于教师群体而言，其工作本身就是教育性活动，因此其工作与学习投入是密不可分的。有学者认为，学习投入可以从三个方面进行衡量。第一，认知标准，反映个人对学习任务的努力程度。例如，将新知识整合融入旧知识，并通过认知和使用多元认知策略来把握对学习任务的理解。第二，行为标准，反映个人对学习任务的积极反应程度。例如，在学习时的积极反应，包括询问有关问题、解决学习问题、与教师或同学讨论等。第三，情绪标准，反映个人对学习任务的投入和情绪反应的程度。例如，对学习任务的高度兴趣或积极心态。② 这三个标准同样可以用来描述教师的学习投入状况。

（1）阅读书籍

读书，根据理论论述和前人经验解决疑惑，获取行动方向，这更多体现了教师在认知上的投入。20世纪90年代，教师培训比较少，教师的职后学习基本上依靠自主读书。

2001年，参加王磊的课题组之后，吴卫东深感教育学知识的欠缺，开始恶补这方面的理论知识。《教育原理与教学技术》《化学教育测量和评价》《课堂提问的艺术》《创造性思维与教学》等，他前前后后翻阅了不下十遍。他还积极参与北京市信息技术与学科教学整合研究、骨干教师探究工作室活动等，借此来提高自己的理论水平。随着研究的深入，吴卫东对科学探究理念的理解也越来越深，探究性教学逐渐成为他的教学风格。经过参加北京师范大学组织的"高端备课"项目"化学核心内容教学问题及其解决策略"和对朝阳区"双名工程"课题"化学实验探究能力培养研究"等课题的研究，吴卫东发现，一个好的课堂提问能激发学生的探究欲望，唤醒学生的创新意识，使学生成为课堂教学的主体。自此，吴卫东开始关注问题链的研

---

① 姚志坚：《学习投入理论研究综述》，载《顺德职业技术学院学报》，2018（4）。
② 同上

究，将过程性评价融入教学。

看书主要围绕学习的本质，怎样提问，怎样高效学习，主要是看这方面的书。

例如，吴卫东阅读了《学习目标、形成性评估与高效课堂》《教学的艺术与科学——有效教学的综合框架》《新教学艺术与科学》这三本书，梳理出了学习心得：第一，有明确合理、清晰可测的教学目标；第二，有贯穿始终、操作性强的教学线索；第三，有逻辑严谨、驱动性强的问题链；第四，有配合教学目标、导向明确的评价。

（2）专家交流

与专家持续而有深度的思想交流能够启发教师职后在认知、情感和行动三方面全方位地投入。吴卫东曾经在反思中写道："人的价值不应只终结于高考，高中教师除了要关注学生的高考成绩外，还应该关注学生的未来发展、自主学习能力、创新意识和能力。"那段时间吴卫东被这些问题困扰着，直到2001年有幸成为北京师范大学王磊教授主持的"初、高中化学课程标准研制及教学改革"项目的实验教师后这些问题才有了答案。后来，吴卫东又向北京师范大学组织的"高端备课"项目"化学核心内容教学问题及其解决策略"的专家进行长期、持续的学习。

我们做研究最大的依靠就是王磊老师的团队，有什么事我打个电话给王老师，她和她的团队马上就会给出很多比较具体的指导。跟王老师接触的几年，我的观念变化非常大。我开始读一些与教育、学习、教法相关的书。

此外，吴卫东跟其他高校的教师也保持着联系。

我们以前和这些大学老师关系都还不错，比如说严老师、曹旭东教授等，学科上有什么问题，我们基本上也是打个电话，或者说发个信息问问老先生，他们就会给出很好的解决办法。

通过王磊等教师的引导，吴卫东在三十多岁的时候就能够从关注教学、关注成绩逐步转到关注学生，这促使他的发展发生了阶段跃迁，且这种跃迁发生的时间要早于同龄教师。

那个时候正是三十多岁刚刚毕业不久的时候，我讲痛快就行了，给学生讲明白就行了，把学生教会了，他们的考试成绩好了，我肯定就没问题了。

后来，参与王磊的"课堂观察和评价"的课题之后，吴卫东觉察到自己的知识和能力有所不足。

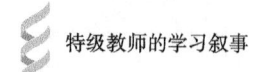

刚开始可能只是在学科知识方面有更多的积累，关于学生各方面的表现和心态积累比较少。

为了能紧跟大学课题组的研究，吴卫东团队利用业余时间进行学习和研究。他们从专家身上学到的不单是学科理论和研究方法，更多的是他们认真钻研的精神。

为了上好一节课，我们经常利用周末的时间从早上一直研究到晚上十点钟，偶尔产生偷懒的念头，也会因身边这些长者始终保持认真严谨的态度而感到羞愧。他们在帮我们解读课程标准和教材、转变教学理念同时，深入课堂教学一线，反复磨炼课堂教学，将新课程教学实实在在地展现在每一位教师面前。长期的研究与实践使我们对教材、课程标准、教学的理解进一步加深，整体教学水平得以提升，同时也在校本课程研究、化学特长生培养方面都有重大突破。

多年后，吴卫东在成长叙事中写道："王磊教授严谨的科研态度、深厚的理论功底、谦逊和淡泊的人格魅力、前瞻的教学观念，潜移默化地影响着我，促使我在教科研道路上不断前进。"在访谈中，吴卫东也就这些老先生对他的影响做出了总结。

第一学问深；第二人品特别好；第三非常平易近人，朴实无华。尤其是去了海南植物所以后，那些老先生猛一看就像农民，但是一进入他们的课堂，感觉真是不一样，用英语、俄语上课，一些资料都是原文，那次对我冲击特别大。

我们去访谈的时候，吴卫东刚刚从实验室里出来，穿着白大褂。这种情感上的激励促使吴卫东在后来的专业发展中投入更多的思考和行动。比如，他总会在一段时期内集中围绕某个问题进行深入阅读，经过思考后形成一些个人观点或行动策略，并在本校教研组进行教学改进实验，通过工作室、指导研究生将自己的观点传播出去，以产生更大的影响力。

(3) 课题研究

吴卫东自2002年担任北京市第八十中学化学教研组组长以来，确定了"以科研带教研、以教研促教学"的教研组建设思想，带领全组教师参与国家级、市级、区级课题研究，并取得了优异成果。化学教研组在课堂教学、校本课程研究、化学特长生培养等方面都取得了重大突破，成为朝阳区优秀教研组。

我们化学组搜罗了不少人才，大家互相学习，互相促进，在这方面学生也有推动我们的作用。

可以看到，吴卫东是学习共同体的一位优秀领导者。

近些年，吴卫东带领教研组围绕"中学化学课堂提问"这一问题进行了持续研究，提出了提问的目的性、可接受性、系统性和情境性四项原则，并提出了四种设计提问的方法。一是将化学结论加工成问题。教师可将教材中结论式的知识转变成问题，使教学内容问题化，让学生亲自参与设计、查询、实验、交流讨论、得出结论的过程，感悟知识的形成过程。二是将教学任务转变成驱动性问题，吸引学生围绕任务尝试探索，形成知识和能力，提高教学效果。三是将网络资源加工成问题。网络资源的科学性、真实性和严谨性良莠不齐，但无论是出色的设计，还是不那么完美的实验，均可以根据教学目的不同，把它们当作教学资源，以充实化学教学的内容。四是可以将实验中的关键点、学生兴趣点加工成问题。对于具体实验而言，每个实验在教学中都可能会有决定成败的关键点和产生剧烈化学现象时引发的学生兴趣点，在教学中将这些"点"加工成问题，可以提高学生兴趣。在吴卫东看来，好的课堂教学是学生在问题的引领下不断探索主动学习的过程。他一直在努力探索课堂提问的来源并设计问题，使问题具有科学性、艺术性和吸引力，从而激发学生的思维，让学生感受到思索问题时的乐趣，使学生的学习方式自主化、多样化、探究化，从而把学习的第一机会真正还给学生。[①] 此外，吴卫东还对化学学科阅读进行了课题研究，并体现了较强的跨学科意识。

学科阅读课题组建立之初，我跟语文学科核心的老师聊过这个事，现在也一直请教语文组的老师参与。

(4) 继续进修

吴卫东主要参加过首都师范大学的研究生班和北京教育学院市骨干教师研修班。

在首都师范大学时跟那些老师去沟通交流，可能和我们当学生的时候是不太一样的。我们可能更多针对一些实际的问题去请教老师。

在北京教育学院时，同伴交流更多一点，我们能够看到北京市优秀教师是什么样的，一些更高端的专家学者会给我们做一些报告。

[①] 王超群：《从"教书匠"到"学者型"教师——记北京八十中学高中化学教研组长吴卫东》，载《中国教育报》，2011-11-15。

类似的培训吴卫东经历过三轮，每轮大概是两年。

因为我们每次评上市骨干和市学科带头人之前都要参加培训，这种学习经历是很值得怀念的。

3. 学习需求：从学科教学到研究学生

每个教师在学校中其实都身兼数职，每胜任每一种角色，都需要用心思考，时时学习。对于吴卫东而言，他主要担任学科教师、教研组组长、班主任、政协委员的职责。

有一年，我在担任教研组组长、组班主任、高一两个班的教学以及"科学创新实验班"项目高中负责人工作的同时，还担任高二(14)班的教学工作。

可以看到，吴卫东承担了多种角色，这要求他同时在学科教学、教研组织、班级管理、课题推进等方面开展工作并进行相应学习。

(1)作为学科教师

作为学科教师，吴卫东特别注重研究学生需求的差异，并根据每类学生的特点加强教学、教法上的针对性。

①研究学生需求的差异。

吴卫东考虑更多的是怎样让学生产生学习兴趣，侧重对教法的学习和研究。

我对化学实验研究过非常长的一段时间，主要是化学实验在提高学生兴趣和高考成绩方面的作用。有一年，我带的班相对比较特殊。这个班级是文科班，总共有二十四名学生，有韩国学生、体育特长生、AP(美国大学先修课程)项目学生，学生的个体差异很大，于是我尽可能按照学生现有水平，根据"会考说明"的要求精讲。

这更让吴卫东体会到了因材施教的重要性。

②研究教法。

吴卫东围绕教学，不断聚焦研究方向，从最初较为宏观的分层教学、实验研究、课程整合，到后来的问题链研究，激发学生提问的研究，再到现在的阅读研究。这种研究方向的选择一方面受个人旨趣的影响；另一方面受外部环境的影响，这种环境既包括大的课程改革方向与要求，也包括他所接触到的高校研究专家。

课程整合和实验研究都是比较具体的，后来我慢慢喜欢上了问题链的研究，即课堂的问题设置。最近几年，我在想怎样激发学生提问，因为老师的提问如果得到学生回应，那么学生能够想出更多的问题来问我，这块我研究了一段时间。我最近的研究是阅读学习在课堂教学中的应用。

化学实验具有提高学生兴趣和高考成绩、整合教材资源等方面的作用。

我特别喜欢待在实验室做实验，将实验中的各种各样比较好玩的东西转化成问题。

项目化学习是近些年比较流行的学习方式，吴卫东在这方面也有所学习和尝试。

我现在正在做一个项目，就是做电池，实际上在高中做电池，特别能吸引学生。

（2）作为教研组组长

困惑产生于有学习需求之时，老组长走了，我就当组长了。那段时间其实我特别困惑。一般新组长上任后老组长会带一段时间，告诉你怎么做，但是我没有受到这待遇。头几年我不知道该怎么去做这些事情，因为没做过，后来慢慢就清晰了。我当时有一个想法，以科研引领教研，然后以教研促进教学。

2002年起，吴卫东担任高中化学教研组组长。他制定了"以科研带教研、以教研促教学"的教研组建设思想，对"化学实验教学对中学生进行创造性思维测试与评价方案"进行深入研究，对课堂评价在实验教学中的作用有了新的认识：过去评价的鉴别功能更多被激励、引导功能代替，学生思维更活跃，更主动地参与教学。该课题也获得朝阳区首届教育教学年度成果奖。

吴卫东带领教研组认真学习科研方法。

"高端备课"课题组反复让我课前调研，课后调研、访谈。从他们做科研的过程当中，我们也了解了做科研到底是怎么回事。他们肯定做得比较规范，我们也是慢慢学习做科研的。

（3）作为班主任

吴卫东做了二十多年班主任，注重培养学生的自主管理能力。很多教师觉得他带班很轻松。

有我没我都一样。班主任告诉学生怎么学习或者指导一下他们调整心态，学生不惹事，能学习就行了。

班主任工作对于吴卫东来说是一件举重若轻的事情。吴卫东对如何培养学生的自主管理能力做了总结。

第一要充分信任学生；第二要有一个比较好的班级团队；第三就是注意老师的言行举止，包括老师本身对学生的要求一定要明确，而且能坚持下去。

吴卫东的班主任工作做得如此出色，离不开他对学生个性的尊重。他相信学生能够对自己的学习和生活负起责任，给予学生充分的机会进行自主管理。他认为，教育学生重要的是把学生内在的东西引导出来，而不是将外在的要求和规范直接强加给学生。他曾经写道：

学生是五光十色的生命体，都有自己的个性，不能要求所有学生一致，要尊重学生的成长。他们离开家到学校求学，教师应是最好的引领者和陪伴者，要有包容之心，给学生时间不断修正自己。

（4）作为特级教师

吴卫东在四个层面上发挥辐射作用：指导青年教师的发展，指导北京师范大学的研究生，名师工作室面向朝阳区骨干教师和优秀青年教师，参与八十中集团校新教师研究班的培训。吴卫东在带教新教师方面也发挥了很大的作用。

我们学校有新教师研究院，我每年也给他们上课，讲授怎样备课，怎样上课，怎样听课，怎样评课。

吴卫东注重引导新教师正确认识科研与教学的关系，主张青年教师先站稳讲台再考虑做科研。

新教师首先要站稳课堂，学会听课和评课，从别人身上汲取营养，这样慢慢丰富自己，经过一两轮教学以后，再考虑教科研。

名师工作室的研究主题是：阅读学习在高中化学课堂教学中的应用。在吴卫东的带领下，一批教师围绕此主题读书、做课、写论文。

阅读学习涉及学习本质，收集信息、整理信息、梳理信息，这些事情应该怎么做？我在工作室可以实现自己的一些想法，青年骨干教师本身有一定的研究能力。我告诉他们一些研究的方法，指导他们去做一些研究课，写一些论文，积累一些资料，以提高他们的科研水平。

吴卫东通过"三步走"将学生阅读与提问能力的培养贯彻到日常教学之中。每个单元第一节课通常是让学生对教材内容进行总结与提问。

高二的时候，我充分利用左右两块黑板，左边记学生总结的东西，如过氧化钠有哪些物理性质、化学性质，右边记学生提出的问题，每次下课我都会记录下来，发给学生，要求他们自己去讨论问题。

第二节课做实验，要通过实验来验证教材上总结出的东西，同时提出一些新的问题。第三节课要解释各种各样的问题，尤其是做完实验以后，各种各样的问题不断启发学生深入思考。

吴卫东认为，处于不同发展阶段的教师，其学习重点也应该有所不同。

对于刚入职的青年教师，我可能会让他去研究教材，研究中高考题。你必须得站稳讲台，除了研究教材和课程标准外，还可以提出一些教育学、心理学问题。教过两三轮之后，他有了一定的实践经验，我再结合一些理论去指导，他可能体会更深一点。对于成熟的教师，学科方面的东西没什么太大问题了，我再去讲怎样提高课堂效率和课堂吸引力。

4. 学习品质

特级教师之所以有更好的教学成绩、更丰厚的理论知识和更大的实践影响，是因为他们比常人思考得更多。世界上的成功从来没有捷径，特级教师将更多的时间用在了学习和工作上，他们舍弃了与家人相伴的时间，更多地奔波在参加培训和研修的路上。他们的成功是持续的理论思考的结果。

（1）坚韧的学习毅力：牺牲周末休息时间，跟随专家进行研究

跟随高校专家团队进行课题研究，需要一线教师在工作之余投入更多的时间用于备课、教研、上课和整理数据。

那个时候我们挺痛苦的，每周末都要到北京师范大学去做高端备课，历时可能是两三年。有时候晚上跟他们磨课磨到一两点钟，一节一节地听，然后再磨。

可以看出，吴卫东在学习上有毅力、有韧性，付出了很多时间。他谈道：

那段时光，我十分忙碌，但痛苦并快乐着。我第一次接触"科学探究"理念。为了设计一节课，项目组成员不断地往返于白家庄和北京师范大学之间。为了一个问题，我们查阅各种资料。为了得到一组真实的数据，我们反复修改调查表，有时我们也会争执得面红耳赤。不久，我的课堂发生了改变，过去我洋洋洒洒的一言堂的教学，被学生的各种提问代替。学生不仅关注考试题，而且关心生产和生活中的

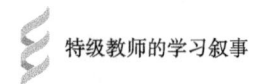

实际问题，并且由于问题是学生自己提出的，因此讨论和学习起来更积极主动。

(2)持续的理论思考：受中考政策影响，研究又回到原点

社会在不断发展进步，各类教育政策不断发布，即使吴卫东这样的特级教师，也会面对很多新的挑战。例如，新的中考政策就给化学教学带来了很大的影响。

我作为组长，要把精力放在怎样让这批没有学过化学的学生到高中后化学成绩最起码不会太差。我把主要精力放在怎样让学生爱学化学上。这实际上是我现在最大的困惑。

这些现象引起了吴卫东对于中考政策的思考。

中考不考化学的话，有部分学生物的学生认为九年级化学及格就可以了，就没好好学化学。改革现在刚刚回到学科的核心素养，但是出现的另外一个问题是学科间的这种联动反应、连锁反应，可能损伤学科内部的一些东西。

这些问题也说明了学生进行生涯规划的必要性。

(三)学习特征概括

1. 满足学生差异性需求成为其学习的原动力

在吴卫东整个职业生涯中，伴随着时代的变迁和教育政策的变动，他所面对的学生群体的认知、心理、学习习惯等方面总是不断发生变化，这些倒逼吴卫东不断深化对学情的研究，调整教学方法，做到因势利导。

2. 将高校专家的理论与一线教师日常教学相结合，从而进行创新性实践

可以看到，高校专家带给吴卫东最大的影响就是让他从关注教学到关注教科研，关注对学生的观察与评价。参与高校课题组、参加专门培训等活动能帮助教师从日常教学、班级管理之中暂时跳脱出来，让他们有机会用所学的新理论去看待惯常的教学、教研、学习等，然后选定一个既感兴趣又符合政策发展要求的问题，带领自己学校的教研组、区域的名师工作室成员在日常教学中加以实验，进行行动研究，促使现实问题得到解决。

3. 自我导向的学习伴随始终

像自主读书、自动反思、自觉研究这些自我导向的学习活动是由教学和班级管理过程中的问题引起的。随着生源和中高考政策的变化，这些问题总会发生变化，吴卫东总是通过多种形式的自主学习去解决这些问题。

4. 成人学习是多种学习方式综合作用的结果

回顾吴卫东整个教师生涯中的学习形式，既有教育机构（北京师范大学、北京教育学院等高校）提供的正式学习，又有相关机构（名师工作室、所在学校）提供的历练机会，还有其自我导向学习所产生的偶发性学习（随时教研与讨论）和非正式学习（自主读书）。教师的学习方式是多样的。正式学习给予吴卫东更多的是理论、理念、方法上的引导，让他知晓条件性知识的重要性。发生在区域和学校之中的教学、教研、指导新教师、课题研究将理论应用与问题解决相结合，并触发了一系列自主学习、自主阅读，这些因素综合造就了吴卫东的一系列创新性实践，使他在问题链设计、学科阅读等方面都取得了有影响力的研究成果。

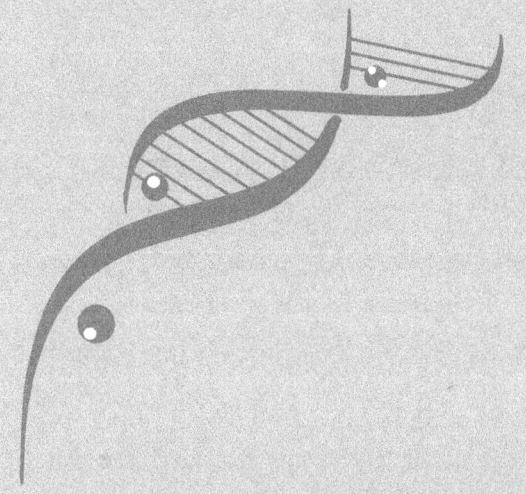

十、一辈子只做一件事:教书
——生物特级教师林祖荣的专业学习之路

个人简介

林祖荣，北京师范大学附属实验中学生物特级教师，北京师范大学基础教育研究员，人教版高中生物新课程教材、人教版生物义务教育教材核心作者，人教版高中生物新教材配套光盘主讲人，人民教育出版社新课程培训专家组成员。长期工作在教学一线，坚持教与研的结合，著有《高中生物读本》（5册）、《好玩的生物学——陪中学生一起阅读生命》等专著，先后在《中学生物教学》《生物学通报》等数十家报刊发表论文200余篇，曾担任《中国考试》《高考》等杂志的学科主编。在全国各地做新课标与新课程、教材教法以及高考复习辅导等讲座数百场。1991年8月至2002年7月任江苏省宜兴市中小学教研室生物教研员，2002年8月至今任北京师范大学附属实验中学生物教师。2000年被评为江苏省中学特级教师，2009年被北京市认定为北京市特级教师，2010年被北京师范大学聘为基础教育研究员。

（一）个人学习小传

2021年的教师节是一个令人难忘的日子，学校给任教四十周年的教师颁发荣誉证书，并让每人说一句感言。"我一辈子只做了一件事：教书。我喜欢教书，一辈子能做自己喜欢做的事是幸福的，我庆幸自己能成为一名幸福的教师。"这是我的感言。回首过往，成为一名教师并不是我的自主选择。1978年我参加高考，江苏省当年的高考分数线是300分，我考了365分。尽管超出分数线65分，但我还是落榜了。幸好当年在正式录取结束后进行了扩招，我有幸在镇江师范专科学校（现并入江苏大学）的扩招中从一名文科生变成了化学专业的学生。在实习的时候，我的指导老师说我性格内向，不善言辞，不大适合当老师。加之我的专业是化学，因此，指导老师建议我毕业后最好能去化工单位工作。但毕业后去哪儿工作并不取决于我的选择，我被教育局分配到了宜兴县张渚中学(现宜兴市张渚高级中学)。

可是不适合做教师的阴影始终笼罩着我，使我自卑，但也促使我加倍努力。经过长期的奋斗，我努力的效果在教学中开始显现。我的课受到了学生的欢迎，所任班级的考试成绩在全市名列前茅。这些教学成效扫去了我不适合做教师的"阴霾"。由于当时学校人才匮乏，按照教师发展的一般轨迹，教学业务上有了成绩，职业发展往往就会向着行政方向转化。但我深知，我天资并不聪慧，我只是通过加倍努力克服了自己的不足，所以我坚持留在课堂教书。在张渚中学任教的十年间，我一直是只上课、只做班主任，没有兼任其他行政岗位，直到市教委调我去教研室担任教研员。

在担任教研员期间，我获得了很多荣誉，如江苏省首批"333人才重点培养工程"培养对象，无锡市优秀教育工作者，无锡市教育科研带头人，无锡市教育科研先进个人，宜兴市委、市政府表彰的宜兴市学术技术带头人和宜兴市青年科技英才，宜兴市优秀青年老师等。我也担任过无锡市政协常委。我似乎应该朝着行政方向走去，但我心里割舍不下课堂教学，无意走向管理岗位。而且，由于教研员的岗位更多是与教师打交道，自己与学生之间隔着教师，因此，我更希望自己能直接在课堂上与学生进行交流。在担任教研员十年后，我选择重新回到课堂。

我在北京师范大学附属实验中学任教期间，学校领导曾对我说，将我作为"人才引进"，是希望我不仅能教书，还能在更大的范围内发挥作用，于是让我担任了教研室副主任一职务。但两年后，我辞去了这一职务，我觉得能更好发挥我的作用的地方还是课堂。学校也认同了我的想法。

每个人的喜好与能力都存在差异。有人似江河，有人似溪流。我只是后者，因此，我只能认定一个方向，持续地前进，既不能奔腾咆哮，也无力漫灌大地。一辈子做一件事可以集中力量，但也容易产生职业倦怠。尤其是在平凡的教学岗位，几十年如一日，如果只是一轮一轮地重复课堂教学，那么最后很难逃脱成为一个平庸的教书匠的命运，职业的幸福感也就无从可言。要避免职业倦怠，就要在职业生涯中不断注入新鲜感，使自己始终能面对一定的挑战，让自己的学习习惯被"逼"出来。

其一是要不断地学习和汲取新鲜的学科营养。一方面是由于我学的专业是化学，在改教生物后存在着先天的不足。面对生物教学，我感觉自己永远存在知识上的缺陷，这迫使我不能停止学习。另一方面是被生物学"逼"的，生物学科飞速发展，更新速度非常快，面对这些更新，如果不学习就难以应对。此外，我感到自己受到了教学改革浪潮的推动，我们处在改革的年代，这些改革逼迫我们不断学习、更新观念，否则就可能在改革中掉队。被"逼"多了，学习也就成了习惯，成了生活方式。

其二是逼自己在教学的过程中"不偷懒"。在年复一年、日复一日的教学中，我们往往会积累下丰富的资料，如教案、课件等，这些资料是一种财富，但如果利用不当，这些也是偷懒的资本。我在平时上课时只保留视频、图片、习题等资料，教案是不保留的。我的教案写在活页草稿纸上，上完课就扔掉。开展新一轮的教学时，我没有以往的教案可参考，所以每一轮课都必须重新准备。我相信，每一轮备课中有价值的东西都会在我头脑中留下印记，如果遗忘了，那说明它不是足够有价值的。正因为每一节课都是重新备的，所以也就避免了机械重复。当然我不反对保留教案，更不反对资料积累。逼自己"不偷懒"的另一种办法是开放自己的课堂。十几年来，我的课堂一直向其他教师开放，每一位教师无须打招呼就可以直接进入我的课堂听课。我平时上的每一节课，教室后面几乎都有听课的教师。开放自己的课堂，主要的目的当然是服务于组内青年教师的成长，对我自身而言，也"逼"着自己上课不能马虎，因为每一节课都是"公开课"。把自己的每一节课当成公开课上，受益最大的当然是自己。

其三是逼自己干点教书之外的"闲事"。一辈子只教书，并不意味着一辈子只备课与上课。有些"闲事"看似可有可无，但决定着一位教师发展的方向。我所说的"闲事"是指那些对教师上课并非必需的事情，因为并不直接影响教师上课，所以显得"可有可无"。比如，写论文，你不写也可以上课，也可以上出精彩的课，但一位教师无论课上得多么优秀，如果不能将体会与经验上升为理论的话，那就只能停留在经验型教师的层面。我是从1987年开始尝试写教学方面的文章的，先是"豆腐干"大小的短文，然后才开始写理论与实践相结合的论文。几十年来，我在各级报纸杂志上发表了二百多篇文章，这些文章是外显的，给我带来了成就感，更重要的是写文章的经验内化成了我教师素养的重要成分。又如，做讲座与录制课程。这些年，我在全国各地给教师做新教材及高考讲座、给学生做学习与高考复习讲座共数百场，录制各类课程也有几百小时。这些事情对一位教师来说看起来是"闲事"，但相对于日常上课，这些工作具有特定的要求，具有挑战性，逼着你学习与思考。再如，校本读本的编写。随着课程与高考改革的深入，我觉得最好能有一套适合本校学生阅读使用的校本教材。2010年开始，我以"林祖荣工作室"的名义，组织组内教师编写《高中生物学读本》，并在此后的每一年都进行修订与试用。2017年新课标修订，我们在此基础上又对读本进行了较大的修订，《高中生物必修读本(上、下)》和《高中生物选择性必修读本(上、中、下)》分别于2020年、2021年正式出版。读本的编著既不是学校分内的工作要求，也不是教学所必需的。做这件事的目的除了服务学生的学习、促进组内教师共同成长外，还有一个"自私"的目的，就是逼自己不要停止学习与研究的脚步。

回顾自己的教学生涯，就是做一个普普通通的教书人，但我无悔自己的选择，教书让我感到快乐、幸福。

(二)学习叙事分析

苏霍姆林斯基在《给教师的建议》中提到教师要对自身的教学实践进行反思性记录，强调每一位勤于思考的教师都有自己的体系、自己的教学修养。教师对自我的反思本身就是一笔巨大的精神财富。这样的反思如果有幸得以记录，便是一份可供其他教师学习与研究的重要资料，具有一定的历史研究和实践传承价值。

教师的自我反思在一定程度上折射出了教师对于自我成长经历和教学经验的沉淀与升华。这样的反思往往映射出的不是一个单纯的个体形象，有时所呈现的是群体共性特征的自画像，不同经历、不同年龄层次的教师都会或多或少从这样的反思中汲取营养。读者可以从自我认知视角来阅读林祖荣对于自我认知的自述，建立自身教育成长经历与自述之间的关联，结合后面对于林祖荣学习特征的分析，进行整体阅读。本部分旨在帮助读者聚焦林祖荣对于自我的认知，从以下几个方面(但不局限于以下这几个方面)进行介绍。

1. 关于性格韧性的自我剖析——表面上的"不适合"不代表不可以

对于自我的认知是成长历程中非常重要的因素。人们在社会环境中总会接触到对于"自我"的多个层面的反馈，这些反馈有些是积极的，有些是消极。总有一部分人会对自己的能力以及工作的适切性产生怀疑，接受了所谓命运的安排，听从了别人的建议，开始从事一些可能自己并不喜欢的工作。但是，在林祖荣的自述中，其性格的韧性特征极为明显，也对他未来成为一位优秀的生物教师起到了决定性的作用。他经历了一个从自卑到自信的转变过程，用持续的努力来回应外界否定的声音，不断地获得来自学生的认可。由此可见，教师对于自我的正确认识和判断是专业发展过程中的一项重要能力。

2. 关于选择判断的自我剖析——遵从内心的声音

专注于做一件事情，并且把这件事情做好，是教师在专业发展过程中持续努力与奋斗的重要表现。人生往往要经历不同的境遇，对于选择的判断往往要遵循自己对于自身的判断。"一辈子只做一件事"实际上是一种难以达到的境界，周遭环境中的各种机遇、诱惑以及选择的分叉口在一定程度上对"只做一件事"带来了巨大的挑战。很多时候教师需要明晰自身的角色定位以及自己未来的发展方向。未来是不确定的，但遵从自己的初心是帮助自己做出正确选择的一种有效方式。林祖荣所做的教研员工作以及学校行政工作，可能也是某些教师在自我发展过程中做过的。合理地分析自我并做出判断，需要进一步去思考在不同的领域和境遇中的工作角色及其与自我工作能力的匹配程度。虽然一次选择不意味着最终的方向，但前进过程中还是要不断地进行反思，让自身价值得以更好地实现。

3. 关于重塑自我的自我剖析——不断打破"旧"的自我

在林祖荣的自述中，一个值得分析的层面就是对自我要求的不断提升。起初这种要求来源于外界环境，如提升自我教学水平的要求。这种要求在教师成为成熟型教师之后会转变为自己对教师职业生涯不同阶段的动态化目标的设置。林祖荣的字典里永远没有"停止"这两个字，读者在阅读的过程中可能会隐约感受到林祖荣对自己要求的苛刻性。他平时上课时只保留视频、图片、习题等资料，备课教案是不保留的，这样做就是要让自己从教学的"舒适区"走入"紧张区"，每一轮课都必须重新准备，不断打破"旧"的自我。很多教师虽然难以做到这一点，但是仍可以最大限度地实现自身在现有范围内的改进与调整，持续化、动态化地改进教学行为。

此外，值得注意的是，林祖荣关于某些努力层面的具体描述通常比较简略，仅是寥寥数笔，但我们仍可感受到他艰辛奋斗的历程。在众多的访谈中我们也发现，一些优秀的教师对于自身所遭遇的困难和付出的努力很少提及，原因是这种情绪往往比较复杂，一部分是往日奋斗过程中的艰辛，另一部分来源于自身的努力与奋斗的喜悦,更多的时候自述者会把这样的过程以一种具有成就感的形式储存在记忆中。

(三)学习特征概括

教师的个人品质及教学质量与学生群体素养水平以及整体育人质量密切相关。但是,由于教师的个体发展存在一定的差异性,会受到外界环境因素的影响,一部分教师难以通过自身领悟探寻出适合自己发展的路径,在前行的道路中迷失了方向,放弃了对自我价值的追求。面对这样的现状,如果在教师专业发展过程中的必要阶段,为他们提供一些有效的改进策略和成长经验,那么能够对他们起到一定的引导和激励作用,帮助他们解决现实困境中的难题,发掘自身潜力。

林祖荣是北京市西城区的生物学科特级教师,研究团队结合期刊数据库、网络媒体公众号等,对林祖荣所发表的文章进行了仔细阅读和分析。前期访谈工作主要是由研究团队的王振先采用录音设备进行全程录音,后期研究团队对文本逐句进行分析和归纳,共整理和修订访谈录音文字记录约三万字。这也激发了研究团队的好奇心,林祖荣这种宝贵的、持久性的"新鲜感"到底来源于哪里?

依据访谈内容,研究团队按照这位特级教师职业发展的时间维度,根据全视角学习理论对林祖荣的职业发展和学习生涯进行了综合性的研究与分析。此外,研究团队还依据丰富的研究素材和资料(包含林祖荣编写的书籍、撰写的文章等),生动地刻画了这位特级教师的专业发展与学习特征,以期为读者呈现更为立体的特级教师发展图示。

研究团队在对林祖荣个人专业发展经历进行整体分析的过程中发现,终身学习的态度及其指引下的实践行为是成就这位特级教师的核心因素。研究团队依据全视角学习理论中三个学习互动的维度①,围绕该特级教师终身学习各要素的逻辑关系(图10-1),将其划分为两个重要的组成部分。其一是个体进行构建、实现自我发展的内在驱动环境,其二是个体与外界环境之间相互支撑、调配的互动过程。首先,在教师个体自主发展和价值实现的过程中,教师的外在需求与自我动机之间的

---

① [丹]克努兹·伊列雷斯:《我们如何学习》,孙玫璐译,29页,北京,教育科学出版社,2010。

不平衡是教师持续学习的原始动力，也是教师保持教育热情的根本动力来源。这两者之间的不平衡主要体现在教师现有的学科知识、理解认知能力和教学技能已经不能满足教师对于自我的定位和价值的追求时，就会再次产生新的学习动机，形成情绪层面的波动，并伴随着强烈的自主学习欲望，使教师能够在长时间内专注于某一事件，持续为之付出。其次，教师个体在追求两者平衡的过程中，往往会经历外在生态环境带来的各种差异化的学习阻碍。虽然林祖荣的经历和成长路径具有一定的历史背景特征，但他在终身学习维度上所展现出的普遍性对于教师的个体成长仍具有重要的借鉴价值。下文将围绕教师专业发展的学习动机、学习需求、学习阻碍及学习投入四个维度进行具象化的分析与描述。

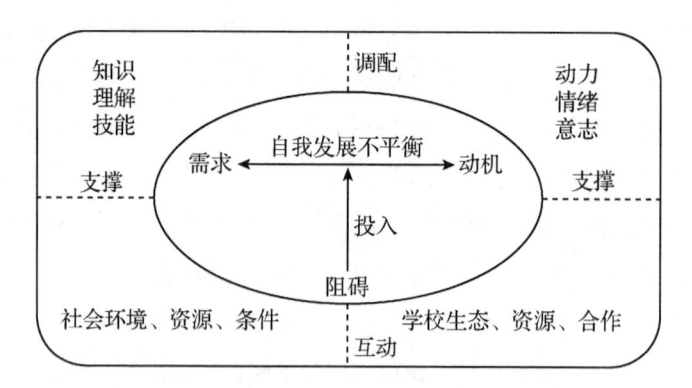

图 10-1 特级教师终身学习各要素逻辑关系模型

1. 学习需求的不断提升是学习动机产生的重要来源

学习需求是教师进行专业发展的根本动力来源，这些需求既有来自外在的任务型需求，也有教师自我发展的内在需求。通过对大量教师的访谈，研究团队发现，对于刚步入教学阶段的教师而言，他们往往对于个体需求尚不知晓，仅能根据自身临近的事件开展相关的工作，疲于应对当前的教学任务和解决现实教学难点，未能将所从事的教学工作与长远的个体职业规划进行关联。随着阅历的丰富，教师对于个体的需求也有所改变，表现为有更高水平的价值定位。这种客观的、被动的需求会逐步让位于主观的、自主的需求。但教师如果能够在教学初期知晓长远需求与现实需求两者之间的关联，那么可能会使现有的需求更具可执行性。

以林祖荣的发展需求为例，他在专业发展的五个阶段呈现了不同的学习需求及特征表现(表10-1)，这些学习需求不是孤立地指向教师个体的经历及发展的，每一个阶段都与他所处的历史背景、学习和工作经历密切相关，具有时代的烙印。与此同时，不同时期的学习需求也从最初外界环境驱动下的学习需求逐步转变为个体自主的学习需求，从任务型的客观需求转变为传承和拓展学科本身的主观需求。需求层面包含了学习知识的获取、学习理解的转变以及学习技能的传递三个方面。

表10-1 林祖荣在不同阶段的学习需求的变化及特征

专业发展时期	不同阶段的学习需求	学习需求的特征
第一阶段	从文科学习到理科学习	学习环境变化下的学科知识需求
第二阶段	"教非所学"的现实需求(从事化学、生物教学工作)	教学任务驱动下的需求
第三阶段	补充科研理论的现实需求(从事教研工作)	工作任务驱动下的需求
第四阶段	新教学工作的现实需求(高考改革)	课程改革背景下的教学需求
第五阶段	教育经验传递的现实需求(带徒弟、做讲座、跨学科领域的学习)	新时代背景下的教育传承与知识拓展需求

(1)学习知识的获取：学科知识"从无到有"

1978年，原本学习文科的林祖荣成了一名化学专业的理科生。对于这次宝贵的学习经历，他格外珍惜。用他的话讲，那时的大学生活，除了吃饭的时间，剩余的时间都被用来看书和学习了，这也为后期他拥有广泛的知识储备奠定了基础。十九岁的时候，他被分配到镇中当了一名化学教师，次年转为一名生物教师。这次学科专业的跨越让他对生物学科的教学有了新的认识，刚出校门时的那种"初生牛犊不怕虎"的自信逐渐被学科的陌生感驱散。在中学没有学过生物学的他，只依稀记得中学课本中有一点关于小麦、水稻方面的内容，对细胞的结构并不清楚，也根本不知道显微镜应该如何使用。补充学科知识和完成现实的教学任务成了他当时最急切的学习需求。

(2)学习理解的转变：实现从学科知识理解到教育理论领悟的跨越

在工作的前十年，林祖荣有过两次比较大的职业变动：一次是由教师转变为教研人员，另一次是从教研人员回归教师。这两次不同经历使得他拥有了不同的学习需求。前者，教研人员的工作性质和工作要求需要他能够运用教育理论来重新审视以往的教学实践，同时运用理论来指导教师开展相关的课题研究。培训教师的工作需求增强了他对教育理论学习的渴望。在这一阶段，他意识到在学科知识匮乏的阶段，这个"从无到有"的过程，似乎每天都会带来一些新的收获和感悟，但是在一段时间后，这种以数量级增长的喜悦感和成果收获开始进入一个新的瓶颈期，以往学科知识的获得已经不能再满足自身的需求了，对于教育理论的深度理解是这一阶段的重要学习需求。后者，从教研人员回归教师，需要再次熟悉课堂，能够将所学的教学理论与实践相结合，同时面对新的考试改革、学科知识的更新等现实问题极大地激发了他的学习动机。

(3)学习技能的传递：业精于勤，教育需要精神传承

以往过多地强调教师的教，忽视了教师对自身教学行为和经验的反思与提炼，教师只停留在教学形式上，并不能在本质上实现教学行为的改进以及教学技能的提高。很多教师都是单一技能领域的强者。林祖荣将教师的双重技能视为一个有机的整体，即一位优秀的教师既应该具有教学能力，也应该具有对自己的教学过程进行反思、调整的能力，这两个环节在教师专业发展过程中缺一不可，互为支撑。两者的融合能够促进教师灵活运用教学理论，指导自身的教学行为。以课堂教学表现为例，具备这两种技能的教师，能够从优质的教学实践中持续挖掘和总结教学的内在通用属性，将它们梳理成自身独特的教学理论或教学模式，再次指导自己具体的教学实践，其课堂教学往往涵盖了生物学知识的结构体系，贯穿着学科概念层级的重要理念。林祖荣在自己的讲座中每次都采用自己的案例，他的讲座既不是枯燥的理论陈述，也不是案例堆砌的实践总结，而是涵盖着自身多年教育研究经验和理论体系的综合体，他也希望通过讲授来实现自身的教育理念及教育精神的传承。

2. 学习动机的激发是学习需求持续提升的重要动力

林祖荣教学过程中学习需求与学习动机间的不平衡是促使他不断前行的原始动力，他也在不断探索中寻找着新的平衡点。当一个阶段的平衡被打破后，现有的学习需求已经不能再激发他进行自我驱动时，新的学习动机便开始萌发，并以一种复合式的方式被激活。这种复合式体现为学习动力的来源、学习情绪的专一以及学习

意志的保持。

(1)学习动力的来源：要让学生认可我，胜任课堂教学

初任教师时，为了能够呈现一节完整的生物课，林祖荣往往需要花费几天的时间来精心备课。用他自己的话说，直至将所要教的内容"捣腾"得倒背如流，自己才觉得踏实。但上课时他依然会面临"尴尬"的教学现状，除了自己准备的内容外，他几乎没有半点儿可以发挥的余地，特别是在面对学生提出的问题时，更是无法做出令学生满意的解释。[1] 这样的现状令他深深地意识到要想获得学生对课堂教学的认可，能够在课堂教学中游刃有余，他所能做的只有持续地学习。

从学科科普读物阅读到大学专业课程的自学，他用了大概一年的时间，把大学"植物学""动物学""植物生理学""动物生理学""遗传学""进化论"等课程的相关书籍认真通读了一遍。为了能够弥补学科专业知识匮乏的不足，他再次走进学校，在江苏教育学院生物教育专业完成了三年的函授学习，相应的学习效果在后来的教师专业合格证书考试以及课堂教学中得到了体现。

(2)学习情绪的专一：饱满的教学热情和教学幸福感

学习情绪的外在表现形式复杂而多样化。林祖荣能够保持其内在的专一性，即学习者对学科持续的热爱和不达目的永不放弃的执着是他保持学习情绪专一的重要体现。

对于林祖荣而言，教学过程是饱含热情和幸福感的。这种热情来源于教师与学生之间的教学相长，学生能够从他的课堂教学中汲取学科知识，领悟学科的本质；同时也来源于学生的课堂反馈，即师生对同一个学科问题的反复探讨与交流。随着个人工作性质的变化，在参与教师培训的过程中，他的教学群体由原来的学生变成了教师。如何将自身饱满的教学热情和教学幸福感传递给更多的教师，使他们像自己一样从中获益？他选择的做法是不仅要深入地学习各类教育学理论、心理学理论，而且要将这些优质的教学资源汇集成册，进行分享，发挥教育榜样的作用。

(3)学习意志的保持：让终身学习成为自身的必备品质

教师如果想让学习内化为个体终身必备的品质，往往需要调用自身的学习意

---

[1] 林祖荣：《让学习成为终身的习惯》，载《教师之友》，2004(6)。

志，在不同的环境条件下以及群体氛围中实现永久性的学习。在林祖荣不同的人生阶段中，自我学习意志的强化有效地减少了外在环境因素对知识获取的不良影响。在书籍匮乏的时期，他能够尽可能阅读可获取的书籍；步入大学，他能够把握环境给予的教学资源，尽可能多地阅读书籍；工作后，他能够学习陌生的教育学理论知识与心理学理论知识；回归教学，他不断更新学科知识，尝试不同的教学模式，落实"学无止境"的人生理念。如果没有意志的推进，这种内在的持续性学习就会停止在某一个人生阶段。

叙事片段1：

我觉得更主要的在于我本身对教学非常感兴趣，否则我就很难深入学习下去，很难坚持学习。学习就是这样一个过程，一个学习阶段结束后，你会觉得还有更多的内容值得学习，渐入佳境之后，你就会觉得还有更多的东西没有学习，而不是说学得越来越多，就会安于现状，满足于现实。例如，我在读书时看到我不知道的某个概念，就会反复研究，直至概念清晰地呈现在我的脑海中，我觉得这可能是学习过程中最为重要的。

3. 学习阻碍是打破学习动机与学习需求的平衡的"触动点"

依据前期构建的特级教师终身学习各要素逻辑关系模型，学习阻碍是个体在一定社会、文化背景下，在实现自身价值的过程中，打破学习需求与学习动机的平衡的"触动点"。对能够激发自身学习动机的个体而言，这种学习阻碍能够有效激发个体调动可获取的一切社会资源与力量，满足现有的学习需求，从而再次获得学习动机与学习需求的平衡。而未能激发学习动机的个体，往往就会安于现状，固步不前，将这种学习阻碍视为限制自身发展的各种外在不良条件。

（1）创造一切可能的条件来支撑自我学习

就学习中所遇到的障碍，林祖荣很少提及，这大概与个人的价值观念和看待问题的方式有关。与自身发展存在密切关系的社会环境、学校生态和交流协作对他自身的成长与变化也产生了重要的影响，特别是其中的一些学习阻碍还成了他学习道路上的机会和动力。寻找问题的解决路径，不将困难视为困难，这大概就是林祖荣能够自我成就的根本原因。似乎他感受到的不是阻碍，而是问题解决之后的成就感与幸福感。

叙事片段：2：艰难环境中的抄书之乐①

高考复习前的一年半(那时高中是两年制)几乎什么东西都没有学到,复习实际上就是老师给我们发讲义,然后我们从早到晚地背。那时对书的最大渴望就是有一本复习参考书。记得当时一名同学有一本已发黄的数学参考书,我们羡慕得要死。我好不容易向他借到这本书,用了整整一个晚上竟把这本书从头到尾抄了下来,那时觉得自己也有了一本复习参考书,真是幸福极了。现在想来,珍爱书的习惯或许就是在那个时候养成的。

叙事片段3：系统学习的坚定决心

我那个时候买书也很困难,就找了原来从我们学校毕业后在南京师范大学工作的同学帮忙,看能否帮我买一套生物专业相关的教材,然后邮寄给我。从那个时期开始,我才相对系统地学习大学生物学的相关内容,但是部分内容无法看懂,只能挑着当时自己觉得有用的知识,尽可能地去学习。至少当时,阅读的相关内容能够满足中学的日常教学需求,我能够感觉到自己在知识储备上已经有所突破。当时对专业知识的学习为自己树立了信心,并使自己实现了这一阶段的目标。

(2)面对知识更新、学生变化以及教育改革带来的新挑战

林祖荣在谈到刚工作那十年时说,那个时期的高考主要以记忆内容为主,如外界的食物如何转化为生物体内的营养物质。为了使学生能够建立起知识之间的逻辑链条,他通常会采用类似于概念图或流程图的形式给学生讲课。所以那个时期,上过林祖荣的课的学生都会觉得课后不用花太多时间背诵,知识结构就清楚了。但是,当时新一轮课程改革的到来给他的教学带来了新的挑战。这一时期科学探究的相关内容开始融会到日常教学与考试之中,众多的教学内容来源于科研论文和真实的实验研究,蕴含了科学推理、因果分析、基于实验现象的解析等相关内容,教师不能仅仅停留于表面的学科现象,而要认清学科的本质,清晰地知晓什么知识是教师应该在课堂教学中传递给学生的,除学科知识之外,还有学科探究方法,要让学生能够像科学家一样去思考、探究和实践。

叙事片段4：

我觉得如果单纯依靠背的方式学生物是不可取的。生物学科应该是说理的,也

---

① 林祖荣:《让学习成为终身的习惯》,载《教师之友》,2004(6)。

就是说每个知识点背后一定包含了逻辑、因果关系，就是科学家是如何通过研究得到实验结果的。很多科学家的研究经历给了我们很大的启发，科学的结论一定是能够经得起重复验证的。所以我跟学生说，每一个知识结论背后一定有两个东西：一个是科学家是怎么做的；另一个是在你的认知范围和水平之内，你如何来证明这个实验结果。

4. 学习投入是实现学习动机与学习需求平衡的根本条件

学习投入在微观层面上，既包含来源于教师所在的学校的学习资源，也包含与教师密切相关的同事关系、同伴互助、教研氛围等因素；在宏观层面上，涵盖了教师当时所处的社会、文化及历史背景，同时社会背景因素影响下的社会供给及资源配置等其他外在因素均对该平衡产生重要的影响，最终教师个体通过与外在环境的相互作用持续增加学习投入，即教师个体通过自身努力不断地从外界环境中获取大量相关学习资源，探索不同的实践路径和尝试不同的问题解决的办法，最终实现两者在一定阶段内的相对平衡。以林祖荣为例，应对不同时期的学习阻碍可以分为以下三个不同的阶段。

（1）学科知识的学习：克服困难，实现从无到有的三阶段阅读

对于学科知识的补充，他基本经历了三个不同的阶段：第一个阶段是阅读学校的教科书，采用的方法是通读教材；第二个阶段是阅读基本的科普读物，如《细胞内幕》和《遗传浅说》；第三个阶段，当这些内容已经不能再满足他的学习需求时，他就开始学习大学里的专业书籍，但是由于没有专业学科的背景，不能很好地理解这些专业书籍中的内容，因此只能选择性地阅读与中学教学相关或者能够理解的内容。经过这三个阶段的努力后，林祖荣实现了学科知识的从无到有，也在自己的教学实践中有了具体应用，教学效果得到了学生的认可。

（2）教学理论的学习：水滴石穿，实现教学理论与实践的相互交融

1991年，林祖荣被调到了市教研室，专职从事教学研究和教师培训工作。这段特殊的经历使他一方面有机会更系统地阅读一些理论专著，另一方面有更多的机会接触国内外先进的教育理论。他几乎涉猎了所有的生物教学方面的刊物以及教育领域的期刊。在这一时期，林祖荣也开始撰写理论与实践相结合的文章，帮助自己梳理教学经验，对不甚理解的部分进行再次分析与探索。

(3)哲学视野的拓宽：进入学科看世界，跳出学科看教育

谈到成为特级教师之后最大的变化，林祖荣归纳为阅读初衷的改变，从以往"定向"的阅读转变为"随性"的阅读，即更多不再是为了工作而阅读，而是源于自己的学习兴趣。例如，近年来林祖荣阅读了较多历史领域的相关书籍，在外人看来，这些书籍的阅读似乎与生物学科的关联甚微，但是在林祖荣的眼中，这些书籍的阅读似乎为他打开了一扇通往世界的窗户，赋予了他重新审视世界的能力。访谈中他提及了两本书：一本是《1493：物种大交换开创的世界史》，另一本是《枪炮、病菌与钢铁》。这两本书都可以让生物学科的教师从不同的历史视角来重新认识生命的内涵，更好地认识人类发展的进程。随着生物学科日新月异的变化和新技术在相关领域的应用，科学前沿和学科进展也是他非常感兴趣的方面，他会持续地跟进和阅读。他还认为教师应增加与外界的交流，抓住学习的机会，去更为广阔的教育平台展示自己。

叙事片段5：

我是觉得老师不应该局限于自己的课堂，要走出去，否则他不可能成为一个好教师。要走出学校，走出北京，站在全国的舞台上，你才可能拥有更为广阔的视野。

综合来看，林祖荣专业发展的历程存在一定的进阶性（图10-2）。有一些阶段的经验是值得教师借鉴的。一线教师在职业发展的某一个阶段，往往会进入瓶颈期。借鉴林祖荣的发展历程，能够帮助教师进入下一个阶段。但是在这样的过程中，教师要明晰自身的学习需求，设定短期规划和长期规划，明确自己的学习动机以及学习动机与学习需求之间的匹配程度，寻找每一个阶段影响自身发展的学习阻碍，进行合适的学习投入，充分利用学校、社会及各种可获取的资源支持自身学习。

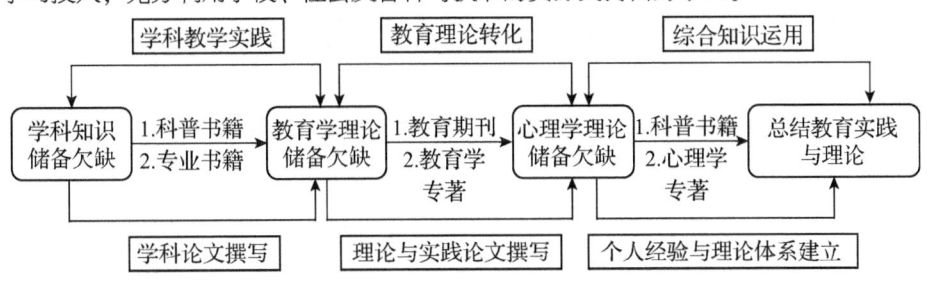

图 10-2　林祖荣的个人专业成长路径

5. 结语：林祖荣给新任教师的一些建议

(1)教学与专业发展之路：不可急功近利

教师发展要有目标，但不要"唯目标"论，不要把自己定位于一个"教书先生"，而应该立志于做一位有价值的教师，把教学目标定位于学生的终身发展，而不局限于学生短期内通过记忆取得的学习成绩，要先做好自己，再做好教师。

(2)教学实践之路：教学与研究密不可分

教学与研究不能分离。研究不单指课题类的研究，还包括相对务实的教学问题研究。教师要围绕现实的教学问题开展细致的研究，解决真实的教学问题，并能够进行梳理，形成教学论文，将其内化为自身的教学理论。

(3)教师的人生之路：做一位能平衡生活和工作的幸福教师

不选择安逸，但不意味着放弃对幸福生活的追求。教师在工作中要能够清晰地认识自我，明确自身的职业理想，聚焦精力做一件事，享受做教师的成就感与幸福感。在生活中，尽可能多地看一看外面的世界是怎样的，同时，陪伴家人也非常重要。要平衡自身生活和工作的关系，努力成为一位幸福的教师。

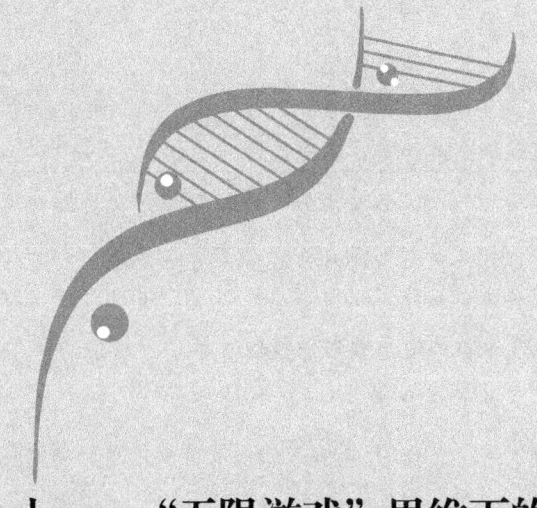

十一、"无限游戏"思维下的进阶学习

——体育特级教师黄虹的专业学习之路

个人简介

黄虹，北京市特级教师、正高级教师，国家"万人计划"教学名师，全国首届"双十佳"体育教师，海淀区名师工作站体育学科导师组组长，海淀区初中体育学科总督学，北京市八一学校体育与健康学科首席教师、体育教研组组长。主持区级课题"对海淀区 11 所高中示范校体育师资现状调查"，《对海淀区 11 所高中示范校体育师资现状调查》一文获北京市"京研杯"教育教学研究成果一等奖；参与"中国青少年体能素质课课练创新研究""北京市中小学体育教师专业技能水平提升实验研究"等课题研究。《关于制定初中毕业升学体育考试标准的研究——以北京市为例》获 2011 年中学生运动会科学论文报告会一等奖，《海淀区中学生体育消费现状调查与分析》获北京市第十届中小学体育科报会一等奖。2016—2020 年共撰写论文十六篇，获国家级一等奖一篇，市级一等奖四篇、二等奖三篇，区级一等奖八篇。

(一) 个人学习小传

我自 1990 年从北京体育师范学院(现首都体育学院)毕业至今，始终在一线从事体育教学工作。从一名懵懵懂懂的教师，成长为一名北京市体育学科带头人，对体育教育事业的热爱和忠诚铺就了我成长的轨迹。体育教师这份工作，在很多人眼里平凡、简单，但要真正当好体育教师是一件很不简单的事情。把自己的本职工作做好，就要敢于在教学实践中不断尝试和创新。

1. 读书笔记常坚持

在完成学校工作的同时，学习成为我工作和生活的主旋律。因为我深知，要想成为一位优秀的教师，就必须具备深厚的文化底蕴；要想成为一位好的体育教师，就要有丰厚的文化积淀。工作之余，我经常写一些读书感悟和教学随笔，不管工作有多辛苦，我都会坚持写。二十五年的体育教师生涯，我积累了读书笔记和教学及生活随记共三十多万字。

2. 教学方法常创新

在积极完成课堂教学任务的同时，我面向全体学生，努力探索体育教学的突破之路。在担任九年级、高三体育教学工作时，我积极主动地在所教年级大胆进行教学改革实验，带领学生积极备考，圆满地完成了历次九年级体育中考和高中体育会考的任务。所教班级体育成绩突出，在海淀区名列前茅。

3. 课标理念多研修

我还注意不断学习，提升教育理念，经常带领全组成员钻研和学习新课标，在课程的设置和建设中，努力提高专业技能和素质，建立健全各种管理制度，参加各种进修活动，组织和辅导组内教师参加各种教学比赛。2020—2012年，我所在的教研组有两人获得北京市体育教学评优一等奖，三人获得区级一等奖。

(二)学习叙事分析

1. 教育者，须先觉悟"无限"，才能孕育新世界

美国哲学家卡斯将"有限游戏"和"无限游戏"区分开来。"有限游戏"是基于一组有限的规则来进行的，有赢家和输家。参与"有限游戏"的目的是赢，几乎所有的体育比赛都是"有限游戏"。"无限游戏"是我们要去追求的，需要我们一起面对这个日趋复杂的世界，携手合作，共同努力，这样才能实现共赢。体育游戏、比赛，包括教师的学习生涯都是"有限游戏"，但用体育来育人则是"无限游戏"。"无限游戏"是一种生态性的思维模式。我们的个人生活、社会生活都是相互关联的。体育仅是这一相互关联中的一个链条，与德育、智育、美育和劳动教育都息息相关。作为体育教育工作者，黄虹觉悟了"无限"，超越了体育游戏中的"有限"，进入了"无限游戏"，全方位育人。

黄虹写过一首小诗，名为《体育的味道》。

我身上有这样一种味道，一种体育的味道，任凭经历过生活何种改变，都洗刷不掉的味道。它影响着我的世界观、价值观、人生观，就像烙印一样，印在心上，左右着我的生活。我愿意让这气息一直保留在我心上、身上，跟随我一辈子。

可以说，黄虹身上的这种体育味道真的很浓。修长的体态，阳光的脸庞，爽朗的笑声，这种外在的形象时时都在向外传递着一种健康向上的精神。

教育者承担着教书育人的重任，在与学生的互动中传递着许多关键的价值观因素。校长也好，教师也罢，越被学生爱戴、喜欢、信任，越具有影响力，正所谓"亲其师，信其道；尊其师，奉其教；敬其师，效其行"。

她的一个学生写信给黄虹：

黄老师，来德国四年了，会常常想起您。如果每个人的激情注定会被特别的人点燃的话，您就是最初点燃我对体育的激情的那位老师。记得初一刚入学的第一个教师节，我代表我们班送给您一封教师节的慰问信，您给我们深深鞠了一躬。多年后，我也当了老师，这个画面经常会在我的脑海中闪现。我知道，做老师不是我的特长，更不是我的天赋，而是一种模仿……

黄虹作为一名女体育教师，在一线工作了三十多年，深受学生的爱戴，传递了体育精神和教育内涵，这和她不断地学习是分不开的。

2. 用一生去追逐"流畅体验"

心理流畅(mentalflow)状态又叫巅峰体验(peak experience)，是运动心理学一个的专用名词，1985年由美国心理学家米哈里·契克森米哈赖提出。它是指运动员在比赛中处于一种高度忘我、专注的状态，完全投入所参与的活动或任务，享受完美的特殊竞技。运动员处于流畅状态时，目标是极其明确的，挑战和技能是平衡的。他能全神贯注于当前使用的技能，时间意识消失，自我意识丧失，具有高度控制感，处于一种完美的状态。

流畅感理论的起源可以追溯到人本主义心理学家马斯洛的"高峰体验"。马斯洛将艺术家发自内心地完全融入文艺活动所获得的顺畅与喜悦的感受称为"高峰体验"。"高峰体验"满足了个体最高层次的需要，即发挥了自身潜力，实现了自我。

(1)从哪里摔倒，就要从哪里爬起来

黄虹受到家庭的影响，在母亲的影响下走上了体育教师这条路。当问起黄虹学习上印象最深的一件事时，黄虹不假思索地说出了她小时候学习跨栏的事。

我这个腿啊，就不方便给你撩起来(看)，就这一块，这都是伤。什么伤呢？是我学习跨栏的时候摔伤的。

当时我上初中，学五项全能。第一年去比赛的时候，初中生跟高中生混在一起比。那个时候的五项是什么呢？对于女生来说，第一项就是一百米栏，加上铅球、跳高、跳远、八百(米)共五项。我开始学跨栏的时候，第一次是在第一个栏摔的，第二次是在最后一个栏摔的，都摔在这条腿上了，而且摔在了同一个位置。

体育人受伤是难免的，也是痛苦的，这种痛苦不仅仅来自机体上的伤痛，更来自内心深处渴望冠军而不得的忧愁。这种忧愁是刺痛体育人的一把"利剑"。体育人真要奋起，学习的动机、归因等内部因素以及来自父母、教练、学校领导的外部动力一样也不能少。

当时是炉渣跑道，我现在这肉里头还有小疙瘩，一摸还能感觉到有小石头在肉里面。当时我妈是体校的老师。她就说："你摔在同样的地方，肯定技术上有问题。"这是第一句话。第二句话："大夫说这个地方不行，你那伤口太大了，第一次还没好，第二次又来了，伤口太深了，你得上医院。"我妈二话没说骑车带我就去了医院。到医院以后，大夫拿出一个钢刷，我那时候不知道叫钢刷，就知道一把刷子上面都是那种铁刺，让我妈把我肉里面的石头刷出来，我妈下不去手，让我自己弄。我？来吧，就自己的肉，怎么可能(弄那么干净)呢？唉！所以到现在都没有完全弄干净。

我为什么说这个事？后来练习的时候我死活不敢练了。为什么？就是已经怕得不行了，看到那栏心里就哆嗦，就到那种程度了。

"一朝被蛇咬，十年怕井绳。"从心理学来讲，这属于"刺激泛化"，这个"泛化"也存在一个梯度，黄虹儿时的跨栏受伤经历使她看到栏，"心里就哆嗦"，"死活不敢练了"。对于这种情况，要想彻底恢复，就要想办法克服那件事留下的心理阴影。只有使自己的内心强大，这种刺激泛化才可能彻底消失。

未成年人的生存体验和发展体验息息相关。黄虹当时还在上初中，要想获取安全感，面对栏的时候不哆嗦，就要不断地通过体验明晰已知和未知，从而获得掌控

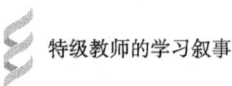

感。这种本能的需要会让她通过充分的学习(发展社交能力、思考能力等)来适应未来独立之后的生存和发展。这种未成年期的充分学习也为她今后的学习奠定了良好基础。

后来我妈说："你不能因为这事,后边好多事情干不了啊,你得从哪儿摔倒,就从哪儿爬起来。"初中给我弄了特别厚的两个护膝。我还是不敢去。后来,我妈就买了一盒巧克力,也不知她从哪儿买的巧克力。我小的时候家里不是很富裕,一般见的巧克力就是那种黑巧克力,一小块一小块的。能吃上那么一块巧克力就行了。

她买了一铁盒,每块巧克力里面还有一粒花生仁,一排,只要我去练,就给我拿一块巧克力。我从来没吃过那种巧克力,那巧克力一放进嘴里就化了。我上面有哥哥,下面有妹妹,我妈谁都不给,就给我。她给我各种各样的诱惑,真的是威逼利诱。后来我又去练,一直练到大学七项(全能),就这五项当中,我就八百米没过二级,其他的几项全都过二级了。

我想说什么事呢?我那时候就对体育(不是对体育老师)有这么一个概念,就是你从哪儿摔了,必须从哪儿爬起来,否则你永远过不去那道坎儿。现在给学生上课我都能做示范,我没有因为这个伤就怎么样,我照样都能做。

(2)学习不能"趴着",要对自己狠一些

黄虹参加工作后,对伤痛经历选择性遗忘,对伤痛部位有一定的漠视,加上从小就不服输的乐观态度,她在后面的学习中依然保持着这种"倔强"。

前几年,北京市那次教师基本功比赛,(海淀区体育教师)全员过,对吧?我给他们讲,那时候我是海淀区的讲师,第一次上课的时候没跟我说是室外课,我穿了一双凉鞋,凉鞋有点跟儿,我要做(示范)跳高。我看他们实在看不下去,就说:"你们这哪儿叫跳高啊?"我把鞋一脱,光着脚丫给他们跳了一次。再说这个栏,好多人不敢跳。那时候好多人不知道怎么跳,我光脚给他们示范,那时候塑胶跑道很干净,上面也没什么。后来我想,如果我当时摔完了以后,那道坎儿没过去,就老在那儿趴着,那么我可能当不了体育老师。

黄虹子承母业,从小受的家庭熏陶对她有积极的影响,这也使她在任何工作上都要追求一种全身心投入的状态,这种追求造就了她遇到任何困难都会迎难而上的品格。

一位特级教师，一位体育人，其学习过程一定是有影响力的，即不光是自己从体育中顿悟一些道理，还要将悟出的道理进一步传承下去，使之成为后来人的精神财富。黄虹就是这么做的。

当了体育老师以后，我在教学生的过程当中也是这样的。我教了很多学生，他在哪儿越害怕，我就越让他去做这件事情。然后他过了这道坎儿，战胜了困难，就好了。

原来，我一个学生练跳远，起跳就是不会，弹跳力特别好，速度也好，就死活都过不去。我还给他放了一条线，跳下来以后他就跳过跳箱，而且还得过，我这个更有难度，逐渐加高。最后加高一定程度了吧，带沙袋（小腿上绑缚沙袋，增加起跳重量和难度）。后来这个学生是我们学校里面这么多年在国家级比赛中第一个拿前六名的。我在想，有的时候他们说我特狠，但我觉得，有的时候当体育老师，对自己对学生就得稍微狠一点。

（3）传承就是一种最好的学习

黄虹从妈妈那里遗传了好身体，从妈妈那里继承了敢拼的体育精神。从哪里跌倒，就从哪里爬起来，绝不放弃，绝不气馁，绝不妥协，她不仅能够自己做到，而且能够在海淀区教师培训中想办法让体育教师做到。更重要的是，她能把这种不放弃、不气馁、不妥协的精神传给自己的学生。

一名学生是这样对黄虹说的：

黄老师，前几天我在大学校运会的跨栏和跳远比赛中都取得了不错的成绩。老师，高中三年您对我的影响很大，我上大学以后，一直没有停止奔跑的脚步，每天跑十圈，一直延续至今。大学里每次越野跑、校园马拉松我从未缺席。在八一田径队的经历，让我真正爱上了奔跑，让我学会在很多人看来是枯燥甚至是令人疲惫的练习中发觉到乐趣。由此，我深深地意识到，您对我的影响并不仅仅是体育方面的。

育体者育心，育心者驭体。笛卡儿提出的身心二元论尽管有一定的局限性，但在体育学习中，还是有很大的进步意义的。要学习体育，首先要让自己的心到，就是黄虹在面对学习时的那种不放弃、不气馁、不妥协精神。要育心，有很多方式，驱使身体行动，是最直接、最可靠、最有效的。

3. 工作情境多变——学习的韧性、弹性和适应性

对流畅体验的不断追求需要付出与之相对应的努力、时间和精力。在长期的工作中，身体最先表现出不适应。体育人尽管永远都有一种不服输、不怕输的精神，但面对伤病，还是需要用心去衡量得与失、缓与急。黄虹面对伤病的时候，做出了积极调整。这种调整只是针对伤病部位的调整，对于其他部位则是不断地挑战，这也体现出黄虹在学习上的弹性和适应性。

还有呢，我觉得印象比较深刻的就是十几年前，我的身体不是特别好。到这所学校以后，我干得太狠了，三十多岁就得了甲亢。

2002年，我来到这所学校，给学生做单杠示范。原来做多少示范都没事，那天做着做着自己摔下来了。（大家）说你赶紧去查查吧。大夫一查说你才三十多岁，就查出甲亢了，先吃药吧。吃了（我印象当中可能不到）半年，就恢复了，我就把药停了。怎么恢复的呢？就减少工作量，没那么累了，人马上就恢复了，那时候年轻嘛。

我到这边后有一段很长时间尿血，后来不尿了，到现在也没查出来是因为什么，就说我肾里边有什么东西，那个时候自己想的也多了。原来那个校长找过我，让我换换工作环境。我在学校里面除了后勤没干过，其余所有的岗位都干过，办公室、教务处、图书馆，包括人事工作也干过。我在图书馆干的时候，几乎把图书馆的书翻了一个遍。

身体状况不允许黄虹从事体力较强的工作，但大脑不能放松，其学习根据工作情境和个人身体状况做出了调整。她把图书馆的书翻了一个遍，能够体现出学无止境。

黄虹作为体育教师，身体应该是非常敏感的，尤其是对自己身体的变化会有敏锐的感觉，工作上能累到尿血这种程度，可以想象得出她在工作上的拼劲儿有多大。作为教师，她身上有这种拼劲儿，定会受到学校领导的赏识，所以，校领导也会委以她重任。黄虹能够尝试学校的各种岗位，且能够胜任各种岗位上的工作，这与她学习的韧性、弹性和适应性是分不开的。能把图书馆翻一个遍，也并非一般教师能够做到的。

4. 做一辈子体育教师

黄虹在学校里担任过很多岗位，唯独对做体育教师情有独钟。原因一方面是受家庭熏陶；另一方面是她通过不断学习，不断更换岗位，发现了做体育教师的意义。在这样的工作中，她是幸福的。这种幸福感能够让她更好地工作，也能够为工作更好地学习，助力专业成长。

后来我坚决要求回去当体育老师。当时校长是位男老师，他说："你一女同志，还想干一辈子体育老师啊？"我说："怎么了？我妈从大学毕业第一天到退休，就一直在操场上，我怎么不能干？"我觉得我不会干别的，我可能就会当老师。

学习需要坚持，需要朝一个既定的方向前进，否则，很多学习就会无效。在做教师，尤其是做体育教师方面，家庭的熏陶和后天在工作中对流畅体验的不断追求，使黄虹更加坚定了自己做体育教师的决心，因为她觉得做体育教师就是她学习上取之不竭、用之不尽的动力。这也和她从中获得成就感是密不可分的。

这里有一张照片，我一直摆在办公桌上。学生为什么给我这张照片？就这部分学生，这是他们高三最后一节课，我都没想到他们自己照了一张照片，学生做了这么一个摆件给我寄来了，我就当个纪念。这么多年了，一直搁在这儿。

就这种感情，如果到这种程度的话，我觉得不当体育老师，都有愧于这帮孩子。可能印象比较深的就是这些。你说拿一个凳子让你坐下上课算大事吗？训练课下课后，孩子们举着蛋糕过来祝我生日快乐。就像这样的事很多，不是说印象特别深，但就是像他们拿个凳子让你坐在这儿上课的这种感情，让我觉得当体育老师反正挺有意思的。

作为体育教师，黄虹能够感受到体育带给了自己什么，带给了学生什么。这种在体育当中的获得感，既是她学习的动力，也是她学习的内容，更是她学习的成效。

5. 平板电脑——提高学习的记录和消化效率

工欲善其事，必先利其器，学习方法也需要与时俱进。黄虹在学习上非常注重学习工具的使用，她采用平板电脑助力自己的学习。她学习了如何使用文字识别软件，用软件来识别照片上的文字。

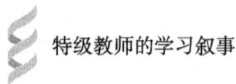

学习内容增多，讲课节奏加快，用原来记笔记的学习方式已经有些吃力了。黄虹敢于打破自己记笔记的舒适性，改用新的学习手段、学习方法。电子设备的运用可以极大地提高学习效率。

每次坐在那儿学习的时候，手机就没闲过，一会儿这个，一会儿那个，我记得我是那个班里第一个使用平板电脑的。

在用平板电脑的过程中，我突然就觉得照片比平板电脑更省事。我把讲义拍成照片，但后来就觉得，这拍完了照片我没法用啊。过两天，我就忘了这照片里的是什么东西了，然后还得琢磨怎么把照片里的东西变成文字保存下来。

后来过了好几年才有这么一个软件出来，用照片翻译软件可以直接把照片上的文字识别出来。我就想这个过程，你如果没发现这些问题，那么就想不到这儿。现在照一张照片，回来我很快就会把这张照片上的文字识别出来。

你没有一个消化的过程，是不可能去教学生的。但培训也好，教育也好，平常使劲地塞，塞了很多东西，塞完了以后呢，可能嚼不了。在参加培训的时候，有的老师爱听，有的可能过会儿就干别的事了，有的一直在干别的事。我相信那时候的他们不是在那儿玩手机、发朋友圈，而是他们有自己的工作没干完。

黄虹还谈到了学习需要一个"消化"过程，这个过程可能需要一定的时间做保证。"学而不思则罔，思而不学则殆。"特级教师们在学习工具和学习内容上，都会有自己的选择。

6. 站上更高的"高原"，学习要面向未来，面向更复杂的情境

在谈及学习的需求方面时，和其他特级教师一样，黄虹也不想只待在自己的舒适区，要向外延伸，体育知识体系的内化，教育学、心理学、社会学等多门学科的外延，也是今后学习的方向。

黄虹作为特级教师，有自己的特级教师工作室。面对很多追随者，黄虹组建了学习团队。她自己带团队，用团队铸就学习"高原"。

嗯，最后一个问题，对自己的学习过程做一个总结。我觉得这个问题挺大的，我没想过。因为你们说的是特级教师，我觉得，怎么说呢，应该给自己构筑一个"高原"吧，不理解这个"高原"是指什么吧？因为我刚才可能说了一半。我当老师的时候，知道的问题就这么多，不知道的问题可能就这么点儿。我在当老师的过程

中，自以为了解的东西可能会越来越多，外围的这个圈就越来越大了。这对我来讲就是有很多瓶颈期，可能你每走一步就会出现一个瓶颈期，你前面的就是"高原"，你必须爬上那个"高原"，才能看到下面。

另外一个我希望自己能够站得更高一点。因为现在看来，我其实就是一个普通的体育老师、教研组组长，这所学校里十九位体育教师，都归我指挥。教学上的一些工作，学校的一些工作，你要比别人先想到。人家可能没想到，你都想到了，想到你就站上去，你得把这些都做了。

你要站到更高的台阶上，你要去(通过不同高度、不同侧面)发现一些东西。所以我觉得我眼前也有很多"高原"，我需要慢慢爬上去，然后才能理解。

还有就是从学校的角度来讲，从学科的角度来讲，你需要有一个远程的设计，所以对我来说，教学是一方面，学科是一个更大的(平台)，我没想太多，但确实做了很多事，目前挖得还不够。

7. "无限游戏"造就"无限思维"

黄虹在工作上、学习上，一直尽自己的全力，从哪里跌倒，就从哪里爬起，最终让自己满意。她不光是在传递体育的知识、技能、文化，更是在传承体育不放弃、不气馁的精神。

我们的生命是有限的，但生活是无限的。我们是生活在这一无限游戏中的有限玩家。我们来来去去，无论有没有我们，生活都将继续。这场游戏中还有其他玩家，有些是我们的对手。我们能享受到胜利的喜悦，也会遭遇失败的痛苦，但无论输赢，第二天，我们仍会继续游戏。

(三)学习特征概括

特级教师是中小学优秀教师的荣誉称号，是我国千百万教师中的佼佼者，是基础教育的专家。虽然特级教师的数量不多，但是他们所产生的社会影响巨大，因此，也赢得了大家的尊敬和爱戴。在新时代这一特定背景下，我们应当以特级教师的学习为抓手，深挖他们成为特级教师的成因，探索他们的学习动力、学习内容、学习方式及学习转化，从而更好地发展我国的基础教育。

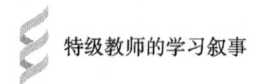

1. 敢赢不怕输的运动精神内核的学习

后来我想，如果我当时摔完了以后，那道坎儿没过去，就老在那儿趴着，那么我可能当不了体育老师。

黄虹初中时的受伤记忆一直影响到她成年，甚至是工作后。她将受伤的原因归结为技术动作不合理，只要改进了技术动作就可以不受伤。这其实就是将受伤的原因归结为不确定的因素，确定的因素则是自己的身体条件、自己的意志品质。对于很多人来说，一次刻骨铭心的伤痛是一辈子的阴影，黄虹能够克服这种阴影对她造成的影响，这就是一种敢赢不怕输的运动精神。黄虹将这种体育运动精神迁移到生活中，迁移到学习中。

我在图书馆干的时候，几乎把图书馆的书翻了一个遍。

面对自己不擅长的图书馆工作，黄虹也能用这种精神来完成，这充分体现了运动精神对学习、工作的影响，这也是她成为特级教师的内在动力源泉。

2. 家庭渊源、工作情境为学习指引方向

在谈及学习的方向时，黄虹充分地展示出了家庭环境对她的影响。她以自己的妈妈为榜样，以一个从工作开始到退休一直站在操场上的人为榜样。

当时校长是个男老师，他说："你一女同志，还想干一辈子体育老师啊？"我说："怎么了？我妈从大学毕业第一天到退休，一直就在操场上，我怎么不能干？"

有这样的榜样，黄虹更加坚定了成为教师、成为特级教师的决心。因为热爱所以执着，因为执着所以优秀。

我其实就是一个普通的体育老师、教研组组长，这所学校里十九号人（十九位体育教师），都归我指挥。教学上的一些工作，学校的一些工作，你要比别人先想到。人家可能没想到，你都想到了，想到你就站上去，你得把这些都得做了。

黄虹的学习随着工作情境而变迁。自己做体育教师，就做好自己的事情；自己做教研组组长，就做好教研组所有教师的事情。别人没有想到的，她想到了；别人想到的，她做到了。

就这种感情，如果到这种程度的话，我觉得不当体育老师，都有愧于这帮孩子。

黄虹能够持续不断地进步，也和她自己对体育教师的价值判断有关。学生对她报以感恩，让她对体育教师这个职业有了更高的追求。学生的成长和成功，是她不断学习、不断前进的动力。

3. 与时俱进的学习工具

我记得我是那个班里第一个使用平板电脑的。

大家还在用纸笔记笔记的时候，黄虹能够敏锐地发现纸笔记笔记的效率较低，因此，她非常前卫地用数码产品来辅助记忆，辅助学习。她还能进一步学习识别图片上的文字的功能。

4. 从"有限游戏"向"无限游戏"转化中的学习内容

我当老师的时候，知道的问题就这么多，不知道的问题可能就这么点儿。我在当老师的过程中，自以为了解的东西可能会越来越多，外围的这个圈就越来越大了。这对我来讲就是有很多瓶颈期，可能你每走一步就会出现一个瓶颈期，你前面的就是"高原"，你必须爬上那个"高原"，才能看到下面。

黄虹能够清楚地认识到自己的"有限"性，开始从有限的体育教学转向更为广阔的学校体育，自己带领区级教研。这些领域对于黄虹来说，都是"无限"的。"无限"的游戏中，没有输赢，只有挑战，这或许就是黄虹持续不断学习、前进的力量源泉。

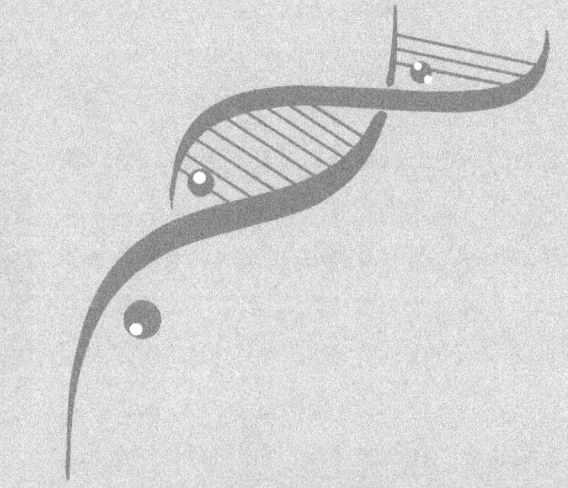

# 十二、校外教育的情境学习与共创性学习

——美术特级教师吴蔚的专业学习之路

个人简介

吴蔚，北京市朝阳区青少年活动中心高级教师，2014 年被评为北京市特级教师，北京市学生金帆书画院秘书处办公室常务副主任，朝阳区校外美术教研组组长，朝阳区教师美术协会副主席。2009 年被评为全国少年儿童校外教育书画名师，2011 年被评为市级骨干教师，2005 年、2011 年被评为朝阳区教育系统优秀党员，2012 年被授予朝阳教育劳动奖章、朝阳区教育系统创先争优优秀党员，2015 年被评为北京市先进工作者，2021 年负责的北京市第八十中学、垂杨柳中心小学、和平街一中等学校被北京市教委授予"北京市学生金帆书画院"称号。

（一）个人学习小传

2000 年，我第一次参加第四届海峡两岸美术教育交流会，眼界大开，在真实地感受外面世界无比精彩的同时，深感自己是多么闭塞，持有的教学理念和方法是多么陈旧，于是开始如饥似渴地学习。自那以后，随时了解校外美术教育新信息、新动态成了我的习惯。研讨会上与我国儿童美术教育专家杨景芝先生近距离接触，与无数优秀美术教师接触，使我对当今儿童美术教育的发展有了更清晰的认识，对自己今后的教育教学有了更明确的目标。自此，我时刻提醒自己"天外有天，人外有人"，不要人为地限制自己的脚步，而应该多走出去，扩大自己的认知领域，积极应对专业发展所面临的挑战。

拥有过硬的专业能力是做好教学工作的重要基础。与校内相比，校外艺术教育具有更强的专业性，对教师的专业要求更高。我坚持以多种自学形式提升自己的专业水平，如购买和阅读大量图书，从不同艺术门类中汲取营养；参观美术展览，参加各类专业培训和业务研讨活动，向大师学习，想办法开阔眼界；业余时间外出写生，坚持创作；参加各级各类美术展，与同行交流切磋，主动接受评价……我的作品《古韵》《蓝色交响》《我的学生》等入选市、区级作品展并获奖。扎实的绘画功底为我课上的示范提供了有力保障。

上好课是教师的立身之本，教育教学能力需要在不断的实践和反思中获得提升。各类公开的教学展示对于教师来说既是挑战，也是加速成长的宝贵平台。2003年，朝阳区青少年活动中心承办全市校外教研活动，内容是观摩交流研究课，我被安排做课。怀着忐忑的心情，我认真准备，虚心接受专家指导，不厌其烦地推敲课程。做课当天，七个区县的同行在交流中给我提出了宝贵的建议和意见，让我清晰地看到了自己的优势和不足。我开始重新审视自己的日常教学，并积极调整。这次活动使我深深地认识到了教学需要研究，需要在与同行的广泛交流中完善，从此我迷上了教学交流和教学研究。2006年，经过全区选拔，我获得了参加首届北京市校外教师基本功大赛市赛的资格。参赛给我带来巨大压力。在教研团队的集体帮助下，我的理论水平、实践能力都获得了大幅提升。最终，我获得了美术类第一名的优异成绩。随着这一成绩的取得，我也完成了人生当中一次重要的蜕变。在接下来的历次基本功展示中，我都保持全优的成绩。从第一次市级研究课"有趣的对印"，到北京市校外教师首届基本功大赛展示课"一样的物体不一样的感受"，再到特级教师工作室公开课"美的视觉创造"、市级校外观摩课"在偶然中发现创意"，我把做各种公开课、研究课、观摩课视作日常教学的一个个新起点，怀着珍惜之情用心准备。我在实践和挑战中不断反思、总结和成长，我的教学组织越来越精彩。面对挑战与压力，我总能保持积极的心态，勇敢地面对挑战、迎接挑战。

（二）学习叙事分析

1949年，我国建立了以少年宫为主体的校外教育机构。如今，这些校外教育机构已具有一定的规模和影响，在引进和发展、移植和改造、建构和生成的过程中逐渐形成了目前的青年宫、少年宫、青少年宫、青少年活动中心、青少年营地、儿童活动中心等多种校外教育形式。①

有研究显示,校外教育教师专业发展在理论研究和实践探索方面都未得到应有重视,存在着专业成长缺支持和情境、骨干教师发展缺关注和引领、专业研训缺规划和系统三个突出问题。② 即便面对这样的困境,有些校外教师依然能够脱颖而出,成为校外教育教师专业发展的佼佼者,被评为特级教师。特级教师是我国为了表彰特别优秀的中小学教师特设的,既有先进性又有专业性的荣誉称号③,这一称号往往被看成教师的最高荣誉。

1. 金兰之契少年宫

吴蔚于1986年就开始在少年宫工作,从开始受到"鄙视","进不了学校的才进少年宫","在学校教不了课的才去少年宫",到逐渐得到认可,"进少年宫很难,比进中小学还要难"。这种对少年宫的认可、对少年宫工作性质和工作形式的认可使得吴蔚能够专心在这一工作岗位上辛勤耕耘。这种"乐于""专心"给予了她很大的学习动力,背后也隐含了"我就是想打破大家对少年宫自以为是的看法"。

我十九岁中专毕业后就参加工作,进入了少年宫。刚参加工作时,(少年宫)很边缘化的,挺边缘化(加重语气)!1986年非常边缘化。对!我记得我刚工作那会儿,我爸我妈就跟我说,好像教不了课的(老师)才去少年宫。对!就是这种感觉!到现在,(年轻人再想)进少年宫很难,比进中小学还要难。嗯,其实这也能体现出(少年宫工作)地位的变化。

这种"想打破"或者"离经叛道",根植于吴蔚内心对少年宫的认可,根植于她从小对少年宫的向往,从小对美术的兴趣,从小就有可以凭借学校教师的"条儿"去少年宫学画画的机会,尽管这种机会因为种种因素未能把握住,但这种经历让吴蔚对少年宫有一种"天然的"认可。

我从小就喜欢画画,那会儿我上小学,我记得去少年宫得有老师推荐(才能

---

① 康丽颖:《中国校外教育发展的困惑与挑战——关于中国校外教育发展的三重思考》,载《北京师范大学学报(社会科学版)》,2011(4)。

② 麻来军、王秀江:《基于共创性学习理论的校外教育教师专业发展路径研究》,载《中国教育学刊》,2021(9)。

③ 吕玮晴:《特级教师W老师专业发展的叙事研究》,硕士学位论文,广西师范大学,2016。

去)。在学校写得好、画得好的(学生)，老师给你写一张"条儿"，推荐到少年宫(去学画画)。

我是在东关路小学上的，学校现在已经没有了，学校所在的那条路叫迎宾路，每次国家领导人要从那儿过，我们就出去挥舞绸子什么的，当时我就特别喜欢画画。然后呢，我们美术老师就给我写了一张"条儿"，让我去朝阳区少年宫，就是我现在的单位，去那里学画画。我当时就过去了，我们单位(朝阳区少年宫原址)原来在东大桥那儿，我找到那个老师，老师说当时不招生，就等于说在学期中(人家不招生)，说你暑假的时候再来，我暑假没去(成)。那会儿我爸我妈工作忙，就没去(上)。

2. 急症投"医"：教学实践—广泛阅读—主动请教

在谈及少年宫的工作形式时，吴蔚说，少年宫的教学基本还是延续师带徒的形式。与学校的班级授课制相比，师带徒的形式虽然效率不高，但是对教师综合素质的要求非常高。因为是学生选教师，而且一选就十几年，所以这样的育人方式也让少年宫的教师更加注重提高自身的素质，包括对学生的因势利导、对教学内容内在逻辑的深刻理解。

我之前想说这个，我刚工作的时候，教的可能都是儿童美术，因为(我是)年轻小姑娘嘛，招的学生也都特别小。我们少年宫是这样，整个校外(教育)也是这样，基本上就是师父带徒弟，如小朋友来到我这里了，可能一直跟我学，一直到初中毕业，甚至高中。这就是我们校外(教育)的一个特点。所以，你不可能从别的老师那儿"抢"学生过来，人家跟那个老师有感情了，也不可能到你那个班。我一开始招的全是"小不点儿"，全是五岁左右的小孩。他们一直跟着我学画画，学了整个小学阶段，有的还跟到了初中。

(1)教学实践——做长期主义者，教有吸引力的课

少年宫的育人形式造就了教师必须有真本事，这种真本事不仅仅是对五至十六岁的孩子要学习的美术内容逻辑框架的理解，更是如何采用美术来达到整体育人的目的。当然，这样的工作对新入职的吴蔚来说也是不小的挑战。自己年龄小，十九岁就参加工作，接触的学生年龄小，都是五岁左右的孩子，这种客观存在的现状迫使吴蔚必须探寻属于自己的职业生涯之路。

"纸上得来终觉浅,绝知此事要躬行。"只有经历过,才能有感悟,才能探寻到努力的方向。长期主义者通常能过得了普通的今天,耐得住平静如水的明天,认准了目标,就能耐下心慢慢地向前行。

后来对我影响比较大的是一位老师,就是我们原来的一位老师。他对我说:"如果你想在教学上,在少年宫立得住脚,能够把教学搞好,你一定要从头,就是从小教到大,教一轮,这样你才能对什么阶段教什么有深入的体会。因为有时候我就想,唉!我就教一年这'小不点儿',教熟了,我就给你们,我还接着教(小不点儿)。那样我就省事啊,不用再备课了,说白了就是压力变小了呀。"

"学然后知不足,教然后知困。"吴蔚经历了这种数十年如一日的时光。今天是普通的今天,明天是平静如水的明天,但吴蔚的目标更加清晰。

我听完老师的话,就把我这一波儿学生从小一直带到了高中。在这个过程中,孩子长大了,你也在跟着他长,你该教什么?你又不能教课内的,课内的他们在学校学过了,这时候你就需要自学,要买好多与儿童美术教育相关的理论书去看一看。其实,我那会儿重点看的就是不同年龄阶段儿童的绘画心理特点。

你得知道四五岁的孩子的特点是什么,到七八岁他又需要什么。你不能揠苗助长,也不能想教什么就让孩子就跟着你学什么,你也要顺应孩子的(需求)。

其实这也是我们校外(教育)的一个特点。校内是什么?校内就是我教什么你就学什么。你不学也没关系,等下课我就走了,反正学生走不了,这是学科本位。我们校外是什么呢?你得把孩子留住,你能留住孩子最关键的一点就是你的课程得吸引孩子,他感兴趣,这个特别重要。我要教什么内容,用什么样的方法教,孩子才会感兴趣,又喜欢我这个老师,这是我需要考虑的。

"磨刀不误砍柴工。"一辈子砍柴是不是一种长期主义呢?从字面理解,长期砍柴确实是一种长期主义,毕竟每天都在砍柴,坚持不懈。但是每天砍柴自己是否体验到了那种愉快感呢?这就需要在自己内心打上一个问号了。吴蔚选择少年宫这份工作,并坚持到今天,自己是心甘情愿的。吴蔚说:

我是就是喜欢画画,从小就喜欢,后来还教画画。教画画还是挺高兴的。

(2)广泛阅读——校内外、跨学科学习

一名校外教育工作者只单纯地知道校外教育的规律和特点是不行的,避不开的一个环节就是校内美术教学在做什么。"知彼知己,百战不殆。"吴蔚翻阅了大量的校内美术教育的相关书籍，对课程标准、教学设计等做了全面了解。

所以我就得看书，看那些校内的（书）肯定不行。我跟校内老师学的可能是他们怎么写教案，怎么写教学设计，还有就是怎么组织教学，但是真正去研发课程，我觉得就得自学，从书中学，去跟一些学校以外的专家探讨。

对每位教师来说，自学能力是在这个变化频率和变化幅度都在不断加大的时代里比较有价值的能力。有很强的自学能力并不是说什么都能马上学会，什么都能马上学好，到最后无所不精、无所不通。不管学什么，都需要时间和精力。与付出相比，更难的事情在于不断填补耐心，以防它过早被耗尽。在多年的工作实践中，吴蔚的学习能力并没有因为时间而被耗尽。

我觉得不能仅仅局限于我教美术，我就学美术，这肯定是不行的。你要有一个跨学科的（意识），还要注意它的广度问题。在这个过程当中，你会更加了解这个学科。我是校外嘛，校内是什么样，在社会上它是什么样子的，我的定位是什么，那种纯社会私人办学的跟咱们又不一样了。所以，在这个过程中就是这样。当你觉得自己走不出去，或者说不知道该怎么做的时候，就跟专家，一定要跟专家学，让专家给你提点，这个很重要。

"721"学习法则是由摩根、罗伯特和麦克三人在合著的《构筑生涯发展规划》中提出的。该法则认为成人学习70%来自真实生活经验、工作经验、工作任务与问题解决，20%来自反馈以及与其他角色榜样一起工作并观察和学习该榜样，10%来自正规培训。这一学习法则重点强调了四点：学习主体非常重要，学习的根基是实践，反馈是不可或缺的环节，同伴是重要的学习资源。吴蔚在学习中较好地遵循了这个学习法则，有很强的跨学科学习的意识和动机，耐心地实践，积极地向专家学习。

（3）主动请教——与高人过招

学习既要读书，也要去实践，还要去找到本领域内的"标杆"。学习"标杆"就是对照"标杆"找差距，积极投入"标杆"麾下，学习"标杆"的做事方式。

对，我那会儿特别有幸认识了杨景芝老师，她是中国儿童美术教育家，也是首都师范大学的教授，专门研究儿童美术教学，原来在北京市少年宫当老师，后来到的首都师范大学。她也是特别喜欢儿童美术，就做这方面的研究。那会儿我觉得杨老师给我的帮助特别大，杨老师很有名，各种活动都请她。我们有时候搞基本功竞赛的时候也请她来当评委。我就跟杨老师多交流，把自己的课给杨老师看，把我的想法跟杨老师说，请杨老师给我指导指导。这种指导，其实怎么说呢，我觉得就是人家一点你，你就知道了（不点自己意识不到），这就是高人指点，这很重要啊。

知识经济时代，信息总量出现指数级增长的趋势。吴蔚年轻的时候，网络还不是非常发达。面对工作上的困境，她采用了在教育教学情境中学习的方法，即认真做事，做好教学工作，积极自学，多看教育类、心理类的书，跳出专业再回头看自己的专业，多请教专家，多向专家展示，这种展示过程就是非常重要的学习过程。

3. 没有创新就没有生命力

尽管校内美术教育也一直在倡导构建小初高一体化的内容体系，但是，在一体化方面，校外美术教育走在了校内美术的前面，这样的美术教育当然也是基于班级容量不大这一现实条件才能实现的。

我觉得你老得想着创新，这个特别重要。还有一个和别人不一样，我这人教课就是这样。比如，原来我就带过一轮（学生），从小带到大，这一轮结束后可能又有新的孩子了，课是同样的课，我肯定不愿意再重新教了，我要想一种新的方法。我教过的课，我基本上就不再用了。如果要用的话，我肯定要加入好多新的内容，至少加入50%的新东西，把原来精华的东西抽取出来，然后加入新的，这样做其实是给自己增加压力，也让自己不断进步。

4. "内功"与"招式"并重

在武侠世界里，"内功"和"招式"既相辅相成，又相互制衡。光有"内功"或光有"招式"是很难成为"高手"的，唯有"内功"和"招式"并济，融为一体，才能成为"高手"。吴蔚之所以能够成为校外美术教育的特级教师，是因为"内功"与"招式"并重。

在谈及人生中的一些关键事件时，吴蔚觉得只有大强度的持续性刺激才能带来"内功"与"招式"上的改变。当你处于一种竞赛的情境中，处于一种想进步的状态中，学习就自然而然地发生了，且能够让你的认知方式、行为方式、能力水平发生改变。

(1) 关键事件——基本功的历练

吴蔚对于教师基本功竞赛这一关键事件记忆犹新，基本功竞赛在短时间内给她的教学工作带来了不可逆的改变。

我觉得对我来说具有转折意义的那个关键事件其实就是基本功竞赛。对于一个年轻老师来说,这是一个非常好的历练过程。因为我觉得我就是从基本功竞赛中锤炼出来的。我参加过一次北京市的基本功竞赛,因为我们校外系统当时是第一年搞,我们单位推我去参赛,区里边推出四个到市里去比赛。当时人家说:"你代表区里去(市里)比(赛)嘛,你得从市里拿回成绩,对吧?"所以呢,在区里比(赛)的时候,我就想我要上一节什么样的课,能够代表我的教育理念,代表我这几年教学的想法。我就自己研发了一节课,这节课在区里获了一等奖,后来把我推到市里去了。那到市里呢?当时就有说课(这一环节),那会儿我不知道什么叫说课。

2006年,北京市校外系统(举行了)第一届基本功竞赛,有说课、现场答辩和现场专业技能展示(三个环节),三项得分合起来才是总分。而且结束后,大屏幕就往外公布成绩。我当时是美术第一名,我就说,我为什么对这次基本功记竞赛忆深刻,我感觉对我来说就是一个历练的过程。从怎么写教案,到怎么说课,包括怎么做PPT,怎么在台上向大家展示,绝对是一次历练。我们单位教研室的好多老师和领导帮着我,我们几个人一块儿讨论。刚开始我就跟他们说,说着说着就说没劲儿了。他们说:"你先录下来,你自己听听。"这个PPT怎么做。原来的PPT都是字,恨不得把所有东西都弄到上面去。后来他们说:"人家底下能看得见(这么多字)吗?"就是这些最简单、最基本的反复锤炼,使我一下就明白了。然后我每一届都是一等奖,这个我觉得真是不经过一轮教学,好像真的不能有那种感觉。就是你没有这种竞赛意识,可能就是不一样,跟你平常的那种(不同),都在心里不知道怎么表现出来。

一件关键事件——区级、市级基本功竞赛,对于吴蔚来说,就是一个历练过程。在历练过程中,既要重视外在的、有形的"招式",又要重视内在的、无形的"内功",二者相互配合才能完成一次人生的蜕变。吴蔚最后对基本功竞赛的评价是:

我觉得参加基本功竞赛是一次成长,专业成长,挺关键的。

(2)内化于心,外化于行

我们总能从周围学到一些道理,这些道理可能来自我们的父母、老师、同学,甚至是陌生人。当听到这些道理时,我们会有一种恍然大悟的感觉,感觉自己"学

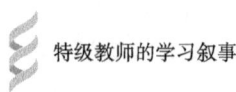

到了"。可是当我们真的面对一些事物的时候，曾经感觉"学到了"的道理却用不起来。因为我们觉得"学到了"的那些道理，只是当时记在脑子里了，事后就忘了。真正的"学到了"，还在于内化于心，外化于行。

当你真正要把这些东西表达出来的时候，你一定在心里经过了多轮梳理。就好比说，对这个活动中心的认识，你让我说一分钟不打磕巴，我可能现在就能说，但如果我对这个活动中心不了解，或者说对它没有什么态度，我肯定中间会打磕巴。说得流利或者表达出来让大家接受，那你就需要不断地在心里面内化，这是一个过程，最后能与你自己融为一体。

实践是检验真理的唯一标准，吴蔚能够运用自己所学的知识、所明白的道理，解决自己面对的问题，属于真正的"学到了"。

(3) 课题研究，可以让你走得更远

知识经济时代，需要学习型教师、研究型教师。课题研究是教师成为学习型教师、研究型教师的重要路径。李冲锋教授在《教师如何做课题》一书谈道："能够申请到课题、主持课题、完成课题，是教师具备较高教学教研能力和水平的标志，是教师专业发展的良好平台。"课题研究也会让教师走得更远。吴蔚也是从课题中学习，从课题中实践，最终成了现在的自己。

做课题，我跟您说，刚开始真是，论文都不会写，我一点不夸张。不会写论文，不知道怎么写论文，更别说做课题了。但是在我承担了一个课题以后，我就发现了做课题(的益处)。首先，我知道了怎么去做文献研究，做文献研究的时候怎么去提炼，怎么去梳理。然后，我们不是为了做课题而做课题，而是在做课题的过程中找到一个实际问题，这就是做研究的意义。

5. 在育人的道路上需要不断进取

(1) 学习和育人是共生关系

教师的学习和育人是共生关系，在不断育人的过程中不断学习，育人始终是学习的一个正确方向。吴蔚面对不同的学生，因材施教，最终成就了学生，这和她包容的心态是分不开的，也只有不断地学习才能让自己具备更加包容的心态。

这个学科(美术)教学只是一种手段或者方法，对吧？但是到落实到一个孩子身上，其实最重要的是怎么让孩子能够健康成长，让他从你这儿汲取营养。也许他以后可能就去做美术(相关工作)了，对吧？还有一些孩子，虽然没从事与美术相关的工作，但可以将美术作为自己的兴趣爱好，一个精神出口。我这里有一个学生，在航天部门工作，原来在理工大学(读书)，一直都在做研究工作，现在在航天部一个部门。那个大男孩学的是理科，但是他没事的时候就画画，为什么呢？他说"就想轻松一下"，这就是他的一个精神出口。

还有一个孩子，这是我们这里一个比较极端的例子。原来他上课，就背着画夹子来。这个孩子不坏，来是来了(他不画画)，跟这个逗逗，跟那个逗逗，完了看看这个，看看那个。后来我就跟他说："你家长给你花了钱，你也不画，你干脆别学了。对吧？你该学什么学什么，你说你不在我这里画，你干吗呢？你是不是不喜欢(画画)呀？"他说："不是，老师，我就喜欢这氛围。"哈哈。你说，这种孩子你还得因势利导，你还不能让他把时间都浪费了。你喜欢这氛围，在这氛围当中你得做点事啊，你不能这样啊！对吧？

还有一个跟着我学的孩子，来画画是真的，(但他)全涂成黑的，全涂成黑的！然后我问："你为什么都画成黑的呀？"他就说："老师，我觉得黑色最美。"咳！他认为黑色最美。我就说："你可以画成黑色。"我就给他找一些作品，确实有人认为黑色最美。比如，原来有一个国外的画家，我忘了具体名字了。他就是寻找黑色之外的黑色，他是通过那个笔触(变化)实现的，虽然整个画都是黑色的，但笔触变化，通过光影的折射，会产生一种美。我就给他讲一些这方面的故事。这个时候他就觉得老师接受自己了。之后我再跟他讲什么，他就乐意听了。然后，我再让他看其他颜色，慢慢地这个孩子改变了。现在这个孩子在英国学美术，我就觉得我们，就是研究孩子，尊重孩子。

(2) 育人手段的学习是不断地融合和开发

育人手段也是需要不断学习的，充分认识自己的优势和不足，是提高教师的育人能力的一个重要前提条件。吴蔚在多年的校外美术教育中，对校内校外美术教材、教法有深刻的认识，不断地开发校外课程。

其实教材就是校内和校外最大的区别，校内更多的是研究教法，因为教材是国家统编教材。你就照着教材、照着课标教就行。我们校外，我觉得就是你得先研究孩子。为什么研究孩子？你教给孩子什么内容，用什么方法教，这和校内不太一样。校内和校外的差别还真是客观存在的，我们应该向他们学习规范性，他们应该

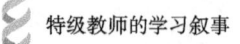

向我们学习这种自主开发能力。

(3)育人方面的学习就是不断与高人过招

但是(美术)在校外属于主科,因为所有的少年宫,学美术的孩子较多。我们的学生较多,也比较受重视。我们的领导也都挺开明的,我们要想去外面学习或者参加什么研讨会,他们都特别支持。我觉得作为老师,成长中还有特别关键的一点,就是刚才跟您说的那个,一定要到外面去看,不做井底之蛙,要和高手过招,确实是这样的啊。

吴蔚在学习和育人的道路上的确做到了与高手过招,不断成长。

(三)学习特征概括

特级教师首先要对教育有情怀,没情怀的人走不远;其次要有科学精神,有自己的价值判断;最后要有敬业精神,没有敬业精神走不长。外界的压力可以让教师一时做得还可以。但是只有敬业,敬畏教师这个行业,才会持续地探索,而且不知疲倦,这是一种非常重要的品质。[①]

1. 校外情怀的坚守

吴蔚从小就喜欢画画,儿时就对少年宫有良好且深刻的印象。自己从小在少年宫学习,长大后在少年宫工作,并在少年宫成长为一名特级教师。

当年少年宫的工作并不是人人都想干的,但吴蔚就坚守在那里了。尽管少年宫的工作和整体的学校教育相比,属于"边缘",但是吴蔚觉得教师职业并不"边缘",因此她才能在这个岗位上坚持学习,不断进步。

2. 为学生个性而学

学校教育中的美术课是有时间限制的,但少年宫的美术课在时间上限制条件较少,学生可以依据自己的兴趣、爱好和时间来安排画画,这就给了学生施展自己个

---

① 张春雷、郑晓蕙、沈扬等:《学习和科研是教师立身之本——访谈上海市生物学特级教师张治》,载《生物学教学》,2020(11)。

性的空间。

面对个性化很强的学生，吴蔚能做的工作就是不断地研究学生，尊重学生。只有尊重学生，学生才能"亲其师，信其道"。

这种充分的尊重，既是一种教育情怀，也体现出了吴蔚的学习能力。因为尊重学生、研究学生不能停留在内心或停留在嘴上，而要落实到行为上。吴蔚对美术知识和技法、美术家、不同画风、不同画派的学习，使她有了可以指导不同学生绘画的能力。这就是基于学习的力量而尊重学生的个性。

3. 全方位学习内容

(1) 关键事件和关键人物指引学习内容

杜威非常强调"做中学"，对于吴蔚来说，参与基本功竞赛就是自己从"做中学"。

学习需要眼界开阔，没有开阔的眼界，学习就没有动力，没有方向。吴蔚积极利用一切机会开拓自己的眼界。

学习离不开高人的指点，高人的指点既能让吴蔚提高学习效率，也能让吴蔚拓宽眼界。

吴蔚还特意强调一定要到外面去看，不做井底之蛙，要和高手过招。

(2) 教，然后知困，困，然后知学

吴蔚作为一名校外美术教师，她接触的学生有小学生，有中学生，范围很广。有些学生可能从小学一直学到高中，这种横向范围广、纵向十几年的接触，使得吴蔚需要有丰富的教学内容，这也是其学习内容多样化的原因。吴蔚在做事中学，在请教中学，在大量阅读中学。

4. 教研立足不断创新

基本功竞赛是吴蔚记忆犹新的关键事件，只有经历过，才能真正懂得，也只有认真地对待这段经历，才能打开研教的大门。教研要研校内、研校外、研教材、研教法、研学生。

吴蔚横向接触的学生的年龄差异大，纵向接触的学生一跟十几年，这也造就了吴蔚不断创新的个性特征。

从研教到研课题，吴蔚逐步加大了研究力度。

正如上海市生物学特级教师张治所说："我觉得只有学习和研究才能帮助我们快速成长，不断走向专业。教会学生学习和研究是我的教育信念，而不断学习和坚持研究是我坚守教育信念的两条腿，让我的从教之路越走越宽。"[1]

---

[1] 张春雷、郑晓蕙、沈扬等：《学习和科研是教师立身之本——访谈上海市生物学特级教师张治》，载《生物学教学》，2020(11)。

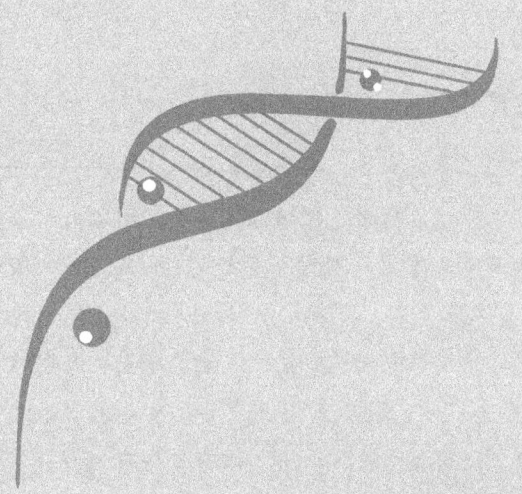

十三、学做教育实践家

——语文特级教师李怀源的专业学习之路

个人简介

李怀源，1972年6月出生，在小学工作二十六年，现任北京教育学院人文与外语教育学院副教授，北京师范大学在读教育博士。北京市语文特级教师，齐鲁名师，教育部"国培计划"第三批专家库专家，北京大学"国培计划"小学语文学科课程开发及教学指导专家，中央民族大学硕士生兼职导师，"北京市中小学名师发展工程"实践导师，义务教育语文课程标准修订评价组成员，中小学（中职）语文国家教材建设重点研究基地特聘研究员，叶圣陶研究会理事、叶圣陶教育思想专业委员会副主任，中国教育发展战略学会教育教学创新专业委员会常务理事。主持完成国家社会科学基金课题"基于核心素养的小学读整本书课程实施与评价体系研究"，主持北京市社会科学基金课题"构建高质量的小学语文单元整体教学实践体系"等。在《课程·教材·教法》等刊物发表论文五十余篇，撰著《小学语文单元整体教学理论与实务》《小学读整本书教学实施方略》等五本，主编三十余本，成果曾获首届国家基础教育教学成果奖二等奖（2014年）、北京市基础教育教学成果奖一等奖（2018年）、北京市基础教育教学成果奖一等奖（2022年）等。

（一）个人学习小传

我中师毕业，函授专科、函授本科，2007年9月至2008年7月，在首都师范大学脱产一年读教育硕士，从2008年7月开始当了十年的小学校长。2019年5月被调入北京教育学院做教师培训工作，2019年7月考入北京师范大学教育学部攻读教育博士。

下面就说说我这个一线教师的经历。

1. 职业定位阶段：学做语文教师

1999年4月，我在《山东教育》发表了第一篇文章《微笑的歉意》；2000年10月，发表了第二篇文章《"手盛不了"》，灵感来自"小猴子下山"那节课。关于这节课许多人都知道，很多教师小时候都学过，就是小猴子掰了这个丢了那个，掰了那个又丢了的故事。教师就问学生："你觉得小猴子为什么掰了这个丢了那个？"学生就说了一句话："手盛不了。"大家觉得有道理没？我们成年人老觉得它朝三暮四、没有定性，它要追求下一个目标的时候一定要放弃这个目标。大家想一下，你要追寻下一个目标的时候，难道还要抱着之前的目标一直负重前行吗？我觉得没有人会那么傻，其实学生是很有哲学思维的。我就是从那次开始到2003年，差不多一直在写教育类的感悟文章，发表的也比较多。感谢《山东教育》当时的主编李振村，他给了我很多帮助和指导。

2000年，我第一次上网。在人民教育出版社的小语论坛，我跟很多人交流，如周益民、蒋军晶、高启山、屈小青等小学语文名师，我们都是在论坛中成长起来的。那时候，大家每天晚上都聊语文教学的内容，这应该是最早的网络教研了。我记得我上"苦柚""跳水""落花生"等课，都是跟朋友在网上讨论之后才上的。感谢当时小语论坛的负责人刘芬老师，她把这些热爱语文教学的人组织在了一起。我也当了一段时间的小语论坛的版主，后来碰到有些教师，他们还记得当年小学论坛的"阿远"。现在想来都是很久之前的事儿了。

2002年4月，我参加山东省小学语文优质课评比。对于一位毕业八年的教师来说，这是一次很重要的机会。我觉得我准备得特别好，当时就用自主合作探究的方式。但是我忽略了那里的学生，他们都把学习材料的原话背下来了。我每次问问题，他们都会说学习材料中的原话，效果并不是很好。那次只获得了二等奖，我一直觉得会是一等奖，所以后来写了九个专题反思。这两年提到那次比赛后背不出汗了，之前我有十年的时间，对这件事情耿耿于怀。我当时写的九篇，大家在网上都可以搜到。在这个过程中感谢德州市教育科学研究院的孙敬东老师，孙老师一直是我在教学实践领域的指引者。

2. 专业发展阶段：学做小学校长

2002 年 7 月，我进入民办学校。当时我就有一个梦想，做教育实践家，像陶行知、叶圣陶那样，把自己的名字写入历史。这个梦想支撑了我十多年，现在我已经不这样想了，我觉得那是一件很可笑的事情。但那时候就想，我把自己的名字写入历史需要怎么做呢？我只有一直不停地向前走。帮我接近这个梦想的是我当时的校长姜凤平先生。自 1992 年 9 月毕业，我就一直跟着他学习，直到 2014 年 7 月离开德州。

2003 年 4 月，我上"教育在线"，接触到了新教育，接触到了朱永新老师。他那种教育情怀点燃了我，使我有了更多的力量。此后多年，朱老师对我的研究很支持，给了我很多指导和帮助。

2005 年 7 月，我开始接触儿童文学。原来我们学校也做阅读，但是儿童文学阅读做得比较少。2005 年 12 月，人民教育出版社王林博士在我校举办全国首届班级读书会研讨活动，我第一次教授《亲爱的汉修先生》这本书的阅读讨论课。2016 年 11 月，我第四次讲《亲爱的汉修先生》这本书。我在《中国教育报》发表了一篇《班级读书会的价值在哪里？》，这篇文章写的是我这十年中的四次教学变革。后来，我创立了"阿远读书坊"，写了八十多篇整本书读后感。2009 年的时候，王林邀请我在英东学术会堂做了四十分钟的关于儿童阅读的演讲。对我来说，这是非常风光的一件事情。后来，我写了硕士论文《叶圣陶"读整本书"思想研究》，大家在网上也可以搜到。感谢王林把我带入读整本书教学领域，让我对儿童文学阅读有了切实体验，同时也让我拓宽了视野，能够进入更大的研究领域。

2007 年 10 月，我出版了专著《驾驭语文课堂的艺术》，这本书是我十年的积累。我个人觉得，这本书是我写得最好的一本书，因为里边有真性情、真感情、真的思想火花。那时候，我就确定了小学语文教学应该包括"教科书""读整本书教学""语文实践教学"三部分。当我把这个想法向第一次见面的崔峦老师汇报以后，崔老师很支持，并提出了具体建议。在此之后十多年的时间里，崔老师多次参加我组织的单元整体教学研讨活动，他才是单元整体教学改革的推进者。

2007 年 9 月到 2008 年 7 月，在首都师范大学，我写了十多万字的学习笔记。上的所有课我都会记录下来，并且有自己的反思，当然还有一些其他的事情。我两次见到霍懋征老师，都是去他的家里跟他交谈。

2009年4月，我在《课程·教材·教法》上发表了《由叶圣陶"读整本书"思想谈小学整本书阅读》，人大复印资料全文转载。2009年5月，我完成硕士论文《叶圣陶"读整本书"思想研究》。

2009年10月，我出了第二本书，也是我小学语文单元整体教学的第一本书，叫《小学语文：单元整体教学构建艺术》，由西南师范大学出版社出版。感谢我的导师王倩老师，她把我带上了学术研究之路，让我对研究充满敬畏之心。当我向王老师提出想请饶杰腾先生帮我的书写序言的时候，王老师二话不说就答应了。饶先生是单元教学的研究专家，给我的书写了序言，提出了下一次研究的重点。多年以后我才知道，王老师找饶先生给别人作序，我是唯一的一个。

2010年，我跟随山东齐鲁名师考察团到美国，在美国待了三周。我特别幸运，住在了康涅狄格州州立中央大学阅读中心总监杰西·特纳教授的家里，他是美国全语言之父肯·古德曼教授的博士生，也是美国阅读学的教授。他带我到他的阅读实验室，观摩他如何带领教师上阅读课。我在他家住了七天，他的夫人凯若琳是专门的阅读教师。我到她的教室，每天观察她给四年级的学生上阅读课。我们交流的过程是非常困难的，用电脑打成汉字再翻译成英文，但还是给了我很多启发。2012年5月，我请他们到中国来参加我校举办的"国际阅读研讨会暨单元整体课程发布会"。目前，我们还有书信往来。

2010年9月，我被评为山东省特级教师。

2012—2014年，我出版了单元整体教学课程系列的图书，包括语文、数学、英语、体育、艺术、科学与信息技术六本。

2012年12月，《小学语文单元整体教学构建艺术》获"全国小语会第九届学术年会优秀论著一等奖"。在学术年会上，我担任第三小组的主持人，并且代表第三小组进行大会交流汇报。感谢全国小语会理事长陈先云先生，他能够信任我，支持我，并推荐我参加"宁夏回族自治区小学语文单元整体教学研讨会"。

2014年7月，"小学单元整体课程实施与评价"获得了"首届基础教育国家级教学成果奖二等奖"。

2014年7月，我被调入清华大学附属小学商务中心区实验小学，担任一校区执行校长。清华大学附属小学窦桂梅校长在工作和研究等多个方面给了我指导和帮助，让我在新的工作岗位上能够不断前进，继续研究。

2015年12月，我被评为北京市特级教师。

2015—2017年，我出了两本书，即《叶圣陶谈阅读》和《叶圣陶论写作》，对叶老的思想有了更加细致的研究。

2016年7月，我立项了国家社会科学基金"十三五"规划教育学一般课题——"基于核心素养的小学'读整本书'课程实施与评价体系研究"。

2017年4月，我到台湾地区参加学术交流活动，住在儿童阅读专家林文宝教授家的对面，在林先生的藏书楼看了几天书。在台北、台中、台南参加了不同的关于阅读的教研活动，参观了台东大学，和台东大学的教授、硕士生、博士生进行了研讨。我自2006年4月认识林文宝教授，多年来他一直支持我，对我的多项研究提出了中肯建议。

2017年9月，人民教育出版社出版专著《小学语文单元整体教学理论与实务》。9月27日，人民教育出版社刘立德老师专门为这本书开了一次新书发布会。当时，邀请了北京师范大学郑国民教授、北京大学汪锋教授等专家学者到现场，香港小学语文专业委员会刘筱玲会长、上海师范大学吴忠豪教授等专家也以视频的方式参与活动。此次活动在人教网直播。我觉得这次发布会对我个人，对我们团队来说，都是一件非常重要的事情。

2018年3月，我们主持的"小学语文整体教学理论与实践研究"获北京市基础教育教学成果奖一等奖。

3. 事业转型阶段：学做教师的教师

2019年5月，我被调到北京教育学院。我在一线教师阶段主要从事三个方面的研究：小学语文单元整体教学研究、小学整本书教学研究、叶圣陶语文教育思想研究。现在，我在做教师培训工作，努力学习以这些研究成果促进小学语文教师专业能力发展的方法。

为了实现实践思维与研究思维的对接，我考了北京师范大学教育学部的教育博士，以更好地认识研究，以研究的思维看待实践的问题，努力做好理论和实践的相互转化。

(1)以小学语文单元整体教学为培训主题

我探索和实践单元整体教学已经有十六年了,这十六年可分为三个阶段:第一阶段,建立小学语文单元整体教学实践体系,细化目标体系,创立教学模型,梳理教学策略,建构评价体系,服务于学生语文课程核心素养的发展;第二阶段,建立整体学习任务实践体系,设计整合作业,带动整个单元的教学;第三阶段,建立整体学习情境实践体系,创设整体学习情境,设计具体的学习任务,检测可见的学习成果。

《驾驭语文课堂的艺术》这本书把语文教学分为教科书教学、读整本书、语文实践活动三部分。《小学语文单元整体教学构建艺术》这本书比较系统地介绍了小学语文单元整体教学的思考与实践。《小学语文:单元整体课程实施与评价》这本书建立了课程目标、课程内容、课程实施与课程评价的框架。《小学语文单元整体教学理论与实务》这本书对小学语文单元整体教学的理论进行了比较系统的研究,以课堂实录的方式呈现了实践探索的过程。

在培训过程中,我负责的培训项目,如新教师培训、专题班、特级教师工作室、国培计划等,都以单元整体教学为主题,针对不同阶段的教师开展实践研究,以此促进教师对课程理念的理解,提高其课堂教学能力。

(2)以小学整本书教学为突破

十年校长生涯,使我基本建立了小学分学科的阅读课程内容体系。阅读已经从文学领域推广到数学、科学、英语、艺术、体育等学科领域。通过多年研究读整本书的理论和实践,我认识到了阅读是思考的过程,有利于学生语言、思维和精神的发展,是发展学生核心素养的有效途径之一。

我的专著《小学读整本书教学实施方略》《儿童阅读的力量》由华东师范大学出版社出版,我与他人合著的《小学生如何阅读一本小说》由北京师范大学出版社出版。我在《中国教育科学(中英文)》发表了《叶圣陶"读整本书"教学理论体系及现实意义》,在《语文建设》发表了《小学"读整本书"教学的方向、方式与方法》《发展思维与表达:整本书阅读教学的价值追求——以三年级〈亲爱的汉修先生〉讨论课为例》等论文,在《中国教育报》发表了《小学:当"国学"遇上"儿童文学"》《儿童阅读的断裂与超越》《班级读书会的价值在哪里》等文章。

在全国阅读研讨活动中,我执教过"汉字故事""读书讨论""女水手日记""神秘的公寓""亲爱的汉修先生""狼王梦""草房子""轮子上的麦小麦""一个你想不到的故事""不老泉"等整本书讨论课。

在课题研究的基础上,我在北京市密云区四所学校进行了全学科整本书教学的实践研究,推动了区域整本书教学的发展,促进了学校的教学变革。"整本书阅读"学习任务群已经进入义务教育语文课程标准,我们的研究和实践也提供了相应的经验。

(3)以叶圣陶语文教育思想为基础

2015年,我选编《叶圣陶谈阅读》一书,该书由江苏凤凰教育出版社出版,对叶圣陶阅读课程、阅读教材、阅读教学、阅读方法的相关文章进行了筛选,介绍了背景,为读者呈现了系统的阅读思想。叶圣陶对阅读课程的目标、内容、实施过程都有比较清晰的论述,但是没有提出明确的阅读能力的评价方式。

2017年,我选编《叶圣陶论写作》一书,该书由江苏凤凰教育出版社出版,从叶圣陶论写作原理、叶圣陶论写作教学、叶圣陶论写作策略三个方面对叶圣陶的写作教学思想进行了梳理。叶圣陶的写作教学思想是"目中有人"的实践思想,是有生命力的,是能够促进人生命成长的。叶圣陶的写作教学思想来自他个人的写作实践和教学实践,是有生命力的"写作学"。他所阐述的写作原理是经过自己体验后提炼出来的。

我在《叶圣陶研究年刊》先后发表《叶圣陶"读整本书"思想辨析》(2013年)、《叶圣陶阅读思想的当代启示》(2014年)、《叶圣陶开明国语课本练习课研究》(2019年)。《叶圣陶写作教学思想述评》《叶圣陶童话的教育价值》发表于《语文教学通讯(小学刊)》。《叶圣陶语文教育思想述评》发表于《小学语文教学》,人大复印资料全文转载。

叶圣陶语文教育思想是中国传统语文教育与现代教育理念碰撞的结果。我以叶圣陶语文教学思想为基础,在各种培训项目中,推荐一线教师阅读叶圣陶的作品,研究叶圣陶的教育思想,发展叶圣陶的理论。

我是教育战线上的"老兵",已经从教三十余年;又是教师培训方面的"新兵",一直在学习和研究如何让培训既能"入脑入心"又能"知行合一"。

(二)学习叙事分析

我的学习和别人既有相似性，又有自己的特殊性。这种特殊性可能会给大家带来一些启发。

1. 学习动机：成为教育实践家

成为教育实践家一直是我的理想信念。在三十余年的职业生涯中，我一直把学生的全面发展作为工作目标，提出了"自主学习、自我管理、自能教育、自由发展"的教育方式。

(1)个人需求

小学语文单元整体教学更加关注整体育人，将学生视为全面发展的人，以学生的思维与表达能力的提升为显性目标。经过整体教学的实践，学生的语言文字理解和运用能力得到了提升。学生在整体教学活动中自主发展，更加深入地参与学习活动。

小学语文单元整体教学为推动语文学科建设和语文学科发展贡献了力量。过去的语文学科教学更加注重"教学生学课文"，小学语文整体教学更加关注"教学生学语文"。语文学习内容从课文走向更加多元的学习材料，不但关注教科书内容，而且关注读整本书、语文实践活动。

我多次开展单元整体教学的研究课。从"单元整组教学"，到"单元整体教学"，到"单元整体课程"，再到"整体教育"，小学语文单元整体教学理论成果有具体的结构、原则、策略。实践体系建立了目标、内容、实施、评价的基本序列。小学六年，学生会经历九十四种整体情境，完成九十四项具体任务，过程可操作化，成果可视化。在此过程中，学生能够对个人的学习能力有相对清晰的认识，自主学习的意识和能力不断增强。

单元整体教学能够成为小学各个学科的实施方式，以整体情境任务涵盖各个学科的教科书和实践活动，使学习变得更加整合，更具有挑战意义。

(2)他人认同

单元整体教学推广到了更多的学校和班级。用改变教师的方式改变教学，用改

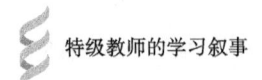

变结构的方式改变课堂，是当下语文教学改革从"文本解读"走向"语言实践"的必经途径。语文教学的发展和教师的思维结构密切相关，传统教学的优势开发不足，问题解决不彻底，都是因为没有建立新的思维结构和实践框架。

自2010年起，我在所有学科推进单元整体教学，在全国产生了一定的影响力和辐射带动作用。

2008年5月，我举办了"阅读策略研究——儿童阅读与小学语文教学研讨会"，赢得了崔峦等专家的认可。

2009年11月，我组织策划了"首届跃华教育论坛暨小学语文读·写策略研讨会"，全面展示小学语文单元整体教学研究的成果，得到了朱永新等学者的赞誉。

2012年5月，我在"小学单元整体课程发布暨阅读课程实施高端论坛"上将"单元整体教学"推进为"单元整体课程"，将前者的单一学科推进为后者的全部学科。单元整体教学课程突破了一般意义上的教科书的教学，强调在自由阅读背景下的学科整合，从时间的经度、学科的纬度上进行了重新梳理。这样的学科整合建立在阅读基础之上，从重视教师教学转变为重视学生自学，吸引了海内外参会者的目光。

(3) 社会关注

从2014年开始，我在阅读研究探索中又向前迈进了一步：从以前的"设计教师教"，到现在的"设计学生学"，未来，还希望能够"让学生设计学"。在研究重心上，从重学科到重学习，再到重学生的进步。我以新的思考为起点，再一次重整以前的探索，进一步完善学校阅读研究。

我撰著的《小学语文单元整体教学理论与实务》自2017年至2022年已经印刷了五次，被多所学校确定为教师必读书目。应一线教师的要求，2020年9月，我开始建设学习共同体——"整体教学工作坊"，吸引了来自全国十五个省份的四百余名教师。

在整体教育、整体课程、整体教学的不断循环转化中，我学习了不同的理论与实践知识，阅读了大量的书籍，结识了不同的专家。

在儿童阅读推广方面，我做了大量的实践探索，除了出版了相应的图书外，还专门为家长写了《每个孩子都能学好语文》《每个孩子都能学好阅读》《每个孩子都能写好作文》等图书，受到了家长读者的欢迎。此外，我多次开展家庭教育讲座，单次观看人数最多的为 20.6 万人次。因为家长的需求和关注,我更加注重教学成果的转化,不断在家庭阅读方面进行研究。

2. 学习投入:参加多种类型的进修

(1)在学历进修中学习

1989 年 9 月至 1992 年 6 月,我就读于中等师范学校,毕业之后就参加工作,成为一名小学语文教师。

自感学历不足,又向往大学,所以我就参加了成人高考,先后函授专科和本科。

拿到学历一段时间之后,看到有教师参加教育硕士的学习,这对没有真正上过大学的我来说,又是一个"刺激"信息。于是,我又尝试参加全国统考,进入首都师范大学文学院语文学科教育专业学习。这次的脱产学习和写硕士论文的经历,让我真正得到了学术训练。我的硕士论文是《叶圣陶"读整本书"思想研究》,有学者称这是系统研究"读整本书"教学思想的第一篇论文。经过这次硕士论文写作,我完成了自我超越。我的一种感受是:在教学研究方面,用前人的经验解决现实的困难,也是创新。这种感受是我在经历学术训练以后获得的,一直支撑我沉下心来做研究。做任何事情之前,我都要看看前人是怎么做的、怎么说的。这样做让我能够从历史的视角看待当下的问题。

硕士毕业以后,我想我再也不可能上学了。但是,我又参加了北京师范大学的教育博士考试,先后考了三次:第一次是审核制的学术博士,没能入围;第二次没有考上;第三次,也就是 2019 年,我终于如愿以偿。当收到入学通知书的时候,我自己都不敢相信这是真的。在北京师范大学学习期间,一直让我苦恼的是研究方法。不同的教师从不同的角度讲研究,如何理解研究问题成了我最大的问题。直到博士论文开题以后,我才慢慢领悟。

学历进修的经历,是自我完善的过程。

(2)在不同的课堂学习

教师学习最好的场所还是课堂。我要给小学生上课,给新教师上课,给不同类型的语文教师上课,也给研究生上课。我自己也要到北京师范大学跟随导师学习。在不同的课堂上,我收获不同。

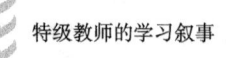

①学会站在学生立场思考。

给小学生上课一直是我的主要工作。要想让小学生学会、学好，就必须站在小学生的立场思考，他们要学会什么，他们怎么才能学会。学会什么，是在课程、教材、教法的三维视角之下确定教学目标。怎样学会，就要为学生设计学习的支架，让他们能够参与到学习过程中，进行思维表达。

面对学生们热烈的讨论，李怀源说："我们一起读完三本书以后，一定记住了很多，生活启示也有很多……一本书不是封闭的，可以是开放的，它可以和其他的书结合在一起，共同促使我们思考……我相信学生会带着更多的问题、更多的思考离开课堂。"80分钟的群书阅读，三本图画书，学生们在共同的时空里，通过与教师对话、与同学对话、与文本对话、与作者对话、与自己对话，逐步厘清文本的思路，更重要的是在这个过程中学会了如何思考，如何表达，如何交换彼此的思考，如何感受思维的乐趣。①

有时候，问题设计的方法出现偏差，学生的思路就会跑到另一条道路上。我给小学生上课时，总能站在小学生的立场，注意用词精准，设计明确的活动步骤，经常使用学习支架。每次上课我都要进行多次修改，力求学生能看懂，能执行，能有所收获。

②在解决问题的过程中发展。

给一线教师上课，我力争能够解决教师的现实问题，不会只讲我擅长或者准备好的内容。给新任小学语文教师上课时，我了解到他们在学生管理方面没有经验，就与他们分享自己多年积累的管理经验，如如何分工打扫卫生，如何保证课间的秩序，然后，再进行语文教学的专题研究。即使是语文教学的内容，也是从教师最关心的课堂教学入手的。我跟他们一起观看课例，一起分析评价，为他们立足学校、站稳课堂打基础。不同阶段的教师要解决的问题是不一样的。同样的内容，要有所侧重。在跟不同教师的交往中，我能够把他们提出的问题进行归类分析，发现哪些是共性的问题，哪些是某个阶段的问题。我对教师培训有了更深层的理解。

---

① 陈莉：《阅读是思维的过程——以特级教师李怀源的图画书群书教学为例》，载《语文教学通讯·小学》，2018(2)。

③对同一问题的深度思考。

我跟随导师郑国民,多次参与他的语文课程与教学论课程,多次参与组会。导师为每一届上的课程的结构都是类似的。有时我也想,原来大学教师的课堂都是这样循环的。后来,我翻看自己的笔记,才发现每一次我的关注点都不一样。多次跟随导师学习,让我从不同角度对同一问题有不同的思考和判断,这无形中拓展了我的思路,让我能够从不同视角进行深度思考。

④在课堂实践中获得研究思维。

在北京师范大学学习期间,我印象最深的是质性研究课。在课堂上,朱志勇老师是采用分组讨论的方式,以小组为单位完成相应的教学任务的,如访谈、汇报等。我们因为都是教育博士,所以都关注解决现实的问题。朱老师一直想跟我们申明的是"研究""诊断",而不是"开药方";研究先要判断有什么问题或者哪里出了问题,而不是凭借朦胧的判断、模糊的经验去干。这是我在课上最大的收获。一线教师付出很多,一直在靠经验做事情。但是,如果不能以研究的视角审视现实的问题,不能发现深层次的原因,就找不到解决问题的根源。

(3)在各类培训中学习

我的学习经历中,有很大一部分是参加各级各类的培训。

①专业进修。

我两次参加省级骨干教师培训,两次参加"国培计划"培训,一次在上海师范大学,一次在苏州大学,时间一般都是两周左右,在精心设计的课程中进行理论学习、课堂观摩、分组研讨、汇报交流……我曾经写的《"国培"让我变得更专业》一文获得了"国培计划"征文一等奖。回顾我在"国培计划"培训中的收获,我能够从语文教学的专业角度来审视日常工作。

②名师培养。

我参加了山东省"齐鲁名师"(第二期)学习,前后历时近六年。在此项目培训期间,我多次到华东师范大学、齐鲁师范学院跟随大学教师学习。到美国康涅狄格州进行教育考察时,我在一所中学的阅读教室学习观摩了一周,看到了美国阅读课的一角,还到大学里看教师是怎么准备阅读课的。这为我研究整本书教学提供了很好的参照系。

③国际培训。

到北京工作不久,我就参加了北京市中小学校长国际化培训,时间共三周。后来,我参加了朝阳区特级教师 STEM 培训、校长领导力培训等国际化培训,参加了北京教育学院的国际化培训。在这样的课堂上,我重新审视师生关系,重新审视知识,重新审视教学……能够从更多角度理解教学。

3. 学习阻碍：以理论视角解决实践问题

教学实践中较大的困难就是解决教育教学中遇到的问题,这些问题天天有,如影随形,如果解决不了就不能分出时间和精力做重要的事情。解决这些问题就必须进行课题研究,研究结束后要进行成果的梳理与总结。但是,工作思维和研究思维不在同一个层面,需要进行转化。

(1) 课题研究

①解决实际问题。

2000 年 4 月,我第一次接触到课题研究。当时的学校申请了山东省"十五"规划课题"构建小学语文实践体系　全面提升学生语文素养",我参与了课题申请书的撰写,负责其中一项子课题。周六日,我坐在办公室苦思冥想,终于完成了课题申报书,这个情景一直深深印在我的脑海里。这个课题顺利立项和结题,让我认识到课题研究不再是高不可攀的事情。

后来,我先后主持山东省"十一五"规划课题"构建小学单元整体教学实践体系"、山东省"十二五"规划课题"小学整体教育的实践研究"、国家社会科学基金"十三五"规划课题"基于核心素养的小学'读整本书'课程实施与评价体系研究"、北京市社会科学基金"十四五"规划课题"构建高质量的小学语文单元整体教学实践体系"。

我之所以不断申请课题,是因为在上一个课题研究的过程中发现了有更多的问题需要解决,在完成课题任务的同时,发现有更多的工作要做。我一直处在解决不同问题的过程中。

②学会持续研究。

第一次的课题申请经历,奠定了我后面二十余年课题研究的基础。我后面的课题其实都是第一次课题的延伸。从"十五"到"十四五",我的研究越来越清晰,但是，离"体系"的建立还有很大的差距。我也在思考研究的意义，在用课题成果指引自己的同时，也希望能够把更多的成果运用到更广阔的领域。

（2）成果总结

成果的总结让认识从隐性变为显性。在课题研究过程中，我不断地发现问题，不断地总结提炼。

①成果提炼。

课题成果的提炼是在研究过程中完成的。在研究中要不断梳理总结，在课题开始之时就要对结题的成果有预测。

对教学成果的提炼也是对自我能力的提升。我多次参加各级教学成果奖评选，主持的"小学单元整体课程实施与评价体系"获首届基础教育国家级教学成果奖二等奖，主持的"小学语文整体教学理论与实践体系研究"获北京市 2017 年基础教育教学成果奖一等奖。在成果的评审过程中，我听取不同专家、不同教师的意见，反复修改，提高了自己的提炼能力和表达能力。

②成果呈现。

成果的呈现有多种形式，如课题结题报告、教学成果申报书、各种图书。我不断地写各种报告，教学思想逐渐清晰了；不断地提炼，让研究成果固化下来了。教学产生"钟摆效应"，就是因为总是忘记过去做过什么。总结出来的成果，一是可以作为参考，二是可以作为对照，让人不再回到老路上，从而督促自己不断前行。

我先后出版多种图书，如供教师阅读的《小学单元整体教学理论与实务》《小学读整本书教学实施方略》《叶圣陶谈阅读》等，供小学生阅读《童蒙上学记》《小学生如何阅读一本小说》等，供家长阅读的《每个孩子都能学好语文》《每个孩子都能学好阅读》《每个孩子都能写好作文》等。我希望从不同的角度，把自己的研究成果呈现出来。在与出版社编辑、一线教师、学生和家长的深度接触中，我从不同的角度学习。编辑让我更严谨，一线教师让我更审慎，学生和家长让我更贴近现实问题。

（3）跨界学习

语文教学领域的学习很重要，但是，仅限于此领域难免会根基不牢。我也尝试着进行跨界学习。

①加强理解。

我一直在研究儿童阅读，具体化为整本书教学。这就需要深入儿童文学领域，了解编者、作者、学者是如何思考的，也把我作为一个教育者的想法带给他们。我是"百年百部图画书经典书系"的七名编委之一，在大量的阅读和交流中，更好地理解了儿童阅读。我曾担任多本书目的评委，为儿童推荐好书。我是"中国中小学生学科书目项目"的负责人之一，负责小学语文学科书目的研制。我多次参加有关儿童阅读的论坛，发表自己对儿童阅读的看法。

②加强合作。

跨界是为了合作，涉足儿童文学领域是希望能够和相应的出版机构一起为儿童出版更多更好的图书。我也慢慢从图书推荐、阅读讲座到主编图书。目前，我正在跟出版社合作，希望能够出好"中国故事"系列图书。

4. 学习需求：获得更全面的发展

学习毕竟是个性化的行为，个人学习也应该成为学习的主要形式。我一般通过阅读与实践两种方式满足学习需求，同时也在不断扩大学习需求。

"纸上得来终觉浅，绝知此事要躬行。"一个人的学习，除了要躬身实践外，还要有书籍的支撑。不同的书提供不同的思想，广泛阅读是学习的基础。同时，阅读又要和实践结合起来，才能发挥更大的作用。在阅读的过程中思考如何实践，发现实践中的问题，通过阅读寻求答案，这样会形成良性循环。

（1）阅读实践

作为语文教师，阅读是专业发展的途径。我发现，小学语文教师阅读有以下几个特点。

小学语文教师因为面对的是儿童，所以需要了解儿童，了解儿童文学作品的特点。大量阅读儿童文学作品，会让小学语文教师更专业。

语文教学是一门技术，更是一门艺术。没有技术的时候，艺术都是空中楼阁。教科书一般讲得细，容易被语文教师理解，但是，阅读此类书只能是知其然。要想让课堂更有魅力，就要从课程论和学习论的视角进行设计，就要多阅读课程论、学习论方面的书，更好地理解学生应该怎样学习一门课程。

哲学、社会学、人类学能够从不同的角度告诉教师应该如何面对他人，如何培养人。哲学告诉我们人的意义，社会学告诉我们人的关系，人类学告诉我们人的过去。阅读这些书，我们能够对教育及教育规律有更好的理解。

为了发展，我不断调整自己，但是，我并不是频繁更换发展领域，而是希望能够在一片土地上充分地"舒展"。

追求发展，找到适合自己的位置，充分发挥自己的作用，是人生中的一件大事。我原来做班主任，能影响一个班的学生；后来做校长，能影响一个学校的学生；再后来做培训教师，能影响更多的教师，通过他们影响更多的学生。

(2)师友指点

学习是个性化的行为，但是，学习绝不是一个人的事情。我的学习过程中，有一份长长的师长名单。是这些师长为我开阔了视野，指明了方向。

我刚毕业不久，就遇到了姜风平校长，我经常跟他交流读后感和个人感悟。弗赖登塔尔的"再创造"理论就是他介绍给我的，并且把书借给我。我对自主合作探究的学习方式有了了解，并且不断地在语文课堂上尝试。

山东省德州市教育科学研究院的孙敬东老师带我一起参加山东版小学语文教科书的编写。虽然这套书最终没有发行，但是，编写的过程锻炼了我对教材的理解能力，也让我对课程、教材、教法有了更加全面的理解。

2006年3月，我认识了台东大学的林文宝老师。每次遇见我，他都会带他认为很重要的新书给我。后来，他多次问我博士报考的情况，督促我读博士。2017年5月，林文宝老师带着我进行了多次学术交流，现在也是多次打电话跟我聊一些学术话题。

2007年11月，在人民教育出版社办公大楼的顶层咖啡厅，我第一次向崔峦老师介绍单元整体教学，崔老师给予了充分肯定，并且一直关注我的研究，多次现场指导。我把《小学生如何阅读一本小说》寄给他，崔老师写了很详细的修改建议。

我认识窦桂梅校长是2003年的新教育年会上。后来窦桂梅到德州讲座，我们请她到我们学校去了。我到首都师范大学读书时，经常去清华大学附属小学上课、听课。再后来，我回德州工作，所在学校和清华大学附属小学成为联谊学校。2008年11月，我带领全体语文教师到清华大学附属小学上课，这是单元整体教学第一次展示，完成了架构。我的第一本书《驾驭语文课堂的艺术》是窦校长帮我推荐给编辑的。2014年7月，我到清华大学附属小学分校工作。

我认识朱永新教授是在 2003 年，朱老师认识我是在 2007 年 10 月，那时我还在首都师范大学读教育硕士。后来朱老师对我进行多次指导。2012 年 5 月，我所在的学校举办国际研讨会，朱老师赶到德州的时候已经是凌晨两点左右，是从北京下了飞机，一路坐车到德州的。朱老师在教育和阅读方面的坚持以及他每天勤耕不辍的态度都深深地影响了我。

王倩老师是我的硕士生导师，我选了她时，她劝我选别的导师。我围着首都师范大学的图书馆走了很多圈，最终，还是选择了王老师，完成了《叶圣陶"读整本书"思想研究》的论文。王老师把我带上了学术研究之路，让我对研究充满敬畏之心。

我认识导师郑国民是在 2001 年《义务教育语文课程标准》颁布之后。我参加山东省省级骨干教师培训，郑老师作为课程标准制定者，对课程标准进行解读。当时是在一间大教室里，中间休息的时候，我向郑老师请教。我当时写了一篇文章《学习〈课程标准〉更新教学理念》，有专家说："一线教师怎么能写课标解读的文章？看过多少文献？知道多少理论？"郑老师听了以后，笑着说："谁说一线教师不能解读课标，一定能，你解读就是了。"后来，我跟郑老师提起这事儿，他笑了，说："还有这事儿？"在成为郑老师的学生前，我就到北京师范大学听郑老师给硕士生上课。

我认识温儒敏教授是 2010 年在北京大学举办的语文教育研讨会上。有一次，我刚发了一条关于小学生读小说的朋友圈，就接到了温老师的电话。温老师给我提出了两点：一是重视自己的经验；二是看"破"理论，用好理论。这两点正好解决了我的心理的矛盾。

吴忠豪教授是 2010 年我在上海师范大学参加"国培计划"时的首席导师，曾带领上海市长宁区的校长和教师到我所在的学校考察。我送他到高铁站的时候，过了闸机，他还在向我强调低年级的学生不要把重点放在理解课文内容上。

人民教育出版社的王林老师是我在 2002 年认识的，之后我一直跟随他做关于儿童阅读的研究，他也多次到我所在的学校进行指导。2009 年，王老师邀请我到北京师范大学英东学术会堂做了四十分钟关于儿童阅读的演讲。对我来说，那是非常风光的一件事情。王老师把我带入了"读整本书"教学领域，让我对儿童文学阅读有了切实体验，也拓宽了我的视野。

我跟蔡可和汪锋两位教授是做北京大学"国培计划"的时候开始合作的。自 2010 年起，我开始参与北京大学"国培"远程项目培训，在蔡老师的指导下担任主讲教师，后来，我通过北京大学继续教育学院这个平台，被评选为教育部"国培计划"第三批专家库的专家。两位教授一直支持我所在学校的课程改革，多次到学校指导。

我认识刘立德老师是在开"叶圣陶研究会"的时候。后来刘老师支持我整理出版了《小学语文单元整体教学理论与实务》。每次刘老师见到我，都会鼓励我及时总结教学经验。

我和蒋军晶老师相识是通过人教网，后来在现实中我们经常见面。蒋老师课上得好，文章写得也好，出了很多书，还都是畅销书。他把自己的教学经验化作教学实践，总结出来呈现给一线教师。他为小学生写书，包括作文方面的，也有儿童文学的作品。蒋老师是这一代名师里的典型代表，把所有的时间和精力都放在了促进学生发展上。他的很多课、很多书、很多作品，都给一线教师指明了发展方向。我组织的多次活动，都邀请蒋老师参加。他若不能参加就发来视频，给了我无数的支持。我也不断地学习他。

李玉贵是非常有个性的语文教师。2009 年，我有一次邀请她到自己组织的研讨会上课。她的为了学生的课风让很多人震撼。后来，我又多次邀请她来上课，她和台北市教师辅导团的所有成员到我所在的学校考察，还进行了同课异构。她给予了我太多的鼓励。她曾说："在台湾地区，至少有一百所学校用一小时以上的时间研究你所提倡的单元整体教学。"

因为他们的鼓励，我才有了无穷的动力。在这个过程中，跟他们的每一次交流和探讨，都让我的视野有所开阔，让我学到了我原来所不知道的东西。

(三)学习特征概括

教师专业发展的动力在于教师的学习能力，教师的学习能力决定了教师的专业能力，教师的专业能力又决定了教师的教学质量。教师学习是个体性学习和社会性学习的结合。教师岗位的特殊性决定了教师学习的特殊性。教师学习是为了自己发展，同时也是为了事业发展，为了学生发展。教师的教书育人责任决定了教师会在学生发展中获得成就感,要把个人学习的成果应用到实际教育教学中。因此教师的学习具备应用性特征。

1. 学以为己的学习目的观:教师要以自己的发展带动学生的发展

教师如何规划自己的学习?教师学习是否有相应的策略?我认为教师的学习就是中国传统教育一再申述的"学以为己"的具体化。

把教育视为一种高度个人化的事务,是中国传统教育思想中一再出现的主题。[①] 我认为最能代表中国教育传统精神的一句话,应该就是"学以为己"。[②] "古之学者为己,今之学者为人"强调了中国传统教育一直教人完善自身。

关于"学以为己"可以找到诸多例证。

《论语》说:"古之学者为己,今之学者为人。"强调好的学习者先要完善自己,而不是向别人炫耀学问。

《礼记·大学》说:"古之欲明明德于天下者,先治其国;欲治其国者,先齐其家;欲齐其家者,先修其身;欲修其身者,先正其心;欲正其心者,先诚其意;欲诚其意者,先致其知,致知在格物。物格而后知至,知至而后意诚,意诚而后心正,心正而后身修,身修而后家齐,家齐而后国治,国治而后天下平。"强调个人修为对事业的重要性。

《孟子·尽心章句上(第九)》说:"穷则独善其身,达则兼济天下。"所谓"善"也是修为完善自己,然后再去影响他人。

张载的《横渠语录》说:"为天地立心,为生民立命,为往圣继绝学,为万世开太平。"这句话是孟子"兼济天下"的具体化,是在完善自身的基础上才可能实现的人生理想。这个理想也是让更多读书人完善自身的动力,否则,如此伟大的事业如何完成?

教育兴旺,教师有责。教师只有具备了自我完善的需求,才有内在的驱动力,在不断完善自我的过程中影响他人。我一直把发展自我作为长远目标。有三位记者在采访我以后写下了这样的文字。

[①] 李弘祺:《学以为己:传统中国的教育》,2页,上海,华东师范大学出版社,2017。
[②] 李弘祺:《学以为己:传统中国的教育》,3页,上海,华东师范大学出版社,2017。

物理的远方，需要更多的条件，有时可望而不可即。但是，精神的远方，一旦有着正确的精神之友作为自己的精神标杆，远与近，就变成了转念之间。正是这样精神上的拥有，让李怀源的追寻之路少了物质的羁绊，让名利成了额外的奖赏，才变得这样游刃有余。

从那个在乡村里紧贴着柜子听收音机的孩子，到那个意气风发和学生一起比赛背诵古诗词的年轻人，到那个在民办学校锐意进取的改革者，到今天这个智慧执着的探索者，李怀源有如一道大河，仍在奔涌向前。李怀源不断向着远方走去，在许多老师心目中，他的身影已经成为远方的那道风景。①

儿时的我一直想走出自己生活的那个狭小的乡村世界。收音机就是连接我和外部世界的"利器"，无论是"小喇叭开始广播了"，还是"欲知后事如何，且听下回分解"，都让幼小的我充满期待与向往。这种期待与向往一直持续到现在。我向往能够塑造一个原来没有的世界，也希望能够通过自己让每个孩子的生活都充满期待。

怀源曾对我说过，他自从教以来始终朝着教育实践家的方向努力，这是他人生的一个目标，不敢懈怠、不曾放弃。他的行动让我感到，他的确在向这个目标挺进，而且越来越近。他的昨天也许正是众多老师的今天，而他的"求索"路径和脚印也许正可以给大家以启示与借鉴。②

成功的路上并不拥挤，因为能坚持的人不多，这是我自己总结的人生经验。我生在农村，当草茂盛起来的时候，小小的我（我现在看来应该是的）就拿着镰刀背着柴筐去割草。看到一大片茂密的草，就像寻宝者发现了宝藏，当把割下来的草装框的时候，才发现，太多了，筐里盛不下，但是，这草又是流着汗割下的，就尽力往筐里装。满满的一大筐草装好了，看着都高兴，然后就是烦恼，怎么才能背回家呢？犹豫一会儿，找个高一点儿的斜坡，先把筐一点儿一点儿弄上去，然后蹲下身子，用左肩来背，右手把镰刀把放在右肩上去找到筐的把，这样挣扎几次，才能把筐背起来。接下来就是迈着沉重的步子前行，但是两个肩膀、腰、腿很快就不行了，家还在遥远的地方，怎么办？我就数步数，告诉自己再走五步就放下，走完五步的时候，告诉自己再走五步，直到真的坚持不住了。就这样，走走停停，才能到

---

① 童喜喜：《怀源为怀远》，载《教师博览》，2018(1)。

② 郭利萍：《实现梦想 追求卓越——记追求卓越梦想的青年教师李怀源》，载《小学语文教学·人物》，2013(3)。

家。我现在想，这哪里是割草，分明是人生大课，即使负重，坚持一下总会到达。我以后的人生路都是这样走的，负重前行，心中数数，总会抵达。①

现在的李怀源已经成为特级教师。他说："成为特级教师不是我梦想的终点站，只是我梦想之旅的加油站。心存梦想，每天都充盈着一种期待，都有一种发展的欣喜；脚踏实地，每天都能看到学生的成长，都有一种创造的快乐。希望我的梦想之旅可以继续，让我的欣喜与快乐不断地向更广阔的领域传递。"②

梦想确实是一种力量，这种力量开始是一种向往，后来就成了一种习惯。当我开始在讲座中回忆自己努力的初衷并调侃自己的时候，我已经超越了原来的梦想，找到了真正的动力之源，那就是不断地有新的发现，从一本书中发现还有另一本书可读，从一件事中发现还有更多有价值、有意义的事该做。一个课题结束了，本来可以休息了，可是猛然发现，一项更紧迫、更值得研究的课题又摆在面前，并且内心的那个声音告诉自己，研究这个课题会让自己在这个领域理解得更透彻。

2. 问题解决的学习方法论：教师要学习如何突破实践困境

在开始从教的前十年，我一直希望成为人人羡慕的"名师"。当参加教学比赛获奖后，当也能在周末去各地讲课的时候，我忽然发现，这并不是我想要的生活。

我逐渐明确自己的发展方向，是在从教十年之后。我希望成为一个学者，一个用自己的思想和行动影响他人的人。我想成为教育实践家，并且把名字写入历史，像叶圣陶、陶行知那样。这个想法支撑我从一所学校到另一所学校，我开始了自己的探索之路。

为了让自己成为教育实践家，我就把个人的学习作为自己的本职，把外在的要求变成内在的需要。为了成为教育实践家，我一定要解决教什么、怎么教、怎么教得会、怎么教得好等问题。目标决定了我要做什么与怎么做。

教学和研究都会遇到这样或那样的困难与问题。这些问题有找不到方向的苦恼和迷茫，也有在教学研究实践中不确定或失败的痛苦；有来自学校内部的不理解，也有来自外界的质疑；有思路与时机的问题，也有计划与操作的问题。但这一切都没能让

---

① 李怀源：《读别人的故事 写自己的人生》，载《中国教师报》，2019-07-10。
② 本刊记者：《一个梦想者的旅程》，载《小学语文教师》，2011(3)。

他在"求索"的道路上止步。他一如既往地坚持与坚守，才得以成功；也正是有了这份坚持与坚守，才有了今天"单元整体课程体系"的诞生和一个教师团队的成长。①

怀源说："心存梦想，每天都有着一种新的期待、新的发现和新的欣喜；脚踏实地，每天都能感受学生的成长、创造的幸福和合作的快乐。"怀源用他对教育的那份执着与坚守继续实现着自己的教师梦想，他还用他的自信和坚忍打造起了一支积极、进取、能用实力与水平说话的教师团队。我们愿他和他的教师团队能走得更远，飞得更高！②

我和团队的教师们十二年不间断地努力，完成了"单元整体课程体系"的构建，在课程框架的指引下，以单元整体的方式找到了整合点，以横向纵向联系的方式启发学生思维，带动他们表达。这离不开团队成员的鼓励。有了一个想法，需要大家一起努力把这个想法变成做法。虽然我们知道，想法和做法之间有时间差。是大家的共同努力让存在于大脑中的事情变成了现实。当一本本书被创作出来，当一堂堂课被创造出来，当摆在面前的一道道难题迎刃而解，我又有了前进的动力，就这样一直循环。

3. 场依存型的学习认识论：教师的学习要依托教育教学的真实情境

教师的学习不是坐在书斋里搞学问，而是不断探索，不断解决问题。所以，教师的学习应该立足个人的教学实际，在思考中探索，在实践中完善。学习，是为了更好地教学，提高教学的质量，降低教学中的无端消耗。

下面是吴忠豪教授为我的书《小学语文单元整体教学理论与实务》写的序言中的总结。

李怀源研究并实践的单元整体教学有以下创新：1."单元整体教学"最大的贡献就是改变了逐篇讲读课文这样一种语文课程的教学形态。这是语文课程改革中带有革命性的变革。从语文课程结构上颠覆了传统的一篇篇讲读课文的教学形态，使得语文课教学面貌的根本改变成为可能。2. 探索出语文课程6个年级12个学期的目标系列。

---

① 郭利萍：《实现梦想 追求卓越——记追求卓越梦想的青年教师李怀源》，载《小学语文教学·人物》，2013(3)。
② 郭利萍：《实现梦想 追求卓越——记追求卓越梦想的青年教师李怀源》，载《小学语文教学·人物》，2013(3)。

将语文教学内容、语文能力培养、语文知识教学有机融合在一起，形成了整个小学阶段语文能力培养系统。3. 突显了语文课程实践性的特点。将现行的语文教材重新进行整合，增加了"口语交际与习作""儿童阅读"和"语文实践活动"三大板块，使得语文教学从只"教课本"走向了"课外阅读"和"语文实践"。4. 对语文课程"人文性"特点作了创造性的解读。单元整体教学是以学生"探究"学习方式作为学习的主线，整个过程都试图把学生放在学习者的位置上，让他们经历学习的过程。①

这就是我的工作之一：建立一个相对完善的体系，让学校里的教师能在课堂上使用，也能让外面来参访的教师有所启发，可以借鉴。

李怀源长期从事教育实践工作，并取得了社会公认的成绩。李怀源带领教师团队，用了十六年时间，谱写了语文课程改革三部曲：第一部，确定了课程内容；第二部，确定了课程体系；第三部，确定了课程理念下的教学模式。完成了从教学到课程到教育，再回到教学的历程。对教育理论和实践问题有较深入的思考，取得了以研究为基础的实践创新，并公开发表相关研究成果。基于整体教育理念的单元整体教学具备"六个一"的特征：一个根本理念，一个核心目标，一个课程体系，一套教学模型，一套测量工具，一个愿景。在教育实践过程中形成了自己的教育信念和教育风格；能够解决语文教学碎片化、效率低的问题，已经有辐射、引领作用，对全国小学语文教学和语文教师专业发展都有积极影响。②

以上是崔峦老师所做序言中的内容。崔老师一直支持和关注小学语文单元整体教学，这是他总结出来的单元整体教学的基本特征。

回顾我的学习经历，我发现，最大的动力就是以修为的姿态不断地解决自己的问题。

在学历进修中补缺。一是人生的缺憾，中师毕业，我的心中总有一个大学梦，于是努力去弥补；二是知识的缺憾，中师毕业，所学总是有限的，在不同的阶段会有不同的需求，在补齐了相应的知识以后，我开始进行学历方面的专业学习。

在课堂学习中解疑。一是学生的疑问，面对不同的学生，他们有很多困惑，怎么用我的课堂设计为他们解惑；二是自身的疑惑，我在老师的课堂上学习，解开了

---

① 李怀源：《小学语文单元整体教学理论与实务》，4~8 页，北京，人民教育出版社，2017。
② 李怀源：《小学语文单元整体教学理论与实务》，1~3 页，北京，人民教育出版社，2017。

心中疑问。在"师"与"生"的不断交叉变化中，我能更好地理解什么是有效的学习，怎么能够让学生更有效地学习。

在培训学习中对比。人总是需要一个参照系，才不至于迷失自己。自己在专业领域处于什么样的位置，需要在比对中发现。不同时间、不同地点、不同形式的学习，让我既不妄自尊大，也不妄自菲薄。我能更清楚自己做的哪些事情是有价值、有意义的，更清楚自己所欠缺的。"不完美"是学习的根本动力，发现了才能努力寻求更加完满。

在课题研究中深入。人总是有"惰性"的，课题研究就像一个"刻度表"，以时间的尺度来衡量所做之事，让人须臾不敢懈怠。不断迭代的研究，总需要在前面的基础上有所进步和发展，就这样一点点地前行，让做的事更有深度。

在成果总结中梳理。解决了很多问题，获得了很多经验，但是，什么是拿的出来的，什么是值得向别人展示的，这些都需要不断地梳理、提炼，在成果总结中不断地去粗取精。

在跨界学习中融合。"融合就是创造"，这是我不断告诫自己的。在跨界研讨的过程中，我总是不断变换角度来看待同一个问题，努力找到其中的交集，然后变成具体的行动方案。

教师学习就像在滚一个雪球。顺手拿起第一把雪的时候，存在极大的偶然性。把这团雪握成一个实心球，以乐观的心态在雪地上滚动，最后，自己会惊讶于竟然出现如此巨大的一个雪球。教师在原来的基础上持续地学习，就会发现成果会远远超出预期。

总结个人的学习经验：一是教师学习的发展规划，找到人生榜样，然后按照他的样子去成长；二是教师学习的行动策略，以研究的姿态一生只做一件事；三是教师学习的终极目标，学以为己，影响他人。

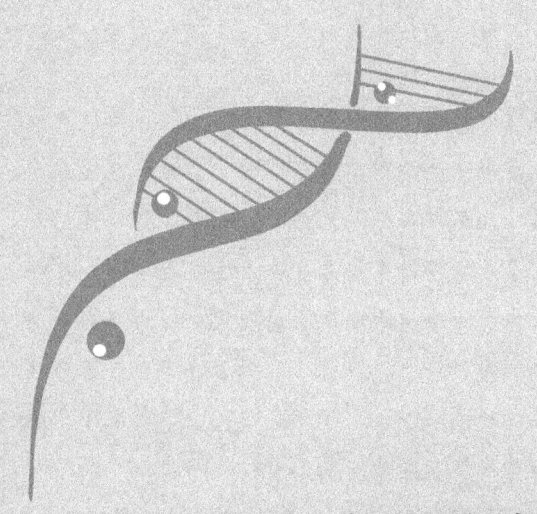

十四、在学习与实践中成长

——物理特级教师郑蔚青的专业学习之路

个人简介

郑蔚青，北京市陈经纶中学党委书记。北京市物理特级教师，正高级教师，北京市先进工作者，北京市师德先进个人，北京市教育学会学习与思维专业委员会常务理事。从教二十六年来，致力于思维与物理教学的研究，形成了在两种思维学习论指导下的"形象化、小步子"的教学风格。先后主持北京市朝阳区规划办"十一五"课题"在高中学科教学中运用迁移理论分析与化解教学难点的研究"、"十二五"课题"高中物理基于'发展思维、培养能力'的高效课堂教学策略研究"、北京市教育学会"十三五"课题"运用迁移理论改进中学物理教学的实践研究""基于核心素养培养的'人文奠基，科技领航'课程体系建设的研究"、北京市教育学会"十四五"课题"深度学习视域下的中学物理教学改进研究"。著有《中学物理两种思维相结合学习论》一书，在《中国教育学刊》《中学物理教学参考》《北京教育》《北京教育教学研究》等多家刊物上发表文章。

（一）个人学习小传

我是郑蔚青，1996 年毕业于首都师范大学，毕业后到北京工业大学附属中学任教。2007—2013 年先后被评为市骨干教师和学科带头人，2014 年被评为北京市特级教师，2015 年获得"北京市先进工作者"荣誉称号。

从 2003 年起，我开始担任行政工作，但是至今我一直没有离开一线教学，这源于我对学生的热爱，源于我对教书育人的执着。我带过十二届高三毕业班，我深知教育是"使人成人"的事业，教育的最大成就不仅在于培养出优秀人才，而且在于让每个学生都拥有直面未来挑战、创造美好生活的信心、勇气和智慧。因此，我始终本着"用智慧传播智慧，用真爱浇灌心灵"的理念，关心爱护每一名学生，给予学生思想上的引导、学习上的辅导、生活上的指导、心理上的疏导，让每名学生都在自己原有的基础上取得进步。

回顾我的从教之路，学习、研究、实践、反思是我成长的动力源泉。我参加了三期市、区级骨干教师培训、两期学习与思维研修班培训、三期市区级管理干部培训、三期研究生课程班，此外几乎每年都要参加新课程培训班和继续教育班。这些在职培训班短则一学期，长则两三年，教学和管理都非常严格、规范。持续不断地"充电"使我深刻认识到教师不能只做"教书匠"，而应该做一名有思想的行动者。我作为核心成员参与了北京市哲学社会科学重点项目"学习与思维"的研究，逐步确立了自己的研究方向——思维与物理教学。我先后主持"运用迁移理论改进中学物理教学的实践研究"等五项市、区级课题，完成个人论著《中学物理两种思维相结合学习论》。我担任北京市教育学会学习与思维专业委员会常务理事和区兼职教研员，积极辅助教师培训工作。我与同事们开发的校本课程"高中物理实验方法、技能、迁移"被认定为北京市普通高中特色课程。

我热爱物理这门学科。它以"物"明"理"，是人类文化的重要组成部分。它引领人们形成正确的世界观，掌握科学的方法论。物理学的概念、规律反映了客观世界的内在联系，体现出了它的"真"；物理学的成果造福人类，推动社会的进步和发展，展现出了它的"善"；物理学追求简洁、和谐、统一，折射出了它的"美"：这些都是物理学科特有的育人价值。在教学方面，温寒江先生提出的"两种思维的学习学理论"给了我很大启示，指引我坚持以学生为主体，逐步形成了"形象化、小步子"的教学风格。我经常运用多种手段创设贴近生活、联系实际的物理情境，激发学生的兴趣，帮助学生建立丰富合理的物理表象；给学生创造更多的动手动脑机会，助力学生展开思维的"翅膀"理解物理现象，探寻物理规律，解决物理问题，让学生自己想出来、说出来、做出来、写出来、画出来。我追求的课堂是，教师不仅要慷慨激昂、诙谐幽默、精辟讲解，而且要有针对性地启发诱导，与学生有思维碰撞，让学生主动参与。

我担任市、区特级教师工作室主持人，积极参加特级教师进校园支教活动，曾到过北京市双桥中学、北京市黑庄户中学、华中师范大学第一附属中学朝阳学校等十几所学校进行支教、指导，曾去过云南禄劝第一中学、内蒙古化德县第一中学、河北阳原县第一中学等学校对口支援，参加京-藏远程授课和教学指导，曾赴内蒙古自治区、广西壮族自治区、海南省等多地开展教师培训。我经常与教师们一起备课、磨课，如指导一位青年教师参加全国教学比赛，连续听了十五次他同一节课的试讲。我指导校内外青年教师已达三十余人。他们在工作中快速进步，独当一面，在各级各类教学比赛中取得了优异成绩，这些教师均被评为校级以上骨干或晋升了高一级职称。

我先后担任学校的教科研主任、教学主任、校长助理、副校长、校区主管，负责过教学管理、课程建设、毕业年级管理、校区管理等工作。我始终保持积极进取的精神状态，严格要求自己，认真学习国家、地方的教育政策、法规及学校教学管理的知识和业务知识，紧跟教育发展形势，更新管理理念，改进工作方法，全身心地投入学校的工作。我与同事们团结协作，一起为学校的发展不断努力耕耘，在学校管理工作中努力推动课程建设和课堂教学改进，健全教学质量监控体系，通过落实"教学检查""教学巡查""考试分析"等制度加强教学常规管理，加强教风、学风建设。学校先后被评为北京市课程建设先进单位、教育科研先进单位，连续十三次荣获朝阳区高中教育教学质量优秀奖。

我深知，教学研究之路是漫长的，是永无止境的。我会继续珍惜每一次学习机会，抓住每一次成长机会，不懈努力，为我所挚爱的教育事业做更多贡献。

(二)学习叙事分析

1. 学习动机

(1)归属感激发内驱力

我做教师既是偶然也是必然。偶然的是，上学时，我一直没有想过报考师范院校，但高考前突然有一个保送上师范大学的机会，我连续三年被评为优秀干部，符合保送条件。周围几乎所有人都认为这次既能上大学又不用参加高考的机会太难得了，在大家的支持和鼓励下，我被保送到首都师范大学，成为一名师范生。

我的工作单位北京工业大学附属中学离家很远，每天骑自行车上班需要一小时。当时我可以选择到离家比较近的学校工作，但北京工业大学附属中学是我的母校，这里的一草一木我都很熟悉，我对这里有很深厚的感情。回到这里工作就像回到一个大家庭，领导、同事的关心、爱护、信任和帮助始终温暖着我。

我是幸运的，工作生涯刚刚开始，就承担了高中两个班的物理教学工作和班主任工作，而且一直带到高三毕业。对一个刚毕业的大学生来说，能有这样的锻炼机会实属难得。1996年8月的一天，老校长来到军训基地看望正在军训的高一新生。午饭后，老校长把我和另一位年轻的班主任叫到训练场的一角，与我们席地而坐攀谈起来。我清楚地记得老校长语重心长地对我们说："我考虑过，你们刚刚大学毕业就既教课又担任班主任，这无论是对你们还是对学校确实都有些风险，可是只有经历了工作的磨炼你们才能迅速成长。你们虽然年轻，经验不足，但是我看得出来你们很有干劲儿，知识功底也不错，都是好苗子。大胆地干吧，学校领导、教师永远是你们的坚强后盾，遇到困难尽管来找我们。不过你们一定要注意，工作中不能急功近利，要脚踏实地地把每件小事做好。"听了老校长的话，我既感动又温暖，只觉得身上充满力量。我一直感激当时的学校领导在我涉世之初对我的这份信任。在后来的工作中，不论遇到什么困难，我都没有退缩，一直竭尽全力把事情做好，唯恐辜负了这份信任。

时至今日，我越发觉得自己当初的选择是十分正确的。北京工业大学附属中学就像一片洁净的沃土，二十六年来我在这里吸食养分，在这里生根发芽，在这里茁壮成长，在这里确立下了人生的目标——做一名优秀教师。

（2）导师激励我前行

我是幸运的，来到北京工业大学附属中学之后，学校为我安排了一位经验丰富的指导教师，她就是我的师父——王焱老师。

我在正式上班之前就听其他教师讲过师父的事迹：那是1995年5月的一天下午，师父在给初三某班上课，她讲得格外投入，不知不觉后退到讲台边缘，这时有名学生突然提出问题，师父一个急转身便失去重心跌落到讲台下面了。由于她的注意力根本没在脚下，因此摔得很重（后来确诊为左大腿股骨颈粉碎性骨折，左手腕粉碎性骨折）。学生惊慌失措地把她搀扶起来，她当时已经无法站立了，就坐在第一排学生的椅子上。师父已经觉察到自己伤势严重，中考前不可能再回到这里给学生讲课了，于是她坐在椅子上坚持讲完那节课，并且为学生后面的复习做了安排。学生含着眼泪听完了这节课。后来，师父被送进医院，股骨颈被钉上了三枚十厘米长的钢钉，在家休养了整整一年。我参加工作的那年恰逢师父"伤复归队"。她欣然接收了我这个小徒弟，生活上像母亲一样对我关怀备至，工作上又是一位名副其实的严师。一份教案、一篇论文让我修改三五遍都是常事。她敞开教室的大门让我听课，还同我一起备课，给我说课。她将自己多年的教学经验和体会倾囊相授，毫无保留。在工作上，她用自己的言行感染着我：她对学生总是那样负责、那样平和，教学生知识，教学生做人，极耐心地为学生传道、授业、解惑；她讲课时总是那么投入，那么专注，忘却了年龄，忘却了病痛，忘却了一切不舒心的事；她经常带着我花费很多时间和精力设计有助于教学的实验，从不言苦，从不畏难。我们曾经为了做好"漏沙摆"实验，蹲在操场的沙坑里一点点地筛出细沙；曾经为了增强"电流天平"的演示效果，用了三个晚上改装原有仪器。正是由于师父的影响，我不再认为"教师"仅仅是我的职业，而是把教书育人当作一番事业。

对我影响很大的另一位人生导师是温寒江。

1997年夏天，我跟随师父王焱老师加入了温老主持的"开发大脑潜能，发展形象思维"课题组。那时温老经常到我们学校给参与课题的教师做讲座，指导教师上研究课。我荣幸地承担了接送温老的任务，便有机会在路上跟温老多聊几句，甚至有时可以到温老家请教问题。在我印象中，温老特别注重学习。每次去温老家，我总能看到他和老伴吴老一起读书看报。温老也经常跟我们聊一些时事，仿佛温老一直站在时代大船的甲板上，与大船一起乘风破浪地前进，时刻追逐着教育改革前沿的浪花。温老常常教导我们要多向书本学习，多向实践学习，多向身边的教师学习。我们每次参加课题组活动，总能收到一份厚实的资料，里面经常有温老从报刊上剪下来的教育类小文章、教育理论摘抄，也经常有温老自己写的读书笔记。让我印象特别深刻的是，有一年教师节前夕，温老召开课题组会议，他推荐了一篇斯霞老师发表在人民日报《教海月谈》栏目的文章《敬业爱生——教师的天职》。文章既讲述了斯老师对自己在杭州女子师范学校读书时遇到的那些老师的回忆："仪态大方，教态亲切，语言简洁、流畅，教学认真负责，穿着朴素整洁，待人接物彬彬有礼……"又阐述了斯老师在几十年的教育工作中感悟出来的如何做才是爱生和敬业的心得。随后，温老又用了一小时的时间讲运用形象思维与抽象思维相结合化解教学难点，教会每一个学生。"教会每一个学生"，这句话说起来简单，真正做到谈何容易啊！但这正是温老带领我们进行两种思维相结合的教学改革研究的目标和追求。在此后的多次活动中，温老还给我们陆续分享了他的读书笔记《思维的分类》

《谈备课的改革》等，引导我们从备课做起，运用两种思维相结合的"学习学"理论分析教材、分析学生，结合教学内容设计教学活动，把思维训练落实到每一节课。温老就是这样一位可亲可敬的长者，是影响我一生的导师。跟随温老做课题的这二十多年间，我收获了知识，收获了方法，更是向温老学习到了"谦和为人，学无止境"的人生态度。

新入职的青年教师往往具备较充足的学科知识，但是缺乏工作经验；具备很高的工作热情，但是缺乏专业化的体验。老教师的"传、帮、带"将对青年教师的成长起到引领和促进作用。学校安排的业务指导教师承担着既带"师德"又带"师能"的任务。他们会以身作则，帮助青年教师树立热爱教育事业、安心做好教师工作、尽职尽责、教书育人的思想；他们会言传身教，指导青年教师遵循教育原则和教学规律，完成好"备、上、批、辅、考、评"等各个教学环节。有了领路人，青年教师的成长期、磨合期会缩短。他们将更快地适应环境，练就扎实的功底。他们的成长目标会更明确，主动发展的意识会更强烈，在后续的发展中步伐会更稳健。可以说遇上好的业务指导教师是学习成长的关键一环。

（3）在和谐团队的护佑下飞翔

我是幸运的，来到北京工业大学附属中学之后，便融入了一支优秀的团队——高中物理组。这是一个有着强大凝聚力的集体，一直保持着团结协作、积极进取、脚踏实地的优良传统。物理组有壮志不已的老教师，有雄心勃勃的中年教师，有生龙活虎的青年教师。大家相处融洽，互勉共进。这个团队就像一列飞行的大雁，凡事都以集体的形式出现，每位成员都以集体为中心贡献着自己的力量。

物理是一门实验学科，教师们经常一起泡实验室准备实验。为了增强演示实验效果，教师们还制作了很多有创意的教具，如"水流星""平抛竖落仪""过山车""电流天平""法拉第定律演示仪"等。二十多年前，做区级研究课"远距离输电"，全组教师一起动手制作了一个长两米宽一米的"远距离输电"仿真情景模型，学生们觉得特别震撼。

物理组还有个惯例，每学年结束时，各年级备课组都在暑假前分类整理好本学年用过的教案、课件、习题、考题等课程资源，打包交给下一届教师。新一届教师不仅学习、传承，而且在此基础上充实、完善、更新，因此物理组的教学资源库特别丰富，特别实用。

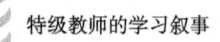

多年来，我们物理组一直保持着"五最"——承担班主任的人数比例最高，党员人数比例最高，督导、视导 A 级课比例最高，各级骨干教师比例最高，承担各级课题研究的数量最多。在这样一个和谐、优秀的集体中，大家没有最好，只有更好。我就是在这样的团队中逐渐从一只被护佑的"雏雁"成长为中坚力量的。

我所在的学校具有良好的校风、教风、学风，具有优良传统，是市级示范校。学校有科学的管理体系、民主的政治生活、和谐的人际关系、开拓进取的团队精神，学校的教师爱岗敬业、为人师表、严谨治学、乐于奉献，学校的学生刻苦学习、尊敬师长、遵守纪律、全面发展。在这样的学校中工作，虽然紧张，但是爽快；虽然感到有很大压力，但是十分有价值；虽然具有挑战性，但是容易出成果。

可见，良好的学校工作氛围能够促使教师迅速提升业务能力，形成良好的职业道德，从而走向成功。

2. 学习投入

（1）教科研助力专业发展，细水长流

普通的一线教师有时会觉得"教育科研"这个话题很大，是教育专家才能从事的工作，但回首二十多年的从教之路，我深深感觉到教育科研就在身边，教育科研就融在我的教育生命之中并一直伴随我成长。

刚走上三尺讲台的时候，我拥有的只是年轻和努力，一心只想教出好成绩。我甘愿以我全部的时间和心血来换取学生的进步。我认真备课、上课，认真批改每一份作业，甚至抓紧课间、午休、放学后的每一分钟找学生纠正错误，给学生单独辅导。但是学生的成绩与我的期望值仍有很大差距。那时我对教育科研的认识也是懵懵懂懂，曾幼稚地认为教育科研无非就是定期写几篇经验总结，或者根据当时最新的教育理念及教育理论写两篇论文，教育科研与平时的教育教学工作并没有太多的直接关系。

工作后第二年，我开始参与市规划办"九五"课题"开发大脑潜能，发展形象思维"的研究，从啃读一本本教育理论书籍、听一场场专家报告到一次又一次地上研究课，我渐渐感觉到日常的教育教学活动是贯彻与实施教育理念的主阵地，教育科研就是教育理论与教学实践的结合。

随后几年，我参与的教育科研活动越来越多，对教育科研又有了新的认识，那就是与科学技术相对于经济发展是第一生产力一样，教育科研相对于全面提高教育教学质量也是第一生产力。对中小学教师来说，"研究"是"学习、反思、成长、发展"的同义词。与专业人员的研究不同，教师并非要在研究中获得"那是什么"的科学真理，而是要获得"如何做才会更好"的实践技能。研究结果并不单纯是学术化的成果，而更多是问题的解决和行动的完善与改进。教育科研是以课堂为现场、以教学为中心、以学生为主体的，是教师充满思想的行动。

事实上课题源于问题，课题研究是微观的、具象的。例如，我在多年的物理教学中发现，相当一部分中学生对物理这门课只有一个感觉——怕。在他们看来，物理是中学各门课程中最抽象、最难懂的，他们学习物理往往以满腔热情开始，以心灰意冷告终。问题的症结在哪儿？纵观传统教学，由于教师只重视抽象思维能力的训练和培养，忽视形象思维在学习中的重要作用，因此丰富多彩的物理世界在学生头脑中变成概念、规律的罗列和大量习题的堆积，物理"难教难学"也就见怪不怪了。于是从 2000 年开始，我借参与"发展形象思维的理论研究与教学实践"和"学习思维的全面协调与可持续发展"这两个课题的机会，在高中物理教学中把形象思维与抽象思维结合起来，重视培养学生的观察能力、动手能力、想象能力，注重物理情景的创设，注重现代教育技术在教学中的有效运用，践行"两种思维相结合的"物理教学方式。我先后选取了不同界别的六个教学班，做了三轮教学对比实验。每一次教学实验都经历了"提出问题—设计方案—实施研究—采集数据—分析结果—总结经验、改进提高"的过程。

在教育科研的道路上，我不断学习着、实践着、探索着。我先后参与了温寒江先生主持的北京市哲学社会科学重点项目"学习与思维"的研究。近年来，我的研究方向主要是"思维与物理教学"和"学校课程建设与实施"，先后主持"运用迁移理论改进中学物理教学的实践研究"等五项市、区级课题。

二十多年来，我品尝到了普通教师参与科研的酸甜苦辣，也收获了教育科研带来的累累硕果。八小时之内要完成上课、管理、批改作业、准备实验等工作，理论学习、撰写论文等大多在八小时之外完成。别人休闲娱乐，我埋头工作；别人进入梦乡，我在冥思苦想……那厚重的教案、听课记录和读书笔记，那百余篇论文、研究报告，都注入了我的汗水和心血。然而，当我看到由于科学施教，学生们更加爱学、会学，以优异的成绩考入理想大学的时候，苦和累便化作云烟飞上九霄，留下的只有喜悦，只有继续努力工作的动力。更加令我欣慰的是，我的第一本书《中学物理两种思维相结合学习论》也在温寒江先生的精心指导下和课题组教师们的大力协助下完成并出版。

(2) 参加基本功比赛，开启"快充模式"

我参加过很多次教学基本功比赛，每一次都像学生应对"大考"一样需要做紧张而充足的准备。

2011年，我有幸被区里推荐参加北京市首届高中教师教学基本功展示活动（基本功大赛）。那次展示活动分为四个环节：理论笔试、信息技术上机操作、现场说课和答辩。其中，现场说课环节要求赛前二十四小时抽签，选手要利用仅有的二十四小时准备出教学设计、说课课件，并且要做到流畅脱稿说课，说课结束后还要回答评委提出的相关知识和教法问题。

从7月13日接到区里初赛的通知到10月底结束市里的展示活动，这段时间我们在教练的悉心指导下观看以往获奖选手的比赛录像，认真研读课程标准，"恶补"教育学、心理学、教学法等理论知识，结合大学普通物理梳理中学物理中涉及的重要概念和规律的来龙去脉以及相关的物理学史。我们一节又一节地练习说课，一遍又一遍地做笔试模拟题，整理了大量以往的教学资料和实验数据，设计出了很多有创意的教学情境。在紧张的备战过程中，我从教练和队友身上学习到了很多丰富的经验，也更真切地发现了自身的不足，这对我教学能力的进一步提升起到很好的激励和促进作用。

尽管参赛之前，我已经在教学过程中逐渐转变观念，注意到"以学生为本"，但是有些时候依然不免出现"穿新鞋，走老路"的想法和做法。短短三个月，我在教学理念上有了彻底的变化，深刻地认识到为什么"高中物理课程旨在进一步提高学生的科学素养"，那是因为我们培养学生就要对其负责，就要为学生终身学习和发展打下基础，就要为学生适应现代社会和未来发展打下基础。从那以后，我更加注重从学生的基础、学生的感受、学生的学习效果出发设计教学过程，不再一味地追求"我该教什么、该怎么教"，而是首先考虑"学生该学什么，该怎么学"，然后再设计"引导学生学"的路径。

(3) 学中做，形成自己的教学风格

教学在本质上是一种实践性活动。教师即使有非常优秀的人做榜样，即便掌握了大量的教学知识,也未必就能成为优秀教师,还需要在教学实践中亲身体验和学习,形成具有个人特征的实践性知识,这些实践性知识才是从事教学工作的基础和保障。

物理学科内容包罗万象,既有系统、严谨的理论,又有与生产生活实际紧密相连的知识,还有丰富多彩的演示实验和课外科技活动。我逐渐认识到,作为物理教师,不能把学生培养成知识的容器,更不能把学生培养成做题的机器,而是要以物理知识和科学方法为载体,把学生培养成热爱科学、相信科学、会运用科学甚至能创造科学的有用之才。物理教师要为提高学生的科学素养而教,为学生的可持续发展而教,具体到每一节课,要为发展学生的思维而教,为培养学生的能力而教。正是本着这样的理念,我的物理课也成了学生最感兴趣的课程之一。在我的课堂上,物理学习变成一件十分快乐的事情,学生成了物理学科的忠实"粉丝"。学生可以用两本书研究失重问题,可以用尺子、橡皮研究弹力、摩擦力,可以用自己的手臂研究"支架受力",教室中的所有物品都有可能作为研究物理问题的"临时仪器"。课间十分钟,学生跑到单杠下,一边练习引体向上,一边记录数据,估测自己的平均功率。

经过二十多年的探索和实践,我逐步形成了在两种思维学习论指导下的"形象化、小步子"的教学风格。在物理课堂上,我给学生提供更多的动手、动脑的机会,把思维的舞台让给学生,让学生展开思维的翅膀,在亲身体验中主动学习和发展,使学生不再怕学物理,而是喜欢物理、热爱科学。

学无止境,教无止境,做好教师就要恪守不断研究、不断创新。但个人独立钻研、学习是必须的却不是唯一的,一名教师的学习与成长离不开良好的科研学术氛围。这种氛围一方面体现在校内,另一方面体现在校外。校内、组内浓厚的研修气氛能促使教师不断学习、不断思索、不断实践、不断创新,同时也为教师的成长搭建了舞台;校外的教科研及学术活动无疑也能为教师提供学习和研究机会,促使教师开阔眼界、增长知识、捕捉信息、抓住机会。

(4)做中学,记一次有意义的拓展训练

2008年,我有幸参加校长任职资格培训班组织的一次拓展训练。尽管这次活动已经过去多年,但现在回忆起来,训练的情景还历历在目。那次训练确实有太多的体验让我终身受益,整个过程把妙趣横生的游戏与工作、生活、学习中的道理有机地联系在了一起，不仅给我们带来了无穷的乐趣、信心和勇气，而且给我们带来了深刻的思考和启迪。

感悟之一：责任和信任是团队合作的基石

"背摔"项目的操作过程并不复杂，要求一个人站在一点六米的高台仰面摔下，台下的队友排成列，用自己的双臂组成一张安全网接住摔下来的伙伴。这项活动的背后隐藏了管理学基本的原理——信任。背摔训练必须建立在相互信任的基础上，当队友将他的安全交给我们的时候，就表示他对我们充分信任，这就要求我们必须以较强的责任心来承接这份信任，同时也要求背摔者克服自己的胆怯心理，充分相信同伴的力量，否则就会出现身体弯曲现象，给台下的队友增大不必要的压力。我们"神鹰队"的十四名队员都顺利完成了这个项目。值得一提的是，编织安全网的主力队员们，在几个队友摔过后，手臂已经被砸得青紫，但大家为了履行这份沉甸甸的责任，丝毫没有松懈，仍旧稳稳地接住后面摔下的每一位同伴。

由此我联想到工作团队的建设。完成一项任务，除了要建立一套完善的管理制度外，团队成员的精诚团结、相互信任是必不可少的。如果相互猜忌，内耗纷争，那么任务的完成将是遥不可及的。

感悟之二：通力合作、精细安排、合理分配是顺利完成任务的法宝

"大木鞋"要求七名队员同时踏上两块沉重的长木板，一起"手提、脚蹬"来"穿"着"木鞋"前进。七人需要合理分工、互相配合才能走起来，要想走得快十分困难。我们小队首先做了人员安排，让身材高大的男队员在前，身材娇小的女队员断后，这样可以使"木鞋"的后根部更轻，更利于行进。其次，我们确定了行进口号，大家喊着"左——右——左——右——"一起前进，这样可以使步调一致。训练中，教练不断给我们加大难度，我们还要穿着"木鞋"上下坡。我们始终按着既定方针行进，最终获得了胜利。

"过电网"要求所有队员通过一个模拟电网逃生，网孔大小不一，高低错落，不得重复使用，且逃生过程中身体任何部位都不得碰触到网线，如果触网，则一切从头开始。面对这样精确度很高的任务，我们仍然是先制订计划，根据各人高矮胖瘦来确定谁先过，从哪个孔过，然后依次按计划执行。这个时候大家表现出了高度的服从性和协作性。我们队仅用了二十多分钟就全部通过了"电网"。活动后，教练带领大家反思时仍然指出了我们的不足，那就是虽然我们制订了通过计划，但是

我们的计划还不够精细。比如，在大家抬着一名队友通过网孔时，如果队友的头发、手臂刮到了网带怎么办？我们没有安排专人负责"按头发""拉衣服"等工作；再比如，我们让两名身材高大的队员先从两个最大的网孔通过，却只给最后一名通过的身材高大的队员留了一个刚好够他通过的小网孔，这是十分危险的，倘若他通过时不幸触网，我们全队将会功亏一篑。这足以说明细节决定成败。

由此，我联想到团队完成一项复杂的任务，第一要确定完善的方案，合理安排资源；第二要根据各人的特点明确分工，责任到人；第三要通力合作，协调实施。

感悟之三：战胜自我才能战胜一切

"高空断桥"是个人自我挑战的项目。每位队员都要在有安全保护的情况下爬上断桥，从断桥的一侧跳到另一侧，然后再跳回来，最后安全下来。通过这个项目，学员能体验高空项目的挑战和战胜自我的成就感，提高在危急情况下自我控制和目标管理的能力，同时也培养了同理心。

我身材娇小，运动能力一般，但还是勇敢地担当了第一位尝试者。当我爬上八米高的断桥，走到断桥口处时，我的双腿在微微颤抖。我看了看下面的队友，他们都攥着拳头屏着呼吸抬头凝视着我，不敢出一点声音。我又看看，断桥的宽度似乎不到一米，于是毫不迟疑地用力一跃……"啊——"伴随着掌声和欢呼声，我稳稳地落到了断桥另一端，第一跳成功了。当我转身准备再跳回来时，教练突然示意我等一等。他居然蹲下来把桥板向后撤了二十多厘米，断口豁然变得更宽了。"啊?!"下面的队友也瞪大眼睛。我顿时有点慌，这个宽度确实超出我的能力范围了，腿又开始抖了，脑海中不断浮现出踩空摔下去的情景……这时队友喊起我们队的口号"挑战自我，勇往直前！挑战自我，勇往直前！！"我知道已经没有"退路"了，于是硬着头皮加几步助跑，奋力跃起。还好，前脚掌刚好踩到断桥板上，又成功了。这一步不仅迈过了断桥，而且迈过了恐惧，迈过了心里那道坎。

其实很多情况下，我们真正的敌人不是别人，而是自己。有时候，限于种种原因，我们对自身的评价并不是很准确。在遇到困难的时候，我们对自己说得最多的一句话往往是"我不行"。细想一下，成功与失败不就一步之遥吗？只有先战胜自我，才能战胜一切。每个人的能力都是不可估量的，为自己定下什么目标，就会按照什么样的限度去努力。因此，我们不但要正确认识自己，而且要克服各种心理障碍，大胆超越自己。

3. 学习阻碍

(1)掌控时间，要事优先，解决工学矛盾

是先去听课还是先批改作业？是先写论文还是先做题、备课？是先去参加课题组的理论学习还是先找学生和家长谈话？是出去参加一整天的培训还是在学校盯着自己的班？教师可能经常会碰到这样的"选择题"。教师的工学矛盾是绕不开的学习阻碍。很多教师对此感到难以兼顾，也很难取舍。这些"选择题"真的让人非常纠结吗？实际上，若能学会平衡，做好时间管理，情况会好得多。

一般而言，让人难以抉择的事都十分重要，都是必须完成或者应该做好的事。在时间紧任务重的情况下，我们需要排排顺序，要事优先。

2008—2009年，我参加了校长任职资格培训班学习，每周三、周六面授课程，考勤十分严格，并且作业很多。那时我在学校担任教科研主任，除了负责全校的课题管理、教师专业发展培训和教师考核之外，还负责高中部学生的研究性学习。此外，我做高一物理备课组组长兼一位刚入职的青年教师的业务指导教师，教三个班的物理，开设一门选修课。那段时间每天事情不断，于是我首先把每周的七天做好分类。第一类是参加培训的时间(周三、周六)，要认真学习，做好笔记，争取当天的作业当天完成。第二类是在学校上班的时间。作为教师，上课和按时批改作业是每天最重要的事；作为教科研主任，安排教师培训和基本功展示活动、定期组织课题研究交流、随时整理教师业务档案等工作是需要排在前面的。第三类是自由时间，如下班路上的时间、中午休息时间、晚上睡前时间、周日等都应该是属于自己的自由时间，在这些时间中保留出相当分量的一段连续性的整块时间做重要的工作方案和工作总结、备课、写文章等，整理内务、锻炼身体、休闲娱乐可以插空安排。这样一来，我那年过得充实而有收获。我参加干部培训班，顺利结业并且被评为优秀学员；学校教科研工作做得有声有色，被评为市级教科研先进单位；高一年级的物理成绩在区里名列前茅，不少学生在物理竞赛中获奖。

(2)善于规划，步步踩实，克服学习惰性

就教师的专业发展而言，我认为应该有明确的规划和现实的目标。在漫长的职业生涯中，为自己设立一个长远的志向就等于为自己的专业发展绘制了一张美丽的蓝图，确切地说是一张"职业导航图"。有了它，你就可以更全面客观地认识自己，并确定适合自己特点的职业发展途径，不至于在专业发展的道路上迷失方向。同时，随着一个又一个阶段目标的实现，自我效能感就会增强，也会有继续学习的动力，会对眼前平凡的工作充满热情，对更美好的前途充满信心，从而勇于克服学习中的困难和学习的惰性，提高学习效率。

回想我的从教之路，个人发展规划基本上是五至十年确立一次。参加工作伊始，我为自己制定的目标是五年内成为一名优秀的青年教师，争取被评为中学一级教师。具体来讲，首先是站稳讲台，教好课，做好班主任；其次是在每一次的大型考试中力争自己任教班级的物理平均成绩达到或超过年级平均分，在每学期末力争自己所带班级能被评为校级优秀班集体。在老教师和同事们的帮助下，我的"一五"规划都完成了。之后，经过一段时间的慎重思考，我把自己的发展规划制定得长远了一些，有了远景规划、中景规划和近景规划。远景规划是工作二十五年左右成长为专家型教师，形成自己的教学风格，力争被评为特级教师；中景规划是工作十五年内成长为研究型教师，逐步形成自己的教学特点，力争被评为中学高级教师和市级骨干；近景规划是工作十年内成长为有一定经验的教师，力争被评为区级骨干。具体来说，每一年至少上一次区级研究课、两次校级公开课，教学成绩要在同类学校中处于领先水平；每五年要有一个研究主题，独立承担一项课题，每年至少写两篇论文，每两年发表一篇论文；要积极参加市区教研活动和科研活动，积极参与业务交流和各级各类征文级教学基本功比赛，力争每年都获奖。

这些阶段性的小目标看似烦琐，实则对自己一步一个脚印地去实现长远目标十分有益。教育是一项极其复杂的工程，追求工作的完美是相当耗费心力的事。如果没有阶段性的计划和与之相应的行动，那么自己在专业成长方面的志向就有可能因为缺少具体明确的激励而搁浅。只有步步踩实，才能让日复一日的重复性工作不断进步，才能让自己感受到用行动换来进步后的自豪与喜悦。

如今我已工作二十多年，当初的远景规划多数已经实现。但是人不能满足于现状，而应该有更高远的目标。下一个十年我不会放慢学习的脚步，会带着更多的青年教师一起奔跑。

4. 学习需求

（1）勇于担当，抓住每一次快速提高的机会

2000年10月17日和18日是让我难忘的日子。在这两天，我抓住了一次偶然的机会，完成了参加工作后的一次大跨越。10月18日，我们学校要举办一次市级课题的教学现场会，现场会上将有三位教师做公开课，其中一位是我师父。我师父是我们学校这一课题的负责人，17日一整天她都在忙着准备公开课和各项会务，可能是过度疲劳，下班前不小心摔了一跤，而就是这一跤造成了右手腕粉碎性骨折。当时校领导和课题组的教师们都非常着急，明天怎么办？师父坚持带伤上阵，我们的意见是取消这节课。这时老校长望了我一眼，我不由得心跳得厉害，心想：莫非校长要让我……我不敢再想了。校长终于说话了："王老师伤得很重，坚持上课有危险，我看可以找位老师替她讲这节课。小郑，你来上怎么样？""我？我行吗？这可是市级公开课啊。况且我连王老师的试讲都没来得及听。"我有些迟疑地回答道。"我觉得你行，没听过试讲刚好不受限制，你参考一下王老师的教案，再融入你的理解去讲。小郑，救场如救火，这对你来说是一次挑战，更是一次机会，勇敢些，只要你把这节课讲下来就是成功的。"校长用殷切的目光注视着我，他的信任仿佛为我注入了力量。我的信心和勇气一下子涌上来："好吧，我一定尽力。"那天晚上，我对照课题研究中"发展形象思维"的基本理论和教材教参反复揣摩这节课的设计，掐算好每个环节要用的时长，把我准备提的问题和准备讲解的要点都写成讲稿，字斟句酌以免出现科学性错误，同时预设学生可能给出的答案和可能出现的问题，逐一备出应对办法，备注在讲稿旁边。第二天，我早早地赶到实验室，认真检查演示实验和学生实验用到的器材，随后在一间空教室中边试讲边练习板书。经过一番紧张准备后，我登场了。

那天，我不仅成功地讲了课，还替师父在随后的会上做了交流发言，获得了与会教师和专家的好评。同事们纷纷向我竖起大拇指，笑谈道："小郑真是初生牛犊不怕虎，关键时刻敢替补啊。"

从那天起，我觉得自己有了很大变化，比以前更自信了，遇到具有挑战性的工作我从不退缩，而是冷静地想办法，大胆地向前冲。

对于组织和领导安排的工作、布置的任务，我通常是欣然接受，从不说"不"。有句话讲得好：合理的要求是锻炼，不合理的要求是磨炼。我一直认为完成每项艰巨任务都是一次学习和锻炼的好机会，都是自我成长的好机会。二十多年来，我接手过很多临时性的工作，也啃过很多"硬骨头"。例如，我曾经中途接了一个"问题班级"，为了能做好班主任，我借来丁榕的《班级管理科学与艺术》、魏书生的《班主任工作漫谈》等多本名班主任的著作现学现用，采用"管放结合、严宽相济"等多种手段与学生"斗智斗勇"。经过我们师生的共同努力，我们班最终被评为区级优秀班集体。又如，我曾经在干部紧缺的情况下同时负责学校的教师考核、教学管理、课程管理、毕业年级管理等多项工作，我利用在干部培训班学习的机会，向专家请教，向兄弟学校学习，借鉴好想法、好做法，结合自己学校的实际形成制度。所有这些工作都锻炼了我的能力，磨炼了我的意志，促使我不断学习、增长见识。

（2）角色变化带来学习新需求

专业发展有所建树的优秀教师常常会走上行政岗位，成为中层干部乃至学校的领导者。我从2003年起也开始兼任行政职务，先后担任教科研主任、教学主任、校长助理、教学副校长、校区主管，十几年来一直是边教课边做管理。

从学科教师到一名管理者，要求我从单纯关注课堂教学、关注学科专业，转为更多地关注教师团队和教学质量等学校发展层面的问题，我的学习关注点也因此而发生了迁移。幸好先后参加了三期干部培训班，培训班的学习使我能不断弥补管理知识和经验的不足。

记得在湖南师范大学参加"领导力"专题培训时，一位教授在讲座中提到了测量领导力的标准，主要表现为三句话，即"跟我来"（令人信服的远见卓识），"看我的"（令人信服的表率作用），"一起干"（令人信服的感召力）。我听后很有感触，作为一名教学副校长，带着教师们一起干显得更为重要。学校是大家的，不是校长一人或者领导班子几个人的，所以工作要靠大家一起干。那么，如何带着大家一起干呢？我觉得可以从以下五个方面着手。

第一，要深入了解学校的发展基础，深刻理解校长的办学理念与工作思路，在此基础上结合教师情况和学生情况制定本学段的课程建设规划以及教学工作实施方案，做好各项任务的分工，让校长的思想、学校的共同愿景得以落实。

第二，作为一级领导干部，要敢于放权，量才授权，让合适的人干合适的事。如果事必躬亲，抓权不放，就会徒劳无功。教学副校长应该调动起教学主任和教研组组长的积极性和聪明智慧，让他们设计并执行好教学常规管理、教学检查、教师培训、教学研究、课程实施等具体工作；发挥教务主任的智慧，让他带着教务员团队做好课表编排，各类考务，实验室管理、图书馆管理和电教管理等日常教学辅助工作。这样，从自己到中层干部，到教研组组长，再到普通教师和职员以及学生，人人有事做，事事有人做，大家一起干，一起为学校美好的前景，为个人的发展目标努力奋斗。

第三，要以身作则，起到先锋作用。作为教学副校长，我们是领导者，是管理者，也是执行者。我们带着大家一起干的同时，自己也要深入一线身先士卒地干。我们应该不断学习，对管辖内的业务都有了解，对自己的学科专业要拿得起、敢于拿。面对重点难点工作，我们应该带头承担，给下属起到榜样和示范作用，这样才能使大家信服，我们在分配任务时，其他教师才会认同，才会乐于接受。

第四，有宽广的胸怀，必须做到心底无私坦荡荡。教师职业本身就是一种奉献的职业。教学副校长必须以一颗宽容之心面对繁重的工作。比如，当教职员工有不良情绪时，当下属之间沟通不畅、工作难以推进时，我们需要耐心地查找原因，快速处置和协调，确保工作稳步开展。我们要以一个"容"字团结大家，使每个人都能相互包容、相互支持，使教师能够找准自己的位置，实现人生目标，充实地度过每一天。

第五，努力组建一支风清气正、奋发向上的教师队伍。教师有活力，学校有生机，学生才会更幸福。我校高中教师队伍中中老年教师居多，有较丰富的教学经验和较强的敬业精神，但是也存在诸多问题。由于年龄偏大，学习意识淡漠，容易墨守成规，因此相当一部分教师教育思想滞后，教育观念陈旧，教学手段不够丰富，竞争意识不强。如何激发教师的潜能，让中老年教师也焕发出活力，继续奋发向上呢？在实践中，我们改进了传统的"请进来，走出去"校本教研模式，采用教师众筹、同伴互助、交流展示等形式开展研讨活动，让大家都行动起来，老中青互补，打造成长共同体，充分挖掘老教师的丰富经验，充分发挥青年一代的创新精神。

总之，教学副校长每天要面对很多琐碎的事情，必须时刻保证良好的心态，积极配合校长工作，做到尽职不争功；虚心向每位教师学习，认真听取正确意见，接受大家的监督，以自己的人格魅力、知识底蕴以及实际行动努力建立一支为人师表、积极进取、乐于奉献、忠于教育事业的教师群体。只有这样，才能无愧于自己的职责，无愧于自己的神圣使命。

(3) 打破"小我"，共同成长

一个人的成长是多因素作用的过程。在教师的成长过程中，沟通、交流、合作非常重要。"独学而无友，则孤陋而寡闻。"不保守，不封闭，交流分享才能共识、共进、共荣。你一种思想，我一种思想，交换后就是两种思想。封闭保守，孤芳自赏，盯着自己的利益不放，把自己封闭在"小我"圈子内，无论是做人还是做学问，都难成大器。

我工作二十多年来，无论做教师还是做管理人员，都始终把自己当作物理组的普通一员，在物理教学工作中服从教研组组长和备课组组长的管理，参加组里的每一次集体备课和教研活动，参与每一次学案的编写、课件的制作、实验的准备。我与组里的教师共同建成了适合我校学生学情的高中物理素材库（包括教案库、课件库、学案库、实验库、习题库等），我们共同开发的校本课程"高中物理实验方法·技能·迁移"被认定为北京市普通高中特色课程。我与同事们团结协作，一起为学校的发展不断努力耕耘，在学校管理工作中努力推动课程建设和课堂教学改进，健全教学质量监控体系，通过落实"教学检查""教学巡查""考试分析"等制度，加强教学常规管理，加强教风、学风建设。我校先后被评为北京市课程建设先进单位、教育科研先进单位，连续十三次荣获朝阳区高中教育教学质量优秀奖。

(三) 学习特征概括

二十多年来，我每一天都是在紧张的工作、学习和备课中度过的，丝毫不敢松懈。我虽然已教过多轮高中物理，带过十二届高三毕业班，但是从不使用重复的教案，每一节课都是根据具体的学情精心设计的。我认真钻研现代教学理论，不断吸取身边老教师的成功经验，坚持课后反思，时时刻刻在"为什么、是什么、怎么做"的自我追问中改进自己的教学行为。我深知，学无止境，教无止境，研无止境。

我可以活得平凡，但不能活得平庸。平庸是碌碌无为，是得过且过，是不思上进；平凡则是在平平淡淡中尽心尽意地去创造，尽心尽意地去付出。我要认认真真追求自己的目标，不断充实自我、完善自我。即使此生不能辉煌，但我追求过了，努力过了，我的生命也同样会充满光彩。希望在我回首往事的时候，我也不会"因虚度年华而悔恨，因碌碌无为而羞愧"。

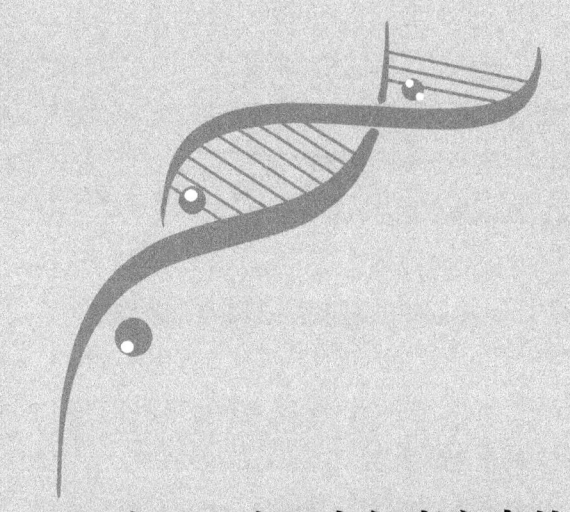

十五、十四个叙事文本的质性分析
——关于特级教师学习的理论对话、研究路径和结论

通过前面的章节，我们走进了十四位特级教师真实的学习场景，那些跌宕多样的人生历练和孜孜不倦的学习态度经由叙事者和探究者的共同努力浮现在我们面前。本章试图通过对前述十四篇独立的叙事报告进行再次分析，在与理论的对话中寻找"特级教师学习"这一重要问题域中所呈现的有共鸣的线索和模式，让这些丰富多彩的人生图景与阅读者之间形成更有意义的联系。

（一）特级教师学习叙事的制度背景和理论基础

1978年，我国教育部、国家计划委员会联合颁发了《关于评选特级教师的暂行规定》，"特殊贡献的优秀教师"是对特级教师的最初表述。1993年国家教委、人事部、财政部广泛征求意见，对《关于评选特级教师的暂行规定》进行了修订，颁布了《特级教师评选规定》。"特级教师应是师德的表率、育人的模范、教学的专家"，表明无论是职业精神还是工作业绩，特级教师都是教师群体中的楷模与榜样，评选资格和标准对教师专长的要求更趋规范和严格。特级教师制度对优化我国教师队伍起到了重要的推动作用，作为我国中小学教师专业发展阶梯中的最高层级，"先进性"与"专业性"在这一称号中高度融合，成为我国特级教师与众不同的定位。[①] 具有中国特色的教师发展体制是特级教师学习叙事的制度背景，对其身份构建起到了重要的引领作用。

近年来，受学习理论新进展以及对教师教学新理解的影响，教师学习成为教师专业发展中一个举足轻重的研究领域。但同时，教师学习也被视为一个比较混乱的问题域，它包含了教师学习的内容、过程、结果的概念性及经验性问题，同时也包含了关于教师学习背景和机会的问题。因此，教师学习研究成为几个研究领域的交叉地带，包括学习的研究与理论、教学与教师的知识研究、教师的培养培训及专业

---

① 王芳、蔡永红：《我国特级教师制度与特级教师研究的回顾与反思》，载《教师教育研究》，2005(6)。

发展研究、学校变革与教学文化研究。① 教师学习研究属于这个交叉领域中的重要议题。

本章基于"中国特级教师"的制度背景和"教师学习研究"领域的理论，从政策和理论两个方面与叙事文本进行对话，围绕以下主题进行讨论。

第一，从新手教师到专家教师的历程。特级教师从"新手到专家"的过程中，有哪些共性？比如，早期发展时基本的能力及素养如何培养？如何持续获取学习资源并提升能力？学习历程中有哪些支持性环境？哪些学习结果呈现时被确认为教师职业领域内出色的代表？

第二，特级教师专业知识图景的建构机制。特级教师的专业知识图景是我国教师多维知识技能结构发展的理想形态，融入了教师个人经验、专业认知和社会声誉等维度。叙事文本透过特级教师真实的、个人的学习经验反思，呈现出他们建构专业知识图景的机制。

第三，特级教师学习的制度性和个体性特征讨论。特级教师在具有中国特色的教师发展支持体制下进行了卓越的教育教学实践，学习成果得到了认可。同时，学习叙事文本中，教师们把个体学习经验与知识、情感、社会期望等结合起来，又浮现出独有的个性特征。

以上讨论主题构成本章对特级教师学习叙事文本质性分析的三个重要维度：学习历程(时间维度)、学习成果(知识构建维度)和学习特征(学习者形象构建)。

(二)研究方法及资料分析过程

叙事研究既是研究者收集资料的一种方式，也是叙事者的反思和建构过程。在十四个叙事文本的设计中，"学习小传"为特级教师的自我叙事，其焦点在于学习和教育理念与个人经历的关系。"叙事分析"是研究者对特级教师访谈资料和相关文本资料的分析及解释。研究者围绕着特级教师的学习动力、学习投入、学习阻

---

① [美]沙伦·费曼-尼姆塞尔：《教师学习：教师如何学会教学？》，见[美]玛丽莲·科克伦-史密斯、沙伦·费曼-尼姆塞尔、D. 约翰·麦金太尔：《教师教育研究手册：变革世界中的永恒问题》第三版，范国睿等译，709~716页，上海，华东师范大学出版社，2017。

碍、学习需求及影响因素进行个体学习历程的描述性分析，最终在"特级教师学习特征分析"中构建出了特级教师的学习者形象。

在资料的分析方式上，十四个叙事分析是研究者在特级教师访谈资料的基础上，运用情境分析法，对每一位特级教师的学习故事进行的描述性分析。情境分析法（contextualization）是叙事研究中采用较多的一种资料分析方式，强调对事物做整体的和动态的呈现，重在寻找资料并将它们连成一个叙事结构的关键线索，即将资料打碎后，重新按照主题放回情境中，进行整体性、直觉性的提炼和呈现。[①] 特级教师学习叙事的关键线索是他们的学习动力、学习投入、学习阻碍、学习需求及影响因素，经由过程性和动态性的资料，通过个案勾勒出特级教师的发展及学习故事。

十四个叙事文本属于"以个案聚焦的分析方法"，是本研究中第一层次的分析方法。本章是对十四个叙事文本进行第二层次的质性分析，目的在于聚焦对特级教师群体的学习这一研究主题的分析，采取类属分析法（categorization），在十四个叙事文本中反复寻找这一研究主题下的相关概念，并对它们之间的关系进行识别和构建。

通过多次阅读叙事文本，我们根据三个研究主题对十二位特级教师的学习小传和两位特级教师的自我叙事进行了编码，在此基础上进行了特级教师学习机制的分析（表15-1）。

表 15-1 叙事文本编码

序号	概念类属	属性	
1	学习特征（学习者形象构建）	社会性特点（制度性）	角色定位：专业性+先进性
			持续学习的条件
			学习的组织方式
		个性化特点（个体性）	学习者形象表达
			多重身份叠加
2	学习历程（时间维度）	早期学习经历	
		发展期学习经历	
		特级教师时期学习经历	

[①] 陈向明：《质的研究方法与社会科学研究》，292页，北京，教育科学出版社，2000。

续表

序号	概念类属	属性	
3	学习产出（知识构建）	自我的知识	
		一般教学法知识	
		学习者与学习的知识	
		内容知识	学科内容知识
			学科教学法知识
		课程知识	
		教育情境知识	

总体而言，研究采取了类属分析和情境分析相结合的资料分析方法。在此过程中，我们与教师学习理论及特级教师发展相关研究进行对话，寻找特级教师独特的本土概念，不断调整编码结构，在与实践经验和理论的对话中力求得出"合宜"的研究结论。

（三）研究结论：特级教师学习研究的三个主题

特级教师的学习叙事为我们提供了深入了解他们成长机制的机会，理论对话来自教师学习和专家对教师的研究两个核心领域。由于这两个领域存在多元化理论基础，以及叙事研究范式本身的描述性和规范性问题相互交织的情况，因此本研究分析框架和结论的呈现具有一定的复杂性和模糊性。

1. 特级教师的学习历程：历时性特点和关键时刻

在认知科学视角下，学习被定义为一个积极的具有建设性的过程，受到学习者已有知识、信念和特定环境的影响。在特级教师学习叙事的讨论中，这一定义十分切合。

(1)历时性特点：从积极的能力提升到丰厚的知识创造

有学者曾对教师学习及其方式进行了分析，概括了有关教师学习的三种观点。[1] 第一种观点：教师学习是一个掌握和应用已知的教学法与学科内容理论知识的过程。教师主要从理论文献、教育学教科书或培训中给出的优秀的实践案例中学习。教师学习主要是一个受外部指导的知识获取过程。第二种观点：教师学习是一种通过经验的反思进行的实践性知识的建构过程。因此，教师有机会检验和反思那些内隐于实践中的知识时，就会进行学习。学习发生在教师对课堂行为的有意识的反思过程中。在这里，教师学习是一种自我调节的、主动的过程。第三种观点：教师学习是教师教学所需要的知识的生成过程。当教师有意识地把他们的课堂和学校作为探究的场所时，学习便发生了。教师学习的过程是一个知识创造的过程。

当把这三类学习方式与特级教师的学习历程相关联时，我们会发现这些方式在特级教师的成长过程中都是存在的，且有明显的历时性特点。在对特级教师学习小传进行类属分析时，一些表达提供了支持性的证据。学习方式的类型化分析如表15-2 所示。

表15-2 学习方式的类型化分析

学习历程	学习小传中的典型表达	类型化分析	
		知识获取过程	学习方式
早期学习经历	亦步亦趋地跟着师父学习。（柴荣） 购买了许多与教学内容相关的书籍，进行深度学习，以提高自己对教学内容的理解水平，开阔自己的视野。（王苹） 每天准时走进王老师的课堂。（王彦伟） 巨大的压力使得我不断深入学习化学理论，并把学习结果深入浅出地运用到课堂教学中。每个学期我都要承担一到两次区级和市级研究课，这不断锤炼着我的教学基本功，使我的教学水平逐渐提高。（吴卫东）	基于能力提升的一般教学法和学科知识获取的过程	跟师父学，向同伴学，理论阅读，研究课和公开课。

---

[1] M Cochran-Smith, S L Lytle, "Relationships of Knowledge and Practice: Teacher Learning in Communities," *Review of Research in Education*, 1999(24), pp. 249-305.

续表

学习历程	学习小传中的典型表达	类型化分析	
		知识获取过程	学习方式
发展期学习经历	我的教学观念逐渐清晰：外化学生读写思路，丰富学生言语经验，塑造学生健全人格。（柴荣） 更主要的是对语文教育本质有了新的认识，我开始重拾阅读。（王文丽） 2002年4月，我参加山东省小学语文优质课评比……我觉得我准备得特别好……但是我忽略了那里的学生……效果并不是很好。那次只获得了二等奖……我后来写了九个专题的反思……有十年的时间，我对这件事情耿耿于怀。（李怀源）	通过经验的反思进行实践性知识的建构过程。	基于经验反思的研究课、更深入的理论学习、持续不断的教科研行为。
特级教师时期学习经历	既为了熟悉部编版初中教材，也为了解决第九轮教学的困惑。我以学生思维发展为重点，重构教材内容，以专题教学、群文阅读、整本书阅读为载体，引导学生学习语文。（柴荣） 西城名师工作室以实验探究教学为研究的切入点，以提高西城区物理教师团队的实验教学能力，引领教师在实验教学中熟练掌握并灵活应用探究式教学方式，提炼高中物理实验探究教学方法、策略，发展学生的科学思维、科学探究等核心素养。（王运淼）	基于新领域探究的知识创造过程。	不断深入的教科研行为，研究团队构建等。

大部分特级教师在早期都经历了基于能力提升的一般教学法和学科知识获取的过程，学习方式也比较相似，他们跟师父学、跟同伴学习，持续不断地进行理论阅读，不畏挑战地开展研究课和公开课，这跟我国教师专业发展所倡导的方向紧密相关。"站稳讲台"是教师发展早期的重要任务。特级教师在这一阶段在学习动机上呈现了高度自主性，表现出了更多热忱。

在中期发展阶段和获得特级教师称号之后的发展阶段，特级教师进入了更复杂的知识和技能的获取过程。这个时期教师专业学习更注重从真实的学习体验出发，对教学出现的具体问题背后的本质抓取更为准确，工作更具探索性，学习过程符合研究者所说的教师同行和外来专家共同建构知识的过程。① 从叙事分析来看，开拓性的教研工作和科研训练成为这两个时期特级教师能力提升的重要路径，体现了特级教师基于反思性实践的知识建构和知识创造的过程。

（2）关键性时刻：学习中的"顿悟"和"突破"

上一个主题聚焦了特级教师发展的历时性特点，主要的分析依据为教师生涯发展研究中教师成长的相关探索，叙事分析呈现出从新手教师到专家教师在认知和学习行为上的一般性特点。特级教师的稀缺性又表明，专家教师的成长并不是一个随教师职业生涯而自然发生的变化，有经验的教师是如何成长为专家教师的？关于成人学习机制的讨论中，变化是一个非常重要的议题，越深入认识成人学习者、成人所经历的变化，这些变化如何引发学习并与学习相互作用，就越能更好地构造符合发展、促进发展的学习经历。②

特级教师在一些关键节点或关键认知上"顿悟"的时刻，给他们的成长带来突破性的进展。王运淼的例子很典型。

在学科教学上，我的认识经历了一些曲折。我曾经热衷于应试教育……我还利用周末经常义务为我的学生补课……过度补习、大量占用学生课外时间，换来了喜人的物理高考成绩。不过，在高考中取得优异的物理成绩的学生却戏言：物理学得太"狠"了，有点学"伤"了。学生的戏言让我深深反思：我是否在以"爱"和"奉献"为名，扼杀学生学习物理的兴趣和进一步研究的可能性。

到 2002 年，我终于醒悟：不能只为学生的高考成绩而教，而应该为学生的发展而教；在教学中应该以学生为本、因材施教，让更多的学生在物理学习中学到科学知识，培养科学精神，在教学中尤其应该展现学科的魅力，激发学生继续探究的乐趣。

在随后的多年间，王运淼专注于如何通过课堂教学让学生体会到学习物理的乐趣，激发学生内在的学习动力，让学生学会质疑反思，培养学生的自主学习能力。在教学中，他倡导学生"有兴趣，精做题，多反思，会自学，会交流，高效率"。"十二五"期间，他承担了"在中学物理教学中培养学生自主学习能力研究"课题，

---

① 陈向明：《从教师"专业发展"到教师"专业学习"》，载《教育发展研究》，2013(8)。
② [美]沙兰·B. 梅里亚姆、[美]拉尔夫·G. 布罗克特：《成人教育的理论与实践导论》，陈红平、王加林译，105 页，北京，北京师范大学出版社，2016。

形成了体现他"培养学生自主学习教学策略"的研究论文、物理教学设计及课堂实录，成为"学生自主发展"和"物理实验探究教学"方面的专家。

柴荣的一次研究课经历也展现出了实践与理论融通的顿悟时刻。

参加北京教育学院"基于表现性评价的中学阅读教学研究"市骨干教师培训时，我申请上研究课。进入实际操作阶段后，我高度焦虑，直到一次评课，一句话点醒了我：能否把教师解读文本的思维作为表现性评价的评价标准？我恍然大悟，想到将文章内在逻辑顺序与表现性评价相结合，整体推进学习任务的完成，这符合学生的认知规律和语文学科的特点。

柴荣"用做课题的方式推动教学研究，用做课检验课题研究的成效"，开启了课题研究对教学实践的正向推动作用。

关键事件研究是教师发展研究中的一个重要议题。基本假设认为，教师在这些关键事件中能够进行真正的反思，从而获得成长。在特级教师的学习叙事中，一些成长的关键节点和重要他人也不断被提及，他们的价值观念和思维方式在这些关键时刻发生了变化。

从特级教师叙事学习中，我们可以发现中后期的发展是区分普通教师和专家教师成长更为关键的阶段。在教师获取基本的教学法知识和学科知识后，基于反思性实践持续不断地进行知识建构和创造是专家教师区别于普通教师发展的关键步骤。一些学习中的关键时刻可能加速了特级教师的发展进程。但基于对特级教师学习历程复杂性的考量，叙事分析中历时性和关键时刻的经验性证据仍难以完成对群体"清晰的""典型性"学习历程的勾勒。

2. 特级教师"知识地图"的建构机制

教师知识作为教师学习的产出或"产品"，是教师学习研究中非常重要的内容。在实践层面，特级教师在各级大赛中获得了荣誉，在教育教学改革大潮中做出了开拓性的探索，部分人进入各类学科专业委员会和理事会，在学科教学专业领域拥有话语权，这些都是特级教师的学习产出长期叠加带来的现实效益。从理论层面分析，特级教师的"知识地图"是我国教师多维知识技能结构发展的理想形态，融入了教师个人经验、专业认知和社会声誉等维度。叙事文本透过特级教师真实的、个

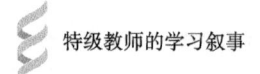

人化的学习经验反思，呈现出了他们建构专业知识图景的机制。

(1)特级教师知识类型(学习产出)的多元化

教师学习的成果在教师专业发展的研究领域中属于"教师知识"的研究。在这一领域，具有解释力的是舒尔曼的教师知识分类。在新手教师和专家教师教学行为比较分析的基础上，他认为教学需要七种知识的支撑，并提出 PCK(Pedagogical Content Knowledge)的概念，将它定义为"教师个人教学经验、教师学科内容知识和教育学的特殊整合"。在舒尔曼教师基础知识模式之上，格罗斯曼进行了修正和扩展，加入了自我的知识。本研究采用格罗斯曼的教师知识框架进行特级教师学习产出的分析(表 15-3)。

表 15-3 基于格罗斯曼教师知识类型框架的类属分析

知识类型	特级教师知识构建(学习产出) 学习小传中的典型表达	本土概念
自我的知识	教研也好，研修也罢，我觉得自己归根结底应该还算是个读书人。(王文丽) 我的一种感受是：在教学研究方面，用前人的经验解决现实的困难，也是创新。这种感受是我在经历学术训练以后获得的，一直支撑我沉下心来做研究……这样做让我能够从历史的视角看待当下的问题。(李怀源) 教师最重要的就是独立思考，我写的书和文章都很少引用，都是将看似零散的东西放在一起观察，寻找它们背后共同的规律，然后提炼概况出来的。(张鹤)	读书人 沉下心来做研究 独立思考的能力
一般教学法知识	我参加了……通过两年的学习，拓宽了教育视野。其间我学习运用教育教学理论阐释教学经验，逐渐形成了以教育教学理论为指导的教学行为自觉性。(王运森)	教学行为自觉性
学习者与学习的知识	人的价值不应只终结于高考，高中教师除了要关注学生的高考成绩外，还应该关注学生的未来发展、自主学习能力、创新意识和能力。 对于基础好的学生，我把知识整合起来，更高效地去教；对于基础差一点的学生，我就要考虑怎样让这些学生喜欢学化学。(吴卫东)	人的价值不应终结于高考 学生一直推着我往前走

续表

知识类型	特级教师知识构建(学习产出)	本土概念
	学习小传中的典型表达	
内容知识（学科内容知识+学科教学法知识）	做史学理论研究需要对古今中外的历史学都有了解，因而我又大量阅读了中外的古代史、近代史、现代史等方面的著作……我本人的兴趣是中国古代史。对于中国古代史领域的最新研究成果我基本上能很快地有比较深入的了解和把握，能有自己的判断和观点。在中国近现代史和世界史方面，我也很注意收集相关的书籍、论文，了解和追踪学术研究的前沿动态。(李晓风)	对历史学的古今中外都要了解 能有自己的判断和观点
	因为对每一位教师来说，我们都已参加过多次培训，然而没有哪一次培训像这次一样，在我们每一位学员的心中都留下了如此深刻的印象。全封闭英语口语培训项目以全新的理念创造了良好的学习环境……重新点燃了热爱生活、热爱教书的激情。(谢卫军)	重新点燃
课程知识	随着课程与高考改革的深入，我觉得最好能有一套适合本校学生阅读使用的校本教材。2010年开始，我以"林祖荣工作室"的名义，组织组内教师编写《高中生物学读本》，并在此后的每一年都进行修订与试用。2017年新课标修订，我们在此基础上又对读本进行了较大的修订，《高中生物必修读本(上、下)》和《高中生物选择性必修读本(上、中、下)》分别于2020年、2021年正式出版。(林祖荣)	适应本校学生阅读使用的校本教材
教育情境知识	后来我接触了"教育在线"，接触了"新教育实验"，接触了朱永新、李镇西、李玉龙等人，蓦然发现原来教育还可以这样开展……这份热情维持着我对于教育教学原有的温度。(王文丽) 购买和阅读大量图书，从不同艺术门类中汲取营养；参观美术展览，参加各类专业培训和业务研讨活动，向大师学习，想办法开阔眼界；业余时间外出写生，坚持创作；参加各级各类美术展，与同行交流切磋，主动接受评价……(吴蔚)	接触 交流 切磋

关于自我知识的描述在十四个叙事文本分析中最为一致，"做事有目标""认真

勤奋""善于反思""坚守""创新",这些表达都凸显了特级教师善于自我反思,注重正向的激励效果,具有坚韧的个性品质。其他类型知识的讨论中,特级教师叙述的重点各有不同,可能意味着这些知识构建过程在他们成长中留下的印记深浅不一。

(2)特级教师自我导向式的知识构建方式

美国成人教育研究学者诺尔斯认为,自我导向学习是个体自主判定学习需求、确立学习目标、识别人力资源和物质资源、选择和利用适当的学习策略以及评估学习效果的过程。在知识建构方式层面,特级教师呈现出更明显的自我导向学习特点,他们在确立教育教学目标、识别更有意义的学习资源、选择适当的学习策略上十分突出。其中,转化性学习和在自我突破中建构多维知识结构较具引领性。

第一,促进反思性实践的转化性学习。

有学者谈到转化性学习,即学习者如何学习的认识论是基于自身的理解提出的,而非受外在的价值观或他人判断的影响。学习者对自己信念背后的假设进行重新评估,并根据改变后的意义视角所产生的洞察开展新的行动。① 比如,李晓风认为中学历史教师应该做"二手历史学家",他的阅读和研究深度远超我们对历史教师的想象。

对于历史学科来说,我的兴趣主要是历史哲学、史学理论。

1992年之前,我在那个时候阅读应该说是有一个非常明确的目标,就是做史学理论研究。做史学理论研究很重要的一方面是需要阅读和学习哲学。因而在那段时间,我读了不少哲学著作,特别是英美分析哲学。当时,国内从英美分析哲学的视角研究历史哲学和史学理论的人很少。

李晓风认为读书备课不应该仅仅局限在课本的知识点上,而应该广泛收集资料,开阔眼界和思维,注重对知识体系的把握。为此,在那段时间里,他通过大量阅读和写作,开阔了自己的思维。他由于对史学理论研究感兴趣,因此阅读了大量的英美哲学和古代史、近代史、现代史等方面的书籍,对哲学和历史学有了更加深入的理解。

---

① J. Mezirow, *Fostering Critical Reflection in Adulthood*: *a Guide to Transformative and Emancipatory Learning*, San Francisco, JosseyBass, 1990, p. 13.

我几十年的学习和教学其实都是围绕知识和学术展开的。充分掌握学科专业知识，追求学术素养和学术能力，在课堂上充分展开知识性的叙事，再由此来提高学生的能力和素养，这是我一辈子孜孜以求的理念。

教学文本并不仅仅限于教材，而应该包括所有进入教学活动的历史资料。教学文本的内容越丰富，越具有开放性和可探索性，就越能给学生的成长提供理想的环境。运用历史资料进行教学的过程必然是一个提高学生阅读、理解能力的过程和发展学生的逻辑思维、逻辑推理能力的过程。

李晓风的学习叙事还体现出"转化学习的核心功能为促进学习者的反思性实践"①。

课上使用的理论概念必须是逻辑清晰、能够得到史实和经验充分验证的。我所任教的中国人民大学附属中学，有一大批智能超群、思维严谨的高水平的学生，不能通过理性、逻辑、事实进行充分论证的教学内容，在他们那里是不太容易蒙混过关的；相反，有充分的理性、逻辑性、实证性的教学内容能引起他们的探究兴趣。

第二，在自我突破中建构多维知识结构。

特级教师在学习和发展历程中，往往会打破专业或当时一些规范的做法和结构。比如，李怀源在语文单元整体教学研究和儿童阅读研究中实现了多维结构的突破。

2012年5月，我在"小学单元整体课程发布暨阅读课程实施高端论坛"上将"单元整体教学"推进为"单元整体课程"，将前者的单一学科推进为后者的全部学科。单元整体教学课程突破了一般意义上的教科书的教学，强调在自由阅读背景下的学科整合，从时间的经度、学科的纬度上进行了重新梳理。这样的学科整合建立在阅读基础之上，从重视教师教学转变为重视学生自学，吸引了海内外参会者的目光。

语文教学领域的学习很重要，但是，仅限于此领域难免会根基不牢。我也尝试着进行跨界学习。

我一直在研究儿童阅读，具体化为整本书教学。这就需要深入儿童文学领域，了解编者、作者、学者是如何思考的，也把我作为一个教育者的想法带给他们。我

---

① [美]杰克·麦基罗、爱德华·W. 泰勒等：《成人教育实践中的转换性学习——来自社区、工作现场和高等教育的顿悟》，陈静、冯志鹏译，275页，北京，北京师范大学出版社，2016。

是"百年百部图画书经典书系"的七名编委之一，在大量的阅读和交流中，更好地理解儿童阅读。我曾担任多本书目的评委，为儿童推荐好书。我是"中国中小学生学科书目项目"的负责人之一，负责小学语文学科书目的研制。我多次参加有关儿童阅读的论坛，发表自己对儿童阅读的看法。

教师是成人，成人学习有自己的特点，有丰富的个人经验，这些经验需要被激活并被整合到新的学习活动中。此外，教师职业是一个实践性很强的职业，教师的知识很大一部分是缄默的、身体化的、依赖情境的、分布在人际互动和人际关系之中的，在真实的问题情境中被激活、被意会和被重构。

（3）学习的组织形式及促进学习的条件具有制度性特征

在特级教师学习组织形式和促进学习的条件的叙事分析中，十四位特级教师的自述和经历呈现出了共性，即凸显出我国教师专业成长支持体系的制度性特征，纵向的学术体系为教师提供了学历进修的路径，同时，他们在分层分类的培训体系中获得了许多学习机会。

特级教师的学习叙事中关于促进学习的条件编码也呈现了有趣的共性，无论是正向的激励（优质培训机会的获取）、树立模范的制度性要求（专业性和先进性示范），还是来自环境和新角色的压力以及要不断突破的教科研难题，在他们的学习历程中都成为"促进学习的条件"，这种正向转化的能力与前述自我知识中凸显的可贵品质形成了呼应（表15-4）。

表15-4 特级教师的学习组织形式和促进学习的条件

学习组织形式与促进学习的条件	
学习的组织形式	促进学习的条件
研究生课程	专家精神的感召
学历进修	持续不断的反思
同伴学习	环境和新角色的压力
教师培训	教科研中的开拓创新要求
海外学习	公开课和研究课（专业性示范）
自学（阅读，网络资源学习）	荣誉模范（先进性示范）

对特级教师学习组织形式和促进学习的条件的讨论，显示出在教师生涯中，除了特级教师自身成长的努力和追求、对教育教学信念的坚守及教育教学策略层面的反思与探索之外，他们对教育教学改革要求及相关社会形势都更为敏感，这也是在同样的制度性条件下，特级教师群体能获得突破性发展的重要保证。

3. 特级教师的学习形象构建：先进性和专业性

先进性和专业性是教师发展制度赋予这一群体的标签。无论是职业精神还是工作成绩，特级教师都堪称教师群体中的楷模与榜样。从新手教师到专家教师的发展，无论是横向的还是纵向的，既是关于专业性的执行能力，也是关于个人先进性的成长。更进一步说，所有这些相互关联的因素汇聚成一种有意义的理解："成为一个特级教师意味着什么？"从新手教师到专家教师的发展过程，每一位特级教师的学习历程，都指向了"师德的表率、育人的模范、教学的专家"，从制度框架去理解，与我们所处的社会和个体所追寻的教育教学能力的卓越及教师道德维度紧密相关。

（1）特级教师多样化的自我形象表达

在十四个学习叙事文本中，从"一个不停奔跑的人""读书人"到"二手史学家"和"教育实践家"，教师们描绘出生动多样的自我形象。我们看到了多样化的自我表达，它表现为个人的、专业的和制度的等（表15-5）。

表 15-5 特级教师的学习者形象表达

学习者形象的自我表达	作为普通人	读书人
		不停奔跑的人
		幸运的人
	作为专业人	二手史学家
		坚定的知识派
	作为教育者	优秀教师
		教育实践家

学者认为，自我被描述为内隐的主体，是一种关于我们自身的理论、态度和信念的有组织的表现。自我的世界在外人看来是主观的、假设的，但对个体而言是正在经

历着的，具有绝对真实性。自我可以从一个人的叙述或生活故事里表现出来。通过故事，个体产生自我的判断。自我产生于与同等社会地位的人和不同的"职业人"的复杂而有意义的社会交互作用。根据奈斯的观点，"认同"构成部分的"自我"。通过反思，一个人获得他人的认同，而这种认同影响着自我。可见，反思是与自我的概念联系在一起的，没有反思就不可能谈论自我。① 通过自我反思，教师把经验与他们自己的知识、情感、社会期望等结合起来，形成了教师的自我形象。

(2)特级教师的多重身份建构

特级教师拥有先进性和专业性叠加的多重身份，在不同的发展阶段会有不同的身份和任务，既是优秀一线教师，担任学科教师和班主任，又可能担任学校的教研和行政职务，有时候还会担任区教研员，甚至大学导师等。在当今复杂多变的社会中，一个人的能力很难通过累积的方式简单叠加，需要通过不断调整自己以适应新的问题情境而不断重构。因此，在学习的过程中，教师需要不断地"去学习"(unlearn)与"再学习"(relearn)。

1997—2013年，我担任思想政治教研组组长。初期更多的是传达学校的指令，做一些形式上的工作。经过几年的磨合，自己越来越认识到，教研组的学科研究能力直接关系到教师的学科教学能力，直接影响到学科育人的效果，因此，我在教研组建设上投入了更多的精力，不断学习、研究、践行和总结。

因此，当特级教师面临身份和任务的变化时，他们努力适应社会变革，开始进行与进步需求相关联的学习，"进而改变社会和自己面临的现实"②。多重角色的良好适应性背后，也是新一轮转化性学习的开启。

(四)结语

十四位特级教师因为他们个性化的成长背景，在不同的发展时期有着自己独特的知识获取方式和学习特点，但他们的学习历程也呈现出了一个共性，即他们的学

---

① Nias J, "Teaching and the Self," In Holly M L, McLoughlin C S(Eds.), *Perspective on Teacher Professional Development*, London, Falmer Press, 1989, pp. 151–171.

② [美]杰克·麦基罗、爱德华·W. 泰勒等：《成人教育实践中的转换性学习——来自社区、工作现场和高等教育的顿悟》，陈静、冯志鹏译，5页，北京，北京师范大学出版社，2016。

习是一种复杂且高度综合的知识和技能的获取过程，而且是具有高度动机的个体经过多年缓慢发展而达到的水平。

特级教师作为"师德的表率、育人的模范、教学的专家"，是中国教师发展制度中的特殊群体，这一群体的发展经历对于研究我国卓越教师的成长规律具有重要的价值。通过对十四位特级教师的学习小传和学习叙事进行分析，我们可以感受到他们真实的、个人化的学习体验。特级教师学习叙事中的学习呈现出了动态的过程以及教师教育领域中学习的理想形态，也可以朴素地描述为：

理想的学习状态意味着持续不断地"变化"——教师行动的变化，推动了教育教学实践在创新中前行；

理想的学习状态意味着持续不断地"转化"——教育教学知识、技能和方法的转化，促进了学生的学习；

理想的学习状态意味着持续不断地"升华"——教师自我经验和个性成长的升华，成了卓越的教育实践家。

参考文献

1. 柴荣．我的语文教学改革之路［M］．北京：北京出版社，2018.
2. 柴江．特级教师发展内在动力研究——基于特级教师与普通教师比较的视角［J］．教育研究与实验．2019(3)：73-77.
3. 陈莉．阅读是思维的过程——以特级教师李怀源的图画书群书教学为例［J］．语文教学通讯小学，2018(6)：13-15.
4. 陈立群．识得、习得与悟得——关于学习的思考［J］．人民教育，2012(21)：11-14.
5. 陈向明．从教师"专业发展"到教师"专业学习"［J］．教育发展研究，2013(8)：1-7.
6. 陈永明．现代教师论［M］．上海：上海教育出版社，1999.
7. 陈振中．论教育叙事研究的若干理论问题［J］．上海教育科研，2005(9)：30-33.
8. 丁钢．教育叙事的理论探究［J］．高等教育研究，2008(1)：32-37，64.
9. 丁钢．教育经验的理论方式［J］．教育研究，2003(2)：22-27.
10. 傅敏，田慧生．教育叙事研究：本质、特征与方法［J］．教育研究，2008(5)：36-40.
11. 高飞，时松．教育叙事研究：是什么与怎么做［J］．红河学院学报，2011(2)：106-110.
12. 刘良华．教育叙事研究：是什么与怎么做［J］．教育研究，2007(7)：84-88.
13. 刘万海．近二十年来国内外教育叙事研究回溯［J］．中国教育学刊，2005(3)：13-16，18.
14. 刘训华．方法何以可能：新教育叙事研究的逻辑与路径［J］．湖南师范大学教育科学学报，2021(4)：17-23，38.

15. 刘学惠，申继亮．教师学习的分析维度与研究现状[J]．全球教育展望，2006(8)：54-59．

16. 郭利萍．实现梦想 追求卓越——记追求卓越梦想的青年教师李怀源[J]．小学语文教学·人物，2013(3)：56-58．

17. 胡谊．成长的阶梯——成为专家教师之路[M]．上海：华东师范大学出版社，2008．

18. 伊列雷斯．我们如何学习：全视角学习理论[M]．孙玫璐，译．北京：教育科学出版社，2010．

19. 阿吉里斯，帕特南，史密斯．行动科学：探究与介入的概念、方法与技能[M]．夏林清，译．北京：教育科学出版社，2012．

20. 林祖荣．让学习成为终身的习惯[J]．教师之友，2004(6)：22-24．

21. 李弘祺．学以为己：传统中国的教育[M]．上海：华东师范大学出版社，2017．

22. 李怀源．小学语文单元整体教学理论与实务[M]．北京：人民教育出版社，2017．

23. 李怀源．读别人的故事 写自己的人生[N]．中国教师报，2019-07-10．

24. 李香玲．跨越理论与实践的鸿沟：教育叙事研究[J]．当代教育论坛，2005(15)：32-33．

25. 鹿璐．自我效能感与教师学习动机[J]．新课程(中)，2014(2)：31．

26. 皮连生．教与学的心理学[M]．上海：华东师范大学出版社，1997．

27. 任利娟．一位市级骨干教师专业成长的叙事研究[D]．大连：辽宁师范大学，2010．

28. 申继亮．教学反思与行动研究——教师发展之路[M]．北京：北京师范大学出版社，2006．

29. 孙传远．教师学习：期望与现实——以上海中小学教师为例[D]．上海：上海师范大学，2010．

30. 孙德芳．从外源到内生：教师学习方式的变革[J]．人民教育．2010(19)：24-25．

31. 孙智慧，孙泽文．论教育叙事研究的内涵、结构及环节[J]．教育评论，2018(2)：36-39．

32. 童喜喜. 怀源为怀远[J]. 教师博览, 2018(1): 14-18.

33. 谢卫军. 初中英语教师的实践智慧[M]. 北京: 红旗出版社, 2015.

34. 吴立宝. 自主学习——教师继续教育的有效途径[J]. 继续教育研究. 2010(5): 47-49.

35. 吴振利, 王小依. 中小学教师的学习方式辨析[J]. 教育评论, 2014(3): 54-56.

36. 朱仲敏. 论中小学教师的学习方式及其实现途径[J]. 教育探索, 2008(7): 103-104.

37. 王敬. 觉解之境——五位小学专家型教师专业学习的叙事探究[D]. 长春: 东北师范大学, 2018.

38. 王枬. 教育叙事探究: 教师专业发展的一个支点——对话陈向明教授[J]. 教师发展研究, 2021(4): 1-17.

39. 王芳, 谭顶良. 中学教师教学效能感的实证研究及其对教师培训的启示[J]. 当代教育科学, 2006(17): 36-38.

40. 王建军. 学校转型中的教师发展[M]. 北京: 教育科学出版社, 2008.

41. 王运淼, 郑鹞. 基于提升学生核心素养的高中物理实验探究教学的一些思考[J]. 物理教学, 2018(5): 28-31.

42. 王运淼, 郑鹞. 通过科学探究建立"电动势"概念的教学案例研究[J]. 中学物理教学参考, 2018(4): 5-8.

43. 武丽志, 李立君, 欧阳慧玲. 从优秀到卓越——教师研究力的12项修炼[M]. 北京: 中国人民大学出版社, 2020.

44. 伍醒, 陈嘉欣. 教育叙事研究的方法论蕴涵及其在思想政治教育研究中的应用[J]. 思想政治教育研究, 2022(2): 35-40.

45. 万丹. 国内外教师叙事研究综述[J]. 中国人民大学教育学刊, 2019(1): 94-104.

46. 王青, 汪琼. 教育叙事研究——关于故事和生活经历的研究法[J]. 开放学习研究, 2018(4): 34-40, 62.

47. 徐冰鸥. 叙事研究方法述要[J]. 教育理论与实践, 2005(18): 28-30.

48. 张希希. 教育叙事研究是什么[J]. 教育研究, 2006(2): 54-59.

49. 张启哲. 教师个人成长过程对学生的教育价值——教师不要忘记自己曾经是一个孩子[J]. 陕西教育学院学报, 2005(3)：36-39.

50. 朱永新：阅读，是教师专业化的根本路径[N], 中国教育报, 2019-04-22.

51. 张晓蕾，黄丽锷. 纵横交错：教师学习与专业发展的三种理论视野[J]. 全球教育展望, 2014(4)：59-67.

52. 祝刚，王语婷，韩敬柳，等. 如何认识教师专业学习的多重本质与多元层次——与世界知名教育学者弗雷德·科萨根教授的对话[J]. 现代远程教育研究, 2021(3)：32-43.

53. 周勇. 教育叙事研究的理论追求——华东师范大学丁钢教授访谈[J]. 教育发展研究, 2004(9)：56-60.

54. Donald E. Polkinghorne. Narrative configuration in qualitative analysis[J]. International Journal of Qualitative Studies in Education, 1995, 8(1)：5-23.

55. Fredricks J A , Blumenfeld P C , Paris A H . School Engagement：Potential of the Concept, State of the Evidence[J]. Review of Educational Research, 2004, 74(1)：59-109.

56. Ginsberg, M. B. . Transformative Professional Learning：A System to enhance teacher and student motivation[M]. Corwin, 2011.

后　记

为适应新时代教师队伍建设的新要求，2019年，北京教育学院批准立项重大课题"新时代中小学教师学习状况与策略研究"。此课题以教师学习为切入点，综合运用量化研究和质性研究的方法，系统研究中小学教师的学习现状、影响因素和促进策略，旨在探索提升中小学教师专业素养的有效机制、路径和策略。课题由北京教育学院副院长汤丰林教授主持，参与课题论证与研究的主要有来自北京师范大学、首都师范大学、北京教育学院以及中国人民大学附属中学、北京市一零一中学等学校的专家学者与特级教师，他们对本课题的研究提出了许多极富创意的建议并给予了诸多具体的指导。

《新时代的教师学习：特级教师的学习叙事》是"新时代中小学教师学习状况与策略研究"课题的研究成果之一。本成果运用教师叙事探究的质性研究方法，遴选了来自北京市不同学科不同学段的十四位知名特级教师，并由北京教育学院的教师研究团队走进他们的工作与生活现场，从学习的视角对他们进行访谈，追寻他们细致入微的学习记忆，收集他们的著作、论文、日志与反思等，深刻地对他们的学习经验进行再建构。总序对课题的研究目的、内容与意义进行了介绍与论述；前言阐释了教育叙事探究的方法论；正文在前十四章，十一位研究者与十四位特级教师一起向读者呈现了特级教师的学习叙事，第十五章聚焦"教师学习"内涵与"特级教师群"共性，揭示了学习动机、学习投入、学习阻碍和学习需求界限下特级教师的共性学习特征与经验。

本书总序由北京教育学院汤丰林教授撰写，前言由北京教育学院李军教授撰写，第一、第二章由北京教育学院崔艳丽副教授撰写，第三、第四章由北京教育学院白永潇副教授撰写，第五章由北京教育学院王振先副教授撰写，第六、第七章由北京师范大学孙晓红博士撰写，第八、第九章由北京教育学院王淑娟副教授撰写，

第十章由北京教育学院徐扬副教授撰写，第十一、第十二章由北京教育学院张锋周博士撰写，第十三章由北京教育学院李怀源副教授撰写；第十四章由北京市陈经纶中学特级教师郑蔚青撰写，第十五章由北京教育学院王志明博士撰写。此外，在撰写本书的过程中，作者还得到了一些专家、学者的指导和帮助。关于本书在研究方法、研究内容与研究结论中存在的不足之处，还希望读者不吝赐教。

最后，要感谢北京师范大学出版社将此研究成果列入出版计划。同时，特别向本书的编辑们致以深深的谢意，他们出色的工作保证了本书内容的流畅和清晰，极大地提升了本书的质量。

特级教师学习叙事研究团队

2022 年 10 月